船舶焊接安全与防护技术

主编　陈倩清
参编　李　云　董明海　庞　君
主审　陈　斌

HEUP 哈尔滨工程大学出版社

内容简介

本书以培养学生正确地掌握船舶焊接安全与防护技术为目标，主要内容包括概述、气焊和气割安全与防护技术、各类电弧焊方法安全与防护技术、焊接用电安全、特殊焊接作业安全、焊接有害因素与防护、焊接安全管理、焊接安全案例、附录等8个学习情境，30个项目。

本书适合于技校、中等职业技术学校、高等职业学院相关专业作为教材使用，也适合船舶与海洋工程及钢结构企业职工培训等使用。

图书在版编目(CIP)数据

船舶焊接安全与防护技术/陈倩清主编.—哈尔滨：哈尔滨工程大学出版社，2014.1

ISBN 978-7-5661-0747-3

Ⅰ.①船… Ⅱ.①陈… Ⅲ.①造船-焊接工艺-安全技术-教材 Ⅳ.①U671.83

中国版本图书馆CIP数据核字(2014)第018174号

出版发行 哈尔滨工程大学出版社
社　　址 哈尔滨市南岗区东大直街124号
邮政编码 150001
发行电话 0451-82519328
传　　真 0451-82519699
经　　销 新华书店
印　　刷 黑龙江省教育厅印刷厂
开　　本 787mm×1 092mm　1/16
印　　张 13.5
字　　数 334千字
版　　次 2014年1月第1版
印　　次 2014年1月第1次印刷
定　　价 26.00元

http://press.hrbeu.edu.cn

E-mail:heupress@hrbeu.edu.cn

前　言

本书在策划和编写过程中,收集了大量的资料和案例,将企业工作任务和学校中的学习任务进行集成,构成了本书的8个学习情境,30个项目。

本书具有如下的特色与创新:本教材编写基于船舶焊接生产的实际工作过程,以项目化教学来组织教材内容,以各种船舶焊接过程中的典型工作任务为载体,将课程内容设计为互相联系的学习项目,突出教、学、做一体,充分体现项目教学、任务驱动、工学结合的教学改革特点。并采集了焊接生产中的案例,最后附有焊接作业相关的标准。

1. 教材编写符合船舶工程技术专业人才培养目标和培养规格,充分满足国家职业技能鉴定规范的要求,融入船舶焊接新技术、新工艺、新设备、新材料、新产品,遵循学生能力本位的原则,力求突出"理论够用、重在实操"和"简单明了、方便实用"的特色,强调适用性、针对性和先进性。

2. 本教材注重校企合作、工学结合。通过校企合作、校校合作的形式,聘请企业、院校和中国船级社的专家共同联合编写。在教学内容上,注重理论实践一体,注重实践能力培养,将职业素质培养融入到课程内容。

本书由浙江国际海运职业技术学院陈倩清副教授主编,浙江东海岸船业有限公司陈斌工程师主审,其中学习情境一、二(部分)、三由陈倩清执笔,学习情境六、七、八由浙江国际海运职业技术学院李云执笔,学习情境二(部分)、五由浙江国际海运职业技术学院董明海执笔,学习情境四由浙江国际海运职业技术学院庞君执笔;全书由陈倩清负责统稿。本书在编写过程中得到浙江海运集团舟山五洲船舶修造有限公司刘孝军工程师的大力支持和帮助,在此衷心地表示感谢!

该教材适合于技校、中等职业技术学校、高等职业学院、船舶与海洋工程及钢结构企业职工培训等使用。

由于编者学识水平有限,书中难免存在不当之处,恳请读者批评指正。

编　者

2013年12月

目　录

学习情境一　概　　述

【一】知识目标

1. 通过对焊接电弧基本理论的学习，理解电弧产生的机理，了解电弧的构造，掌握电弧极性对焊接电弧稳定性的影响及其应用，并逐步掌握电弧焊的实质；
2. 通过学习电弧的静特性，初步了解不同的焊接方法，焊接规范参数的调节范围；
3. 通过对电弧焊熔滴过渡特点的分析，理解实现熔滴过渡的条件及其应用；
4. 通过学习，了解焊接区内的气体及其来源，理解气体对焊接接头的影响和作用；
5. 通过基础知识的学习，理解焊缝熔池金属的结晶规律，了解焊接热循环规律。

【二】能力目标

1. 能够根据不同的焊接方法选择电源极性，决定焊接规范参数的选择范围；
2. 能够根据电弧区域各类气体对焊接接头的影响，采取相应的控制措施和对策；
3. 能够根据焊缝金属结晶规律，采取调整及改善焊缝金属组织的措施及对策。

【三】任务链接

1. 焊接方法分类；
2. 焊接基础知识。

● 情境描述

电弧是所有电弧焊方法的能源，能有效而简便地把弧焊电源的电能转换成焊接过程所需要的热能和机械能，其实质是一种气体放电现象。

焊接是一个不均匀加热和冷却的过程，它势必会引起焊接接头的组织与性能的变化。焊接区内充满大量气体，这些气体不断地与熔化金属发生冶金反应，势必对焊接接头的成分和性能造成影响，这些有害气体包括氮气、氢气和氧气；焊接过程中，必须采取相应的控制措施和对策，才能保证焊接质量。

焊接熔池的凝固过程对焊缝金属的组织和性能具有重大的影响，焊接过程中的许多缺陷都是在这个过程中产生的；焊接冶金反应后，引起焊后残留在焊缝金属中的非金属夹杂对钢的性能有较大影响，需采取措施加以防止或消除。

高温的焊缝金属冷却到室温时，要经过一系列的相变过程，其转变后获得的组织与焊缝的化学成分和冷却条件有关。

项目一　焊接方法分类

焊接是通过加热或加压，或者两者并用，并且用或不用填充材料，借助于金属原子的扩散和结合，使分离的材料牢固地连接在一起的加工方法。

焊接的方法很多，按焊接过程特点可分为熔焊、压焊和钎焊三大类。

熔焊方法的共同特点是把焊接局部连接处加热至熔化状态形成熔池，待其冷却结晶后形成焊缝，将两部分材料焊接成一个整体。因两部分材料均被熔化，故称熔焊。熔焊是金属焊接中最主要的一种方法。

在焊接过程中需要对焊件施加压力（加热或不加热）的一类焊接方法，叫压焊。

利用熔点比母材低的填充金属（称为钎料）熔化后，填入接头间隙并与固态的母材通过扩散实现连接的一类焊接方法，叫钎焊。

目前常用的焊接方法、特点及应用如表 1－1 所示。

表 1－1　常用焊接方法、特点及应用一览表

<table>
<tr><th>类别</th><th colspan="4">焊接方法</th><th>特点</th><th colspan="2">应用</th></tr>
<tr><td rowspan="6">熔焊</td><td rowspan="6">电弧焊</td><td colspan="3">焊条电弧焊</td><td>具有灵活、机动，适用性广泛，可进行全位置焊接；所用设备简单、耐用性好、维护费用低等优点。但劳动强度大，质量不够稳定，决定于操作者水平</td><td colspan="2">在单件、小批、零星、修配中广泛应用，适于焊接 3 mm 以上的碳钢、低合金钢、不锈钢和铜、铝等非铁合金</td></tr>
<tr><td colspan="3">埋弧焊</td><td>生产率高，比手工电弧焊提高 5～10 倍，焊接质量高、且稳定，节省金属材料，改善劳动条件</td><td colspan="2">在大量生产中适用于长直、环形或垂直位置的横焊缝，能焊接碳钢、合金钢以及某些铜合金、厚壁结构</td></tr>
<tr><td rowspan="4">气体保护焊</td><td rowspan="2">惰性气体</td><td>非熔化极（钨极氩弧焊）</td><td rowspan="2">气体保护充分、热量集中，熔池较小，焊接速度快，热影响区较窄，焊接变形小，电弧稳定，飞溅小，焊缝致密，表面无熔渣，成形美观，明弧便于操作，易实现自动化，限于室内焊接</td><td rowspan="2">最适用于焊接易氧化的铜、铝、钛及其合金，锆、钽、钼等稀有金属，以及不锈钢，耐热钢等</td><td>对 > 50 mm 厚板不适用</td></tr>
<tr><td>熔化极（金属极氩弧焊）</td><td>对 < 3 mm 薄板不适用</td></tr>
<tr><td colspan="2">二氧化碳气体保护焊</td><td>成本低，为埋弧和手工弧焊的 40% 左右，质量较好，生产率高，操作性能好，大电流时飞溅较大，成形不够美观，设备较复杂</td><td colspan="2">广泛应用于造船、机车车辆，起重机、农业机械中的低碳钢和低合金钢结构</td></tr>
<tr><td colspan="2">窄间隙气保护电弧焊</td><td>高效率的熔化极电弧焊，节省金属，限于垂直位置焊缝</td><td colspan="2">应用于碳钢，低合金钢、不锈钢，耐热钢、低温钢，厚壁结构等</td></tr>
</table>

表 1-1(续)

类别	焊接方法	特点	应用
熔焊	电渣焊	生产率高,任何厚度不开坡口一次焊成、焊缝金属比较纯净,热影响区比其他焊法都宽,晶粒粗大,易产生过热组织,焊后需进行正火处理以改善其性能	应用于碳钢、合金钢,大型和重型结构如水轮机、水压机、轧钢机等全焊或组合结构的制造,常用于 35 ~ 400 mm 壁厚结构
	气焊	火焰温度和性质可以调节,与弧焊热源比热影响区宽,热量不如电弧集中,生产率比较低	应用于薄壁结构和小件的焊接,可焊钢,铸铁,铝,铜及其合金,硬质合金等
	等离子弧焊	除具有氩弧焊特点外,等离子弧能量密度大,弧柱温度高,穿透能力强,能一次焊透双面成形;电流小到 0.1 A 时,电弧仍能稳定燃烧,并保持良好的挺度和方向性	广泛应用于铜合金、合金钢、钨、钼、钴、钛等金属如钛合金的导弹壳体、波纹管及膜盒,微型电容器、电容器的外壳封接以及飞机和航天装置上的一些薄壁容器的焊接
	电子束焊接	在真空中焊元金属电极沾污,保证焊缝金属的高纯度,表面平滑无缺陷;热源能量密度大、熔深大、焊速快、焊缝深窄能单道焊厚件,热影响区小,不产生变形,可防止难熔金属焊接时易产生裂纹和泄漏。焊接时一般不添加金属,参数可在较宽范围内调节、控制灵活	用于焊接从微型电子线路组件、真空膜盒、钼箔蜂窝结构、原子能燃料原件到大型的导弹外壳以及异种金属,复合结构件的焊接等,由于设备复杂,造价高,使用维护技术要求高,焊件尺寸受限制等,其应用范围受一定限制
	激光(束)焊接	辐射能量放出迅速,生产率高,可在大气中焊接,不需真空环境和保护气体;能量密度很高,热量集中、时间短,热影响区小;焊接不需与工件接触;焊接异种材料,比较容易,但设备有效系数低、功率较小,焊接厚度受限	特别适用于焊接微型精密、排列非常密集,对受热敏感的焊件、除焊接一段薄壁搭接外,还可焊接细的金属线材以及导线和金属薄板的搭接,如集成电路内外引线,仪表游丝等的焊接

表 1-1(续)

类别	焊接方法		特点	应用
压焊	电阻焊	点焊	低电压大电流,生产率高,变形小,限于搭接。不需添加焊接材料,易于实现自动化,设备较一般熔化焊复杂,耗电量大,缝焊过程中分流现象较严重	点焊主要适用于焊接各种薄板冲压结构及钢筋,目前广泛用于汽车制造、飞机、车厢等轻型结构,利用悬挂式点焊枪可进行全位焊接。缝焊主要用于制造油箱等要求密封的薄壁结构
		缝焊		
		接触对焊	接触(电阻)对焊,焊前对被焊工件表面清理工作要求较高,一般仅用于断面简单直径小于20 mm和强度要求不高的工件,而闪光焊对工件表面焊前无需加工,但金属损耗多	闪光对焊用于重要工件的焊接,可焊异种金属(铝-钢、铝-铜等),从直径0.01 mm金属丝到约20 000 mm的金属棒。如刀具、钢筋、钢轨等
		闪光对焊		
	摩擦焊		接头组织致密,表面不易氧化,质量好且稳定,可焊金属范围较广,可焊异种金属,焊接操作简单、不需添加焊接材料,易实现自动控制,生产率高,设备简单,电能消耗少	广泛用于圆形工件及管子的对接,如大直径铜铝导线的连接,管-板的连接
	气压焊		利用火焰将金属加热到熔化状态后加外力使其连接在一起	用于连接圆形,长方形截面的杆件与管子
	扩散焊		焊件紧密贴合,在真空或保护气氛中,在一定温度和压力下保持一段时间,使接触面之间的原子相互扩散完成焊接的一种压焊方法	接头力学性能高;可焊接性能差别大的异种金属,可用来制造双层和多层复合材料;可焊形状复杂的互相接触的面与面,代替整锻;焊接变形小
	高频焊		热能高度集中,生产率高,成本低;焊缝质量稳定,焊件变形小;适于连续性高速生产	适于生产有缝金属管;可焊低碳钢、工具钢、铜、铝、钛、镍、异种金属等
	爆炸焊		爆炸焊接好的双金属或多种金属材料,结合强度高,工艺性好,焊后可经冷热加工。操作简单,成本低	适于各种可塑性金属的焊接
钎焊	软钎焊		焊件加热温度低、组织和机械性能变化很小,变形也小,接头平整光滑,工件尺寸精确。软钎焊接头强度较低,硬钎焊接头强度较高。焊前工件需清洗、装配要求较严	广泛应用于机械、仪表、航空、空间技术所用装配中如电真空器件、导线、蜂窝和夹层结构、硬质合金

项目二　焊接基础知识

任务一　焊接电弧的基础知识

电弧是所有电弧焊方法的能源,能有效而简便地把弧焊电源的电能转换成焊接过程所需要的热能和机械能。电弧实质是一种气体放电现象,电弧分阴极区、阳极区和弧柱区三个区域;不同的焊接方法,它们的电弧静特性曲线是不同的;熔滴过渡时在熔滴上作用着多种力,每种力对熔滴过渡有着不同的影响,并且直接影响到熔滴的大小和过渡的形式。

一、焊接电弧

1. 焊接电弧的产生

电弧实质上是在一定条件下,电荷通过两电极之间的气体空间的一种导电现象,或者说是一种气体放电现象(即电流通过气体的现象)。焊接电弧是由焊接电源提供的,具有一定电压的两电极间或电极与焊件间,气体介质产生强烈而持久的放电现象,被称作焊接电弧。其原理如图1-1所示。

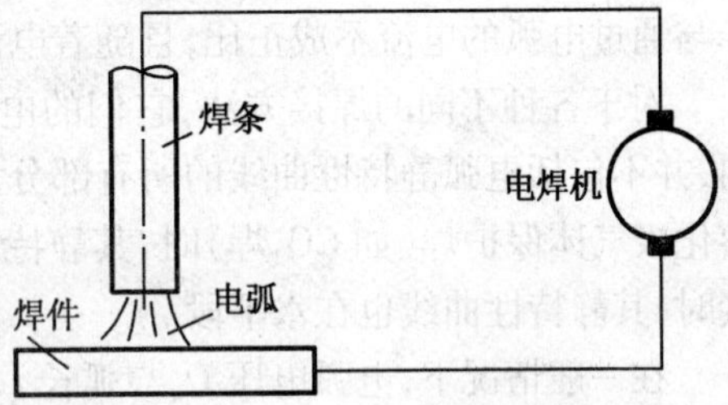

图1-1　焊接回路示意图

2. 焊接电弧的构造

电弧的三个区:阴极区、阳极区和弧柱区(如图1-2所示)。

焊接电弧的温度(℃)和热量分布规律见表1-2。

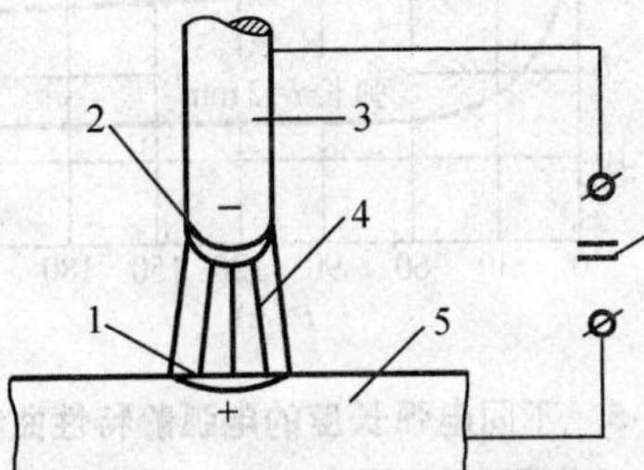

图1-2　焊接电弧的构造

1—阳极区;2—阴极区;3—焊条;4—电弧;5—焊件;6—焊接电源

表1-2　焊接电弧温度与热量分布表

电弧区域	温度/℃	热量分布
阳极区	2 600	43%
弧柱区	6 000~8 000	21%
阴极区	2 400	36%

3. 焊接时的极性

采用直流电源焊接时,直流电焊机的正、负极与焊条、工件有两种不同接法即直流电弧的极性。

(1)正接法　如图1-3(a)所示,焊件接电焊机的正极(阳极),焊条接负极(阴极)。因此,焊件温度较高,能获得较大熔深,适用于焊接厚板。

(2)反接法　如图1-3(b)所示,焊件接负极,焊条接正极,适合于焊接薄板,以防烧穿。

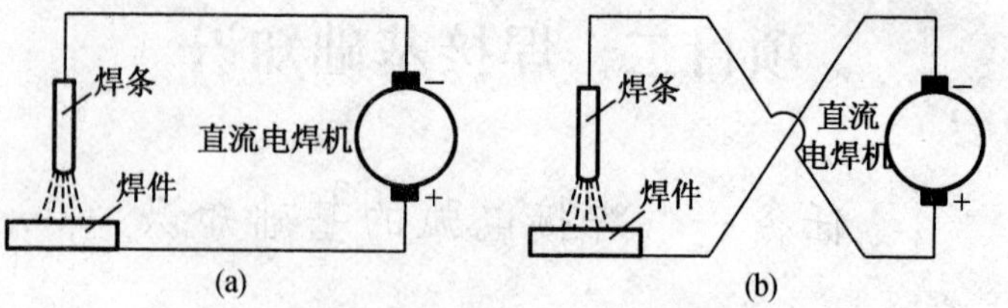

图 1-3　直流电焊机的不同的接法

(a)正极;(b)反接

采用交流焊机焊接时,因电源极性不断地交替变化,两极区的温度趋于一致。

4. 焊接电弧的静特性

在电极材料,气体介质和电弧长度一定时,电弧两端的电压与焊接电流之间的关系称为电弧静特性,或称伏安特性。电弧静特性曲线呈 U 形。如图 1-4 曲线 2 所示。电弧两端的电压降与通过电弧的电流不成正比,且随着电流值的不同而变化,即焊接电弧是非线性负载。

对于各种不同的焊接方法,它们的电弧静特性曲线是不同的,而且在其正常的使用范围内,并不包括电弧静特性曲线的所有部分。焊条电弧焊时,其静特性曲线通常在水平段;细丝熔化极气体保护焊(如 CO_2焊)时,其静特性曲线为上升段;而埋弧自动焊在正常电流密度下焊接时,其静特性曲线也在水平段。

在一般情况下,电弧电压 U_h 与弧长 l 成正比变化,如图 1-5 所示,即电弧越长电压越高。

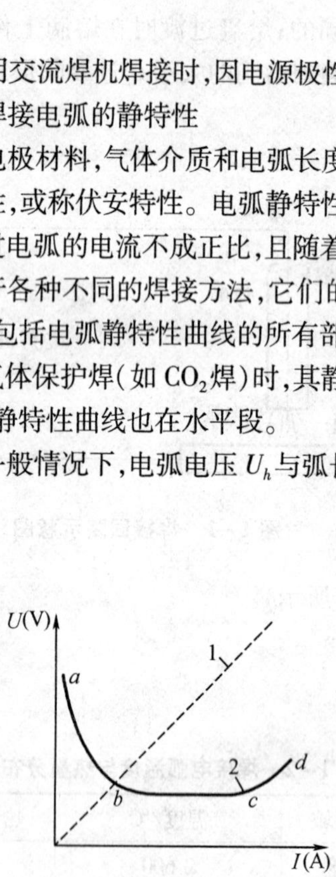

图 1-4　普通电阻静特性与电弧静特性曲线

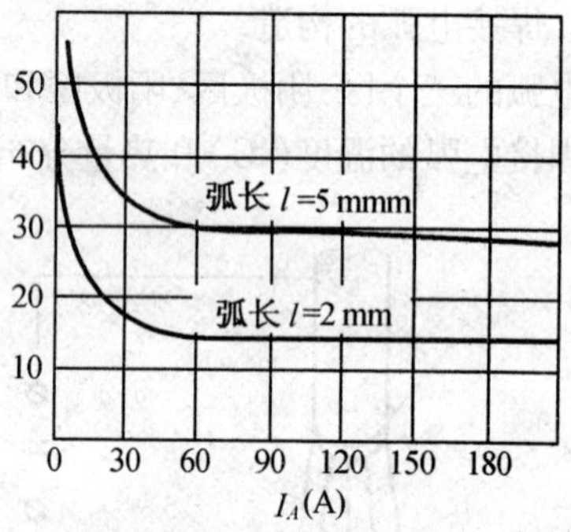

图 1-5　不同电弧长度的电弧静特性曲线

1—普通电阻静特性;2—电弧静特性

二、电弧焊的熔滴过渡

电弧焊时,焊条(或焊丝)末端在电弧高温作用下加热熔化形成的向熔池过渡的液态金属滴叫熔滴。熔滴通过电弧空间向熔池转移的过程叫熔滴过渡。

熔滴过渡时在熔滴上作用着多种力,每种力对熔滴过渡有着不同的影响,并且直接影响到熔滴的大小和过渡的形式。熔滴上的作用力有重力、表面张力、电磁压缩力、斑点压力、等离子流力和电弧气体的吹力等。

金属熔滴向熔池过渡的形式一般有三种,即颗粒过渡、喷射过渡和短路过渡,如图 1-6 所示。熔滴过渡对焊接稳定性、焊缝成形、飞溅及焊接接头质量产生直接的影响。

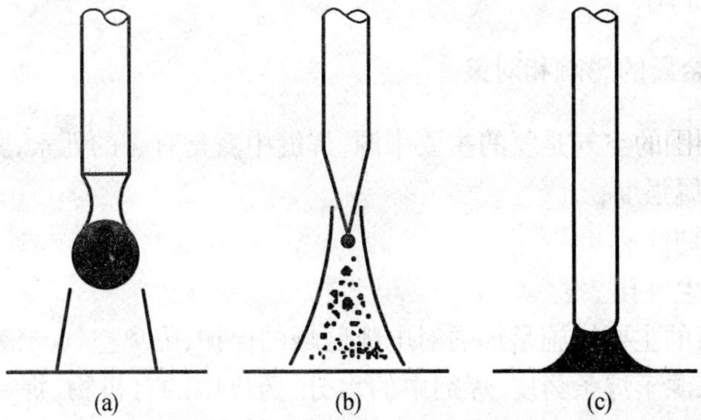

图1-6　熔滴过渡的主要形式

(a)颗粒过渡;(b)喷射过渡;(c)短路过渡

(1)颗粒过渡特点　焊接电流较小而电弧电压较高时形成;因焊缝成形不好,通常不宜采用。

(2)喷射过渡特点　在氩或富氩保护气体中,当电流增大到某临界值时,熔滴呈细小颗粒,并以喷射状态快速通过电弧空间向熔池过渡;喷射过渡时其飞溅小,过程稳定,熔深大,焊缝成形美观。

(3)短路过渡特点　小电流焊接而低电弧电压(即短弧焊时)时形成;短路过渡时电弧稳定,飞溅小,焊缝成形良好。广泛用于薄板焊接和全位置焊接。

任务二　焊接化学冶金过程

焊接过程中,焊接区内充满大量气体,这些气体不断地与熔化金属发生冶金反应,势必对焊接接头的成分和性能造成影响,这些有害气体包括氮气、氢气和氧气;焊接过程中,必须采取相应的控制措施和对策,才能保证焊接质量。

一、焊接区内气体的来源

焊接过程中,焊接区内充满大量气体,这些气体不断地与熔化金属发生冶金反应,从而影响焊缝金属的成分和性能。焊接区内的气体主要来源于以下几方面。

(1)来自焊接材料　一般焊条药皮中都含有造气剂,如淀粉、木粉、大理石等,这些造气剂在加热时发生分解或燃烧,析出大量气体。用潮湿的焊条或焊剂焊接时将析出水气。气电焊时,焊接区内的气体主要来自所采用的保护气体。

(2)来自空气　焊接过程中,虽然对焊接区域采取了各种保护措施,但并不能完全排除周围空气的侵入;如风大时未加挡风板,焊条电弧焊时出现严重的偏吹现象,气体保护焊时,气体流量过大或过小等。

(3)来自焊丝和母材表面上的杂质　如油污、铁锈、油漆和吸附的水分等,这些物质受热后将析出气体进入电弧空间。

(4)来自高温蒸发产生的气体　如金属和熔渣的蒸气。

焊接时,气体的成分、数量随焊接方法、工艺参数、药皮或焊剂的种类变化而变化。如用酸性焊条焊接时,气体主要是 CO,H_2 和 H_2O;用碱性焊条焊接时,气体主要是 CO 和 CO_2;埋弧焊时，气体主要是 CO 和 H_2。

二、气体对焊缝金属的影响和对策

1. 氮　焊接区周围的空气是氮的主要来源，焊缝中氮是有害的元素，其危害如下：

(1)提高焊缝金属强度；

(2)降低塑性和韧性；

(3)在焊缝中产生气孔。

控制焊缝含氮量的主要措施是加强对电弧区域的保护，隔离空气与液态金属发生接触。

2. 氢　氢主要来源于焊条药皮、焊剂中的水分、药皮中的有机物、焊件和焊丝表面上的污物(铁锈、油污)、空气中的水分等。不同焊接方法焊缝中的含氢量各不相同，见表 1－3。

表 1－3　焊接碳钢时焊缝中的含氢量

焊接方法	焊条电弧焊					埋弧自动焊	CO_2 气体保护焊
	纤维素型	钛型	钛铁矿型	氧化铁型	低氢钠型		
含氢量/(cm^3/100 g)	42.1	46.1	36.8	38.8	6.8	5.9	1.54

低碳钢板和焊丝中的原始含氢量都很低，一般为 0.2～0.5 cm^3/100 g，从表 1－3 中可以看到，各种焊接方法均使焊缝增氢，只是增氢的程度不同；手弧焊时用纤维素焊条焊得的焊缝，含氢量高达 42.1 cm^3/100 g，比母材高 70 倍；只有用低氢型焊条时，焊缝含氢量才比较低；而 CO_2 气体保护焊时，含氢量最低。

氢是焊缝中十分有害的元素，它的主要危害性有如下几点：

(1)氢脆性　氢引起钢的塑性严重下降的现象称为氢脆性，如图 1－7 所示。

(2)冷裂纹　氢是在焊接接头中产生冷裂纹的主要因素之一。

(3)气孔　熔池中的氢气如果在溶池凝固前来不及逸出就会被关在焊缝中形成气孔。

(4)白点　碳钢或低合金钢焊缝如含氢量较多，常常会在焊缝金属的拉断面上，出现的如鱼目状的一种白色圆形斑点，称为白点。白点的直径一般为 0.5～3 mm，白点的出现使焊缝金属的塑性大大下降。

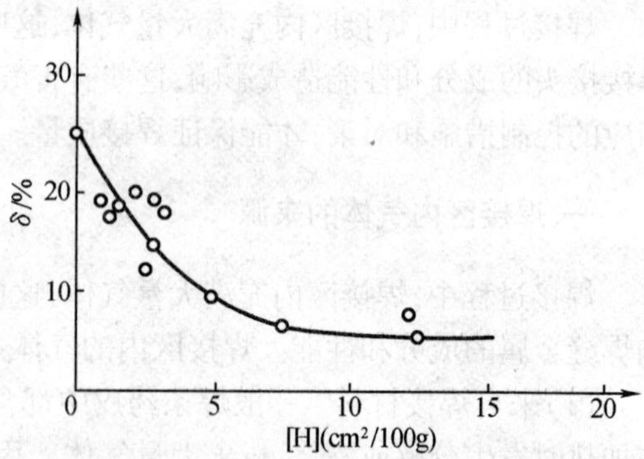

图 1－7　含氢量对低碳钢塑性的影响

为了减少氢的有害作用，焊接时应严格控制焊缝中的含氢量，常用的措施有：

(1) 烘干焊条和焊剂　焊条、焊剂中的水分是氢的主要来源之一，所以在焊材库内应放置去湿机，使周围环境的相对湿度控制在 60% 以下，并且焊条在使用前应按规定进行烘干。例如，碱性焊条应在 350～400 ℃烘干 1～2 h；烘干的焊条应放在 100～150 ℃保温箱(筒)内，随用随取。酸性焊条在 75～150 ℃烘干 1～2 h，焊剂应在 250 ℃烘干 1～2 h。过高的烘干温度虽然可以大大降低含氢量，但将使焊条药皮中的铁合金过早地被烧损，造气剂将过早地分解，丧失保护功效。

(2)清除焊件和焊丝表面上的杂质　焊件坡口和焊丝表面上的铁锈、油污,吸附的水分以及其他含氢物质,是增加焊缝含氢量的主要原因之一,因此在焊前应对焊件进行仔细清理。

(3)冶金处理　在焊条药皮和焊剂中加入适量的 CaF_2(萤石)、SiO_2(石英砂)这些物质具有较强的去氢作用,效果显著。适当增加焊接材料的氧化性(CO_2),也有较好的去氢作用。所以,碱性焊条的药皮中都要加入一定的 CaF_2,而 CO_2 气体保护焊就具有较高的抗氢气孔能力。

(4)焊后脱氢处理(后热)　焊后立即对焊件的全部(或局部)进行加热或保温,使其缓冷的工艺措施称为后热。后热可以促使氢扩散外逸,从而减少接头中含氢量,经验指出,将焊件加热到 300 ~400 ℃,保温 1 ~2 h 的后热处理叫脱氢处理,脱氢处理几乎可将扩散氢全部去除。生产中,对于容易产生延迟裂纹的焊件,常常要求进行脱氢处理(后热)。

综上所述,限制氢含量应以预防为主,首先应限制氢及水分的来源;其次应尽量防止氢溶入金属;最后,氢一旦进入焊缝可进行脱氢处理。

3. 氧　焊接时,氧主要来自电弧中的氧化性气体(O_2,CO_2,H_2O 等)、药皮中的氧化物以及焊接材料表面的氧化物。通常氧是以原子氧和氧化亚铁(FeO)两种形式溶解在液态铁中。

氧在焊缝中是属于有害的元素,其危害如下:

(1)随着焊缝含氧量的增加,其强度、硬度和塑性明显下降;

(2)氧还会引起金属的热脆、冷脆和时效硬化;

(3)氧对焊缝金属的物理和化学性能也有影响,如降低焊缝的导电性,导磁性和抗腐蚀性等;

(4)溶解在熔池中的氧与碳发生作用,生成不溶于金属的 CO,在熔池结晶时来不及逸出,就会形成气孔;

(5)氧会烧损焊接材料中有益的合金元素,使焊缝性能变坏;

(6)在熔滴中含氧和碳过多时,它们互相作用生成的 CO 受热膨胀,使熔滴爆炸,造成飞溅,影响焊接过程的稳定性。

生产中减少焊缝含氧量最有效的措施是进行脱氧。

任务三　焊缝结晶过程

焊接熔池的凝固过程对焊缝金属的组织和性能具有重大的影响,焊接过程中的许多缺陷都是在这个过程中产生的;焊接冶金反应后,引起焊后残留在焊缝金属中的非金属夹杂对钢的性能有较大影响,需采取措施加以防止或消除。

高温的焊缝金属冷却到室温时,要经过一系列的相变过程,即焊缝金属会发生组织转变,这种相变叫二次结晶,其转变后获得的组织与焊缝的化学成分和冷却条件有关。因此,必须在焊缝金属二次结晶过程中,通过细化晶粒、改善固态组织、锤击焊道表面和跟踪回火等措施对焊缝金属组织进行调整及改善。

焊接是一个不均匀加热和冷却的过程,它势必会引起焊接接头的组织与性能的变化。因此,必须对焊接时加热和冷却的特点,以及影响加热和冷却的因素有所了解。

一、焊缝熔池金属的结晶

热源离开后,焊接熔池的金属开始了由液态转变为固态的凝固(结晶)过程,叫焊接熔池的一次结晶。焊接熔池的凝固过程对焊缝金属的组织和性能具有重大的影响,焊接过程中的许多缺陷如气孔、裂纹、夹杂和偏析等大都是在这个过程中产生的。因此,讨论和研究熔池金属的凝固过程在生产上具有重要的意义。

1. 焊接熔池凝固结晶的特点

(1)熔池的体积小,冷却速度快;

(2)熔池中的液态金属处于过热状态;

(3)熔池在运动状态下结晶。

2. 焊缝中的偏析

在熔池的凝固结晶过程中,由于冷却速度快,已凝固的焊缝金属中的化学成分来不及扩散,因此,合金元素的分布是不均匀的,这种现象称为偏析。

根据焊接过程的特点,焊缝中的偏析有三种,即显微偏析、区域偏析、层状偏析。

3. 焊缝中夹杂物的种类及其危害性　由于焊接冶金反应,引起焊后残留在焊缝金属中的非金属夹杂(如氧化物、硫化物等)物,称为夹杂物。焊接过程中,在焊缝内部形成的夹杂物有以下几种:

(1)氧化物　焊接钢铁材料时,氧化物夹杂的主要成分是 SiO_2,其次是 MnO、TiO_2 和 Al_2O_3 等,一般都以硅酸盐的形式存在。这些夹杂物的危害性较大,是在焊缝中引起热裂纹的原因之一。

(2)硫化物　硫化物主要来源于焊条药皮或焊剂,经冶金反应而进入熔池,也可能是母材或焊丝中的含硫量偏高而形成的。

钢中的硫化物夹杂主要是 MnS 和 FeS。以 FeS 形式存在的夹杂,对钢的性能影响最大,它是促使形成热裂纹的主要因素之一。

4. 防止焊缝中产生夹杂物的措施　对于极细小的夹杂,如果分布很细、很均匀,对塑性和韧性没有显著的影响,则不必采取措施加以防止。对于粗大的夹杂物,由于对焊接性能影响较大,一般需采取措施加以防止或消除。

防止焊缝中产生夹杂物的重要方法是:

(1)正确选择焊条和焊剂,使之能更好地脱氧、脱硫等;

(2)选用合适的焊接工艺参数,使熔池存在的时间不要太短;

(3)多层焊时,要注意清除前层焊缝的熔渣;

(4)焊条要做适当地摆动,以利熔渣排出;

(5)操作时要注意保护熔池,防止空气的侵入。

二、焊缝金属的二次结晶

随着凝固结晶的结束,熔池就由液态转变为固体的焊缝。高温的焊缝金属冷却到室温时,要经过一系列的相变过程,即焊缝金属会发生组织转变,这种相变叫二次结晶,其转变后获得的组织与焊缝的化学成分和冷却条件有关。

以低碳钢为例,凝固结晶刚结束时即形成含碳量小于 0.07% 的 $\delta-Fe$ 组织。当焊缝金属继续冷却,到温度低于 1 486 ℃时,开始发生 $\delta-Fe\rightarrow\gamma-Fe$ 的转变,即形成奥氏体组织。当温度达到 AC_3 时,发生 $\gamma-Fe\rightarrow\alpha-Fe$ 的转变,温度再降低至 723 ℃时,余下的奥氏体转变分解为珠光体,此时钢的组织为铁素体和珠光体。所以低碳钢焊缝在室温下的组织为铁素体加珠光体。在低碳钢的平衡组织中(即非常缓慢地冷却下来所得到的组织),珠光体含量是很少的,但由于焊缝的冷却速度较大,所得珠光体的含量要较平衡组织中的含量来得多,冷却速度越大，珠光体含量也越多，焊缝的硬度和强度也随之增加，而塑性和韧性也随之降低。

冷却速度对低碳钢焊缝的组织和性能的影响，见表1－4。

表1－4 冷却速度与焊缝金属的组织和性能的关系

冷却速度/(℃/s)	组织/%		含碳量/%		焊缝金属硬度(HBS)
	铁素体	珠光体	按总化学成分	在珠光体中	
110	38	62	0.13	0.18	96
60	40	60	0.13	0.22	93
50	49	51	0.14	0.21	91
35	61	39	0.13	0.27	90
10	65	35	0.14	0.33	88
5	79	21	0.13	0.47	83
1	82	18	0.15	0.82	83

三、焊缝金属组织的调整及改善

1.细化晶粒

通过焊接材料（焊条、焊剂）向熔池中加入某些合金元素如V，Mo，Ti，Nb，Al，B，N等，可以细化晶粒，得到细晶组织。从而既可保证强度和塑性，又能提高抗裂性，这种方法称为变质处理。如E5015－MoV焊条，就是在原来E5015焊条的基础上，在药皮中再加入少量的钒铁和钼铁，因此焊条具有更高的抗裂性能。

2.改善固态组织

（1）焊后热处理　低碳钢焊件焊后一般不经热处理。某些合金钢焊件焊后，可以通过热处理来提高焊缝金属的性能，以充分发挥材料的潜力。例如珠光体耐热钢的焊接、厚板结构的电渣焊焊接，焊后都要经过不同的热处理（回火、正火和调质等）。

（2）多层焊接　焊接厚度相同的焊件时，采取多层焊接可以提高焊缝金属的质量，因为后层焊缝对前层焊缝具有热处理的作用，相当于对前层焊缝进行了一次正火处理，因而改善了固态组织。对最后一道焊缝，可在其焊缝上多焊一层退火焊道。

应当指出，多层焊接对于提高手弧焊质量的效果较好。埋弧焊时，由于每层焊道较厚（约6～10 mm），次一层的热作用只达3～4 mm，所以热处理效果较差；其次，对于淬硬倾向较大钢种的较长焊缝，多层焊接的热处理效果也不大，因为当焊第一层焊道以后，敷焊第二层以前，焊缝或热影响区的基本金属，由于淬硬倾向较大，已经有产生裂纹的可能。焊接这种钢时，应该采取其他工艺措施，如焊前预热等。

（3）锤击焊道表面　多层焊时，锤击可使前一层焊道的晶粒不同程度地被破碎，使后一层焊缝晶粒细化。同时逐层锤击可以使焊缝产生塑性变形而降低残余应力。因此，锤击焊道表面可以提高焊缝金属的机械性能，特别是冲击韧性。

（4）跟踪回火　跟踪回火是每焊完一层焊道后，立即用气体火焰加热焊道表面，温度控制在900～1 000 ℃之间，这样在焊道表层下3～10 mm范围内，在不同程度上起到了回火作用。例如，高压汽轮机汽缸（20CrMnV铸钢）进行裂纹补焊时，焊前预热210 ℃，补焊后熔合区的平均冲击韧性为 52 J/cm^2。如果焊前也是预热到 210 ℃,但有跟踪回火,补焊后熔合区的平均冲击韧性可提高到 100 J/cm^2。

四、焊接热循环

焊接是一个不均匀加热和冷却的过程,它势必会引起焊接接头的组织与性能的变化。因此,必须对焊接时加热和冷却的特点,以及影响加热和冷却的因素有一个基本的了解。

在焊接过程中热源沿焊件移动时,焊件上某点温度随时间的增长由低而高,达到最高温度后,又由高而低的变化过程称为焊接热循环。它由加热和冷却两部分组成,这两个过程可以用图 1 - 8 表示。从图中可反映出热循环所经过的时间、最高温度 T_m 以及相变温度 T_A 以上的高温停留时间 t_A 和升温、冷却的速度等。

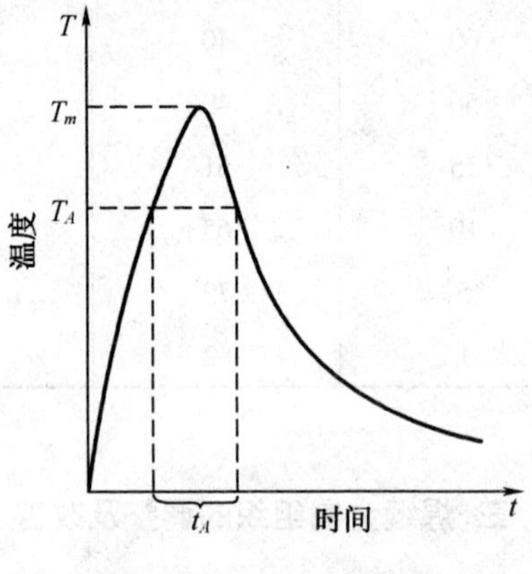

图 1 - 8 焊接热循环曲线

1. 焊接热循环参数

(1)加热速度;

(2)加热的最高温度;

(3)高温停留时间;

(4)冷却速度。

近缝区各点的热循环曲线如图 1 - 9 所示。

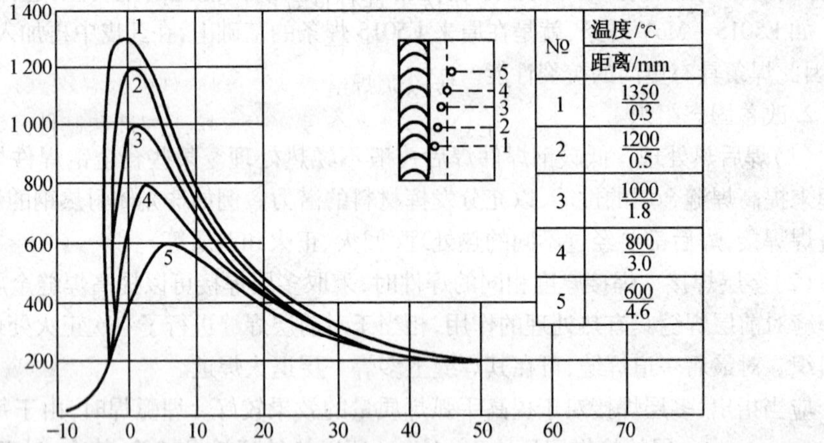

图 1 - 9 近缝区各点的热循环曲线

显然,焊接热循环是焊接接头经历的特殊热处理过程,也是对焊件上热分布的清晰描述,这对于了解接头组织、应力与变形和提高焊接质量有着十分重要的意义。

2. 影响焊接热循环的因素

(1)焊接工艺参数和线能量 焊接工艺参数是指影响焊接质量的诸物理量,如焊接电流、电弧电压和焊接速度等,对焊接热循环有很大影响。熔焊时,由焊接热源输入给单位长度焊缝上的能量,称为线能量,用 q 表示。在同样大小的功率下,焊接速度快时,加热时间短,加热范围窄，冷却得快；反之，焊接速度慢时则相反。

$$q = \frac{IU}{V}$$

式中　I——焊接电流，A；

U——电弧电压，V；

V——焊接速度，cm/s；

q——线能量，J/cm。

线能量综合了焊接电流、电弧电压和焊接速度三个工艺参数对热循环的影响。线能量增大时，热影响区宽度增大，加热到高温的区域增宽，在高温的停留时间增长，同时冷却速度减慢，见表1－5。

表1－5　预热对焊接热循环的影响

线能量/(J/cm)	预热温度/℃	1 100 ℃以上停留时间/s	650 ℃的冷却速度/(℃/s)
20 000	27	5	14
20 000	260	5	4.4
38 400	27	16.5	4.4
38 400	260	17	1.4

生产中根据不同的材料成分，在保证焊缝成形良好的前提下，适当调节焊接工艺参数，以及合适的线能量焊接，可以保证焊接接头具有良好的性能。例如，焊件装配点固焊时，由于焊缝长度短，截面积小，冷却速度快，较易开裂，特别是对于一些淬硬倾向较大的钢种更是如此，此时可以采用较大的线能量进行焊接以防焊缝开裂。但是对于低温钢，强度等级较高的低合金钢，线能量必须严格控制，因为线能量增大会导致焊接接头塑性和韧性的下降。

(2)预热和层间温度　焊接有淬硬倾向的钢材时，往往需要焊接预热。预热的主要目的是为了降低焊接接头的冷却速度，以减少淬硬倾向，防止生成裂纹。预热对冷却速度的影响。从表中可以看出，预热能够降低冷却速度，但基本上又不影响在高温停留的时间，这是十分理想的。所以焊接具有淬硬倾向的钢材，降低冷却速度减小淬硬倾向的主要工艺措施，是进行预热，而不是增大线能量。

对预热焊接工艺而言，道间温度是指多层多道焊时，后道焊缝焊接时，处在前道焊缝的最低温度。对于要求预热焊接的材料，其多道焊接时，道间温度应等于或略高于预热温度。控制道间温度的目的和预热相同，也是为了降低冷却速度，同时还可促使扩散氢逸出焊接区，有利于防止产生延迟裂纹。

(3)其他因素的影响　板厚、接头形式和材料的导热性对焊接热循环也有很大影响。板厚增大时，冷却速度增大，高温停留时间减少。角焊缝比对接焊缝的冷却速度大，例如当板厚为12 mm时，角焊缝的冷却速度是对接焊缝的3～4倍。

学习情境二　气焊和气割安全与防护技术

【一】知识目标

1. 掌握气焊与气割的基本原理；
2. 基本掌握气焊与气割工艺；
3. 掌握乙炔安全使用知识及气焊与气割常用气体燃爆特性；
4. 掌握乙炔发生器安全技术特性及焊接气瓶安全知识；
5. 掌握焊割炬安全及氧气与乙炔胶管及管道安全知识。

【二】能力目标

1. 掌握气焊与气割安全操作规程；
2. 能对乙炔和氧气进行安全使用；
3. 能对气瓶及焊割炬进行安全使用；
4. 掌握氧气与乙炔胶管及管道使用安全；
5. 能分析胶管、管道爆炸着火事故的原因。

【三】任务链接

1. 气焊与气割基本知识；
2. 气焊与气割常用气体燃爆特性；
3. 安全使用；
4. 乙炔发生器安全；
5. 焊接常用气瓶安全；
6. 焊割炬安全；
7. 氧气与乙炔胶管及管道安全。

项目一　气焊与气割基本知识

任务一　认知气焊与气割

一、气焊与气割的基本原理和适用范围

1. 气焊

气焊是利用可燃气体与助燃气体混合燃烧的火焰去熔化工件接缝处的金属和焊丝而达到金属间牢固连接的方法。

2. 气割

气割是利用可燃气体与氧气混合燃烧的火焰热能将工件切割处预热到一定温度后，喷出高速切割氧流，使金属剧烈氧化并放出热量，利用切割氧流把熔化状态的金属氧化物吹掉，而实现切割的方法。

符合上述条件的金属有纯铁、低碳钢、中碳钢和低合金钢以及钛等。其他常用的金属材料如铸铁、不锈钢、铝和铜等，则必须采用特殊的气割方法（例如等离子切割等）。目前气割工艺在工业生产中得到了广泛的应用。

3. 气焊与气割的特点

气焊的特点：

(1)设备简单、使用灵活；

(2)对铸铁及某些有色金属的焊接有较好的适应性；

(3)在电力供应不足的地方需要焊接时，气焊可以发挥更大的作用；

(4)生产效率较低；

(5)焊接后工件变形和热影响区较大；

(6)较难实现自动化。

气割的特点：

(1)设备简单、使用灵活。

(2)对切口两侧金属的成分和组织产生一定的影响以及引起被割工件的变形等。

二、气焊与气割的安全特点

气焊与气割的主要危险是火灾与爆炸，因此，防火、防爆是气焊、气割的主要任务。

气焊与气割所用的乙炔、液化石油气、氢气等都是易燃易爆气体；氧气瓶、乙炔瓶、液化石油气瓶和乙炔发生器均属于压力容器。而在焊补燃料容器和管道时，还会遇到其他许多易燃易爆气体及各种压力容器，同时又使用明火。如果焊接设备和安全装置有故障，或者操作人员违反安全操作规程进行作业等，都有可能引起爆炸和火灾事故。

在气焊火焰的作用下，尤其是气割时氧气射流的喷射，使熔珠和铁渣四处飞溅，容易造成灼烫事故。而且较大的熔珠和铁渣能飞溅到距操作点 5 m 以外的地方，引燃可燃易爆物品，从而发生火灾与爆炸。

气焊与气割的火焰温度高达 3 200 ℃以上，被焊金属在高温作用下蒸发成金属蒸气。在焊接镁、铜、铅等有色金属及其合金时，除了这些金属蒸气之外，焊剂还散发出氯盐的燃烧产物；黄铜的焊接过程中蒸发的大量锌蒸气，铅的焊接过程中蒸发铅和氧化铅蒸气等有害物质。在焊补操作中，还会遇到产生其他有毒和有害气体，尤其是在密闭容器、管道内的气焊、气割操作等均会对焊接作业人员造成危害，也有可能造成焊工中毒。

任务二 气焊与气割工艺

一、气焊主要工艺参数

气焊的焊接工艺参数包括焊丝的牌号和直径、熔剂、火焰种类、火焰能率、焊炬型号和焊嘴的号码、焊嘴倾角和焊接速度等。由于焊件的材质、气焊的工作条件、焊件的形状尺寸和焊接位置、气焊工的操作习惯和气焊设备等的不同,所选用的气焊焊接工艺参数不尽相同。

下面对一般的气焊工艺参数(即焊接规范)及其对焊接质量的影响分别说明如下:

1. 焊丝直径的选择

焊丝的直径应根据焊件的厚度、坡口的形式、焊缝位置、火焰能率等因素确定。在火焰能率一定时,即焊丝熔化速度在确定的情况下,如果焊丝过细,则焊接时往往在焊件尚未熔化时焊丝已熔化下滴,这样,容易造成熔合不良和焊波高低不平、焊缝宽窄不一等缺陷;如果焊丝过粗,则熔化焊丝所需要的加热时间就会延长,同时增大了对焊件的加热范围,使工件焊接热影响区增大,容易造成组织过热,降低焊接接头的质量。

焊丝直径常根据焊件厚度初步选择,试焊后再调整确定。碳钢气焊时焊丝直径的选择可参照表 2-1。

表 2-1 焊件厚度与焊丝直径的关系 单位:mm

工件厚度	1.0~2.0	2.0~3.0	3.0~5.0	5.0~10.0	10.0~15.0
焊丝直径	1.0~2.0 或不用焊丝	2.0~3.0	3.0~4.0	3.0~5.0	4.0~6.0

在多层焊时,第一、二层应选用较细的焊丝,以后各层可采用较粗的焊丝。一般平焊应比其他焊接位置选用粗一号的焊丝,右焊法比左焊法选用的焊丝要适当粗一些。

2. 火焰性质的选择

一般来说,需要尽量减少元素的烧损时,应选用中性焰;对需要增碳及还原气氛时,应选用碳化焰;当母材含有低沸点元素(如锡(Sn)、锌(Zn)等)时,需要生成覆盖在熔池表面的氧化物薄膜,以阻止低熔点元素蒸发,应选用氧化焰。总之,火焰性质选择应根据焊接材料的种类和性能。

由于气焊焊接质量和焊缝金属的强度与火焰种类有很大的关系,因而在整个焊接过程中应不断地调节火焰成分,保持火焰的性质,从而获得质量好的焊接接头。

不同金属材料的气焊所采用焊接火焰的性质参照表 2-2。

表 2-2 各种金属材料气焊火焰的选择

焊件材料	应用火焰	焊件材料	应用火焰
低碳钢	中性焰或轻微碳化焰	铬镍不锈钢	中性焰或轻微碳化焰
中碳钢	中性焰或轻微碳化焰	紫铜	中性焰
低合金钢	中性焰	锡青铜	轻微氧化焰
高碳钢	轻微碳化焰	黄铜	氧化焰
灰铸铁	碳化焰或轻微碳化焰	铝及其合金	中性焰或轻微碳化焰
高速钢	碳化焰	铅、锡	中性焰或轻微碳化焰
锰钢	轻微氧化焰	蒙乃尔合金	碳化焰
镀锌铁皮	轻微碳化焰	镍	碳化焰或轻微碳化焰
铬不锈钢	中性焰或轻微碳化焰	硬质合金	碳化焰

3. 火焰能率的选择

火焰能率指单位时间内可燃气体(乙炔)的消耗量,单位为 L/h。火焰能率的物理意义是单位时间内可燃气体所提供的能量。

火焰能率的大小是由焊炬型号和焊嘴号码大小来决定的。焊嘴号越大火焰能率也越大。所以火焰能率的选择实际上是确定焊炬的型号和焊嘴的号码。火焰能率的大小主要取决于氧、乙炔混合气体中,氧气的压力和流量(消耗量)及乙炔的压力和流量(消耗量)。流量的粗调通过更换焊炬型号和焊嘴号码实现;流量的细调通过调节焊炬上的氧气调节阀和乙炔调节阀来实现。

火焰能率应根据焊件的厚度、母材的熔点和导热性及焊缝的空间位置来选择。如焊接较厚的焊件、熔点较高的金属、导热性较好的铜、铝及其合金时,就要选用较大的火焰能率,才能保证焊件焊透;反之,在焊接薄板时,为防止焊件被烧穿,火焰能率应适当减小。平焊缝可比其他位置焊缝选用稍大的火焰能率。在实际生产中,在保证焊接质量的前提下,应尽量选择较大的火焰能率。

4. 焊嘴倾斜角的选择

焊嘴的倾斜角是指焊嘴中心线与焊件平面之间的夹角。详见图 2－1。焊嘴的倾斜角度的大小主要是根据焊嘴的大小、焊件的厚度、母材的熔点和导热性及焊缝空间位置等因素综合决定的。当焊嘴倾斜角大时,因热量散失少,焊件得到的热量多,升温就快;反之,热量散失多,焊件受热少,升温就慢。

一般低碳钢气焊时,焊嘴的倾斜角度与工件厚度的关系详见图 2－1。一般说来,在焊接工件的厚度大、母材熔点较高或导热性较好的金属材料时,焊嘴的倾斜角要选得大一些;反之,焊嘴倾斜角可选得小一些。

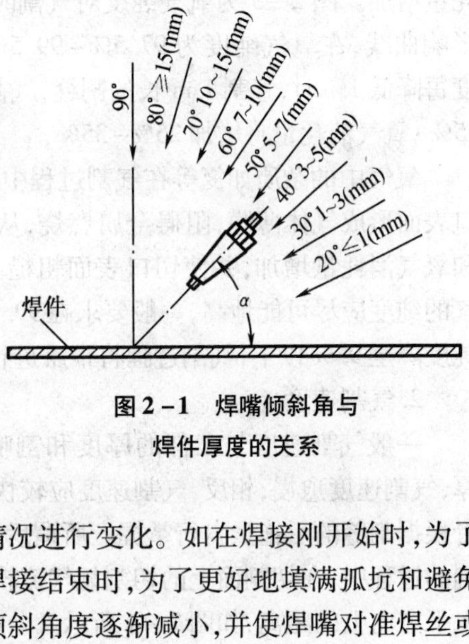

图 2－1 焊嘴倾斜角与焊件厚度的关系

焊嘴的倾斜角度在气焊的过程中还应根据施焊情况进行变化。如在焊接刚开始时,为了迅速形成熔池,采用焊嘴的倾斜角度为 80° ~ 90°;当焊接结束时,为了更好地填满弧坑和避免焊穿或使焊缝收尾处过热,应将焊嘴适当提高,焊嘴倾斜角度逐渐减小,并使焊嘴对准焊丝或熔池交替地加热。

在气焊过程中,焊丝对焊件表面的倾斜角一般为 30° ~ 40°,与焊嘴中心线的角度为 90° ~ 100°,如图 2－2 所示。

5. 焊接速度的选择

焊接速度应根据焊工的操作熟练程度,在保证焊接质量的前提下,尽量提高焊接速度,以减少焊件的受热程度并提高生产率。一般说来,对于厚度大、熔点高的焊件,焊接速度要慢些,以避免产生未熔合的缺陷;而对于厚度薄、熔点低的焊件,焊接速度要快些,以避免产生烧穿和使焊件过热而降低焊接质量。

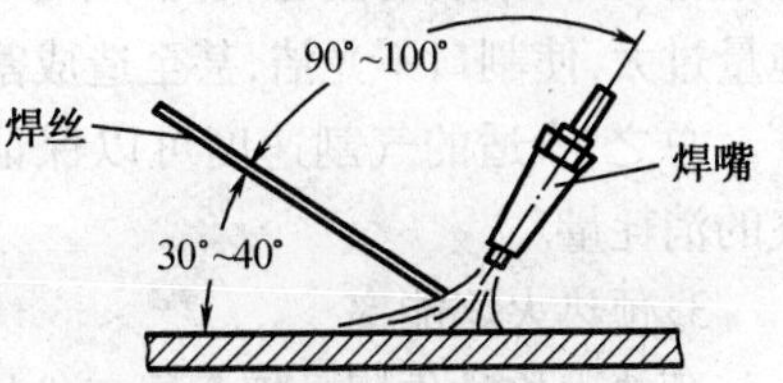

图 2－2 焊嘴与焊丝的相对位置

二、气割主要工艺参数

气割工艺参数主要包括割炬型号和切割氧压力、气割速度、预热火焰能率、割嘴与工件间的倾斜角、割嘴离工件表面的距离等。

1. 割炬型号和切割氧压力

被割件越厚,割炬型号、割嘴号码、氧气压力均应增大,当割件较薄时,切割氧压力可适当降低。但切割氧的压力不能过低,也不能过高。若切割氧压力过高,则切割缝过宽,切割速度降低,不仅浪费氧气,同时还会使切口表面粗糙,而且还将对割件产生强烈的冷却作用。若氧气压力过低,会使气割过程中的氧化反应减慢,切割的氧化物熔渣吹不掉,在割缝背面形成难以清除的熔渣黏结物,甚至不能将工件割穿。

除上述切割氧的压力对气割质量的影响外,氧气的纯度对氧气消耗量、切口质量和气割速度也有很大影响。氧气纯度降低,会使金属氧化过程缓慢、切割速度降低,同时氧的消耗量增加。图 2-3 为氧气纯度对气割时间和氧气消耗量的影响曲线,在氧气纯度为 97.5%~99.5% 的范围内,氧气纯度每降低 1% 时,气割 1 m 长的割缝,气割时间将增加 10%~15%;氧气消耗量将增加 25%~35%。

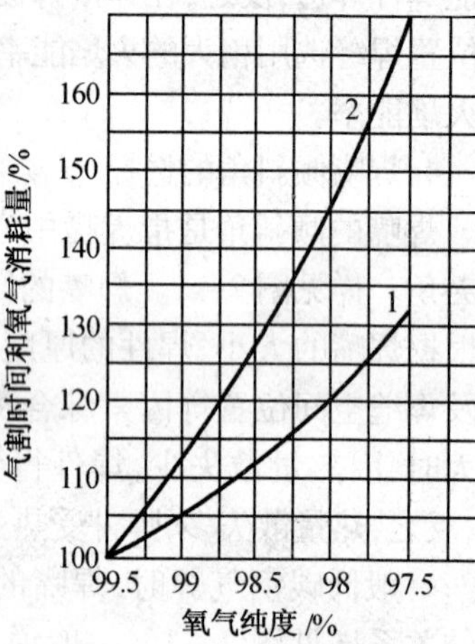

图 2-3 氧气纯度对气割时间和氧化消耗量的影响

1—对气割时间的影响;
2—对氧气消耗量的影响

氧气中的杂质如氮等在气割过程中会吸收热量,并在切口表面形成气体薄膜,阻碍金属燃烧,从而使气割速度下降和氧气消耗量增加,并使切口表面粗糙。因此,气割用的氧气的纯度应尽可能地高,一般要求在 99.5% 以上。若氧气的纯度降至 95% 以下,气割过程将很难进行。

2. 气割速度

一般气割速度与工件的厚度和割嘴形式有关,工件愈厚,气割速度愈慢,相反,气割速度应较快。气割速度由操作者根据割缝的后拖量自行掌握。所谓后拖量,是指在氧气切割的过程中,在切割面上的切割氧气流轨迹的始点与终点在水平方向上的距离,如图 2-4 所示。

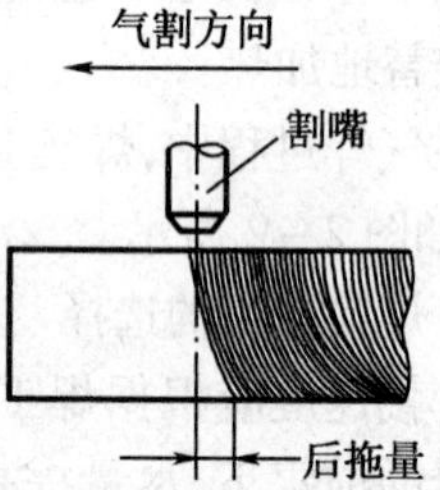

图 2-4 后拖量示意图

在气割时,后拖量总是不可避免的,尤其气割厚板时更为显著。合适的气割速度,应以使切口产生的后拖量比较小为原则。若气割速度过慢,会使切口边缘不齐,甚至产生局部熔化现象,割后清渣也较困难;若气割速度过快,会造成后拖量过大,使割口不光洁,甚至造成割不透。

总之,合适的气割速度可以保证气割质量,并能降低氧气的消耗量。

3. 预热火焰能率

预热火焰的作用是把金属工件加热至金属在氧气中燃烧的温度,并始终保持这一温度,同时还使钢材表面的氧化皮剥离和熔化,便于切割氧流与金属接触。

气割时,预热火焰应采用中性焰或轻微氧化焰。碳化焰因有游离碳的存在,会使切口边缘增碳,所以不能采用。在切割过程中,要注意随时调整预热火焰,防止火焰性质发生变化。

预热火焰能率的大小与工件的厚度有关,工件愈厚,火焰能率应愈大,但在气割时应防止火焰能率过大或过小的情况发生。如在气割厚钢板时,由于气割速度较慢,为防止割缝上缘熔化,应相应使火焰能率降低;若此时火焰能率过大,会使割缝上缘产生连续珠状钢粒,甚至熔化成圆角,同时还造成割缝背面粘附熔渣增多,影响气割质量。如在气割薄钢板时,因气割速度快,可相应增加火焰能率,但割嘴应离工件远些,并保持一定的倾斜角度;若此时火焰能率过小,使工件得不到足够的热量,就会使气割速度变慢,甚至使气割过程中断。

4. 割嘴与工件间的倾角

割嘴倾角的大小主要根据工件的厚度来确定。一般气割4 mm以下厚的钢板时,割嘴应后倾25°~45°;气割4~20 mm厚的钢板时,割嘴应后倾20°~30°;气割20~30 mm厚的钢板时,割嘴应垂直于工件;气割大于30 mm厚的钢板时,开始气割时应将割嘴前倾20°~30°,待割穿后再将割嘴垂直于工件进行正常切割,当快割完时,割嘴应逐渐向后倾斜20°~30°。割嘴与工作间的倾角详见图2-5。

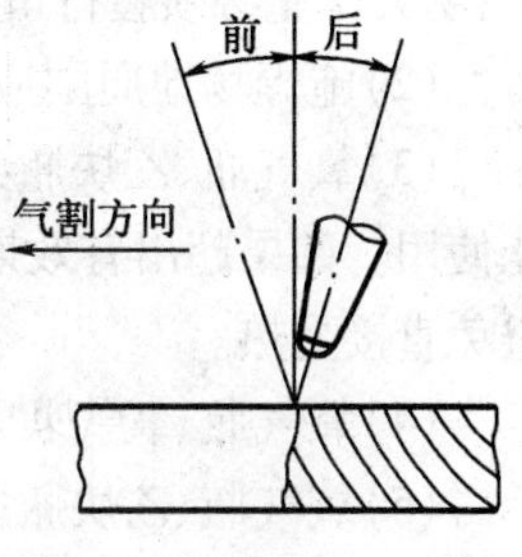

图2-5 割嘴与工件间的倾角示意图

割嘴与工件间的倾角对气割速度和后拖量产生直接影响,如果倾角选择不当,不但不能提高气割速度,反而会增加氧气的消耗量,甚至造成气割困难。

5. 割嘴离工件表面的距离

通常火焰焰芯离开工件表面的距离应保持在3~5 mm的范围内,这样,加热条件最好,而且渗碳的可能性也最小。如果焰芯触及工件表面,不仅会引起割缝上缘熔化,还会使割缝渗碳的可能性增加。

一般来说,切割薄板时,由于切割速度较快,火焰可以长些,割嘴离开工件表面的距离可以大些;切割厚板时,由于气割速度慢,为了防止割缝上缘熔化,预热火焰应短些,割嘴离工件表面的距离应适当小些,这样,可以保持切割氧流的挺直度和氧气的纯度,使切割质量得到提高。

任务三 气焊与气割安全分析

气焊和气割时的危险性,主要是容易形成爆炸和火灾,以及焊接有色金属引起的中毒两大类危险事故。

1. 爆炸和火灾

爆炸和火灾是气焊和气割中的主要危险。气焊和气割应用的乙炔、电石、液化石油气和氧气等,都是属于容易发生爆炸和着火危险的物质,其设备乙炔发生器、氧气瓶、乙炔瓶和液化石油气瓶等,是具有爆炸和着火危险的压力容器,而且操作过程中的回火、四处飞溅的火星是危险的着火源,上述不安全因素的同时存在,容易构成爆炸和火灾事故的条件。

2. 焊接有色金属引起的中毒

在焊接镁、铝和铜等有色金属及其合金时,除了蒸发出有毒的金属氧化物蒸气外,焊粉还会散发出氯和氟盐的燃烧产物等有害物质,在作业空间狭小(锅炉、密闭容器和管道等)和通风不良时,容易造成焊工中毒。

此外,气焊和气割还会发生灼烫、高处坠落和物体打击工伤事故。

任务四 气焊与气割操作技术

一、气焊与气割安全操作基本要求

(1)上岗前必须经过有关部门的安全技术培训,取得特种作业操作证后,方可独立上岗操作;明火作业必须履行审批手续。

(2)施焊场地周围应清除易燃、易爆物品或进行覆盖、隔离。

(3)氧气瓶、乙炔瓶必须按照《气瓶安全监察规程》的规定,严格进行技术检验,合格后方能使用。如果超出有效期,不得使用。应远离高温、明火和熔融金属飞溅物 10 m 以上,氧气瓶避免直接受热。

(4)氧气瓶、氧气表及焊割工具上,严禁沾染油脂。

(5)氧气瓶、乙炔瓶应有防震胶圈,旋紧安全帽,避免碰撞和剧烈震动,并防止曝晒。冻结时应用热水加热,不准用火烤。氧气瓶、乙炔瓶必须按规定单独摆放,使用时确保两者间的安全距离。

(6)点火时,焊枪口不准对人,正在燃烧的焊枪不得放在工件或地面上。

(7)不得手持连接胶管的焊枪爬梯、登高。

(8)严禁在带压的容器或管道上焊、割,焊接带电设备时必须先切断电源。

(9)在储存过易燃、易爆及有毒物品的容器或管道上焊、割时,应先把容器或管道清理干净,并将所有的孔、口打开。

(10)铅焊时,场地应通风良好,皮肤外露部位应涂护肤油脂,工作完毕后应洗漱。

(11)工作完毕后,应将氧气瓶、乙炔瓶的气阀关好。氧气瓶应拧上安全罩。检查操作场地,确认无着火危险,方准离开。

项目二 气焊与气割常用气体燃爆特性

任务一 乙 炔

乙炔(Thyne),称风煤、电石气,是炔烃化合物系列中体积最小的一员,主要用作工业用途,特别是烧焊金属方面。乙炔在室温下是一种无色、极易燃的气体。乙炔是由电石和水相互作用分解得到的,电石是钙和碳的化合物碳化钙(CaC_2),纯乙炔为无色无味的易燃、有毒气体。而电石制的乙炔因混有硫化氢 H_2S、磷化氢 PH_3、砷化氢,而带有特殊的臭味。熔点(118.656 kPa) -84 ℃,沸点 -80.8 ℃,相对密度 0.620 8(-82/4 ℃),折射率 1.000 51,折光率 1.000 5(0 ℃),闪点 -17.78 ℃,自燃点 305 ℃。在空气中爆炸极限 2.3%~72.3%(vol)。乙炔是可燃性气体,它与空气混合燃烧时所产生的火焰的温度为 2 350 ℃,而与氧气混合燃烧时所产生的火焰温度为 3 000 ~3 300 ℃,因此足以迅速熔化金属进行焊接和切割。乙炔在液态和固态下或在气态和一定压力下有猛烈爆炸的危险,受热、震动、电火花等因素都可以引发爆炸,因此不能在加压液化后储存或运输。微溶于水,易溶于乙醇、苯、丙酮等有机溶剂。在 15 ℃和 1.5 MPa 时,乙炔在丙酮中的溶解度为 237 g/L,溶液是稳定的。因此,工业上是在装满石棉等多孔物质的钢瓶中，使多孔物质吸收丙酮后将乙炔压入，以便储存和运输。为了与其他气体区别，乙炔钢瓶的颜色一般为白色。

(1)乙炔是不饱和的碳氢化合物，分子式 C_2H_2，密度 1.17 kg/m^3，工业用乙炔因含硫化氢(H_2S)和磷化氢(PH_3)等杂质，故具有特殊的臭味。

(2)乙炔的自燃点为 335 ℃，容易受热自燃。

(3)乙炔的点火能量小，仅 0.019 mJ，即将熄灭的烟灰就具有这个能量，容易着火。

(4)乙炔完全燃烧的反应式为：$2C_2H_2 + 5O_2 \xlongequal{} 4CO_2 + 2H_2O + Q$。在空气中燃烧的火焰温度为 2 350 ℃，在氧气中为 3 100 ~ 3 300℃，火焰的传播速度在空气中为 2 ~ 8.7 m/s，在氧气中为 13.5 m/s。

(5)乙炔受热或受压容易发生聚合、加成、取代和爆炸性分解等化学反应。

(6)存放乙炔的容器与管道直径越大，爆炸危险性亦加大；直径越小则越不易爆炸。

(7)工业用乙炔含有杂质硫化氢和磷化氢，磷化氢的自燃点很低，在 100 ℃的温度下会发生自燃，是引起乙炔发生器着火爆炸的原因之一。安全规则规定乙炔含磷化氢不得超过 0.08%(体积分数)。

(8)乙炔与空气、氧气或氯气混合，会增加其爆炸危险性。乙炔与空气混合的爆炸极限为 2.2%~81%，其自燃点为 335 ℃，在这一温度，即使在大气压下也能使爆炸性混合物发生爆炸；乙炔与氧气混合有较强的爆炸极限范围，为 2.8%~93%，其自燃点为 300 ℃；乙炔与氯、次氯酸盐等化合，在日光照射下或加热就会发生燃烧爆炸，所以乙炔着火时严禁用四氯化碳灭火器救火。此外，乙炔不能与氟、溴、碘、钾、钴等能起化学反应和发生燃烧危险的元素接触。

(9)乙炔与铜、银、汞等金属或盐类长期接触时，会生成乙炔铜(Cu_2C_2)和乙炔银(Ag_2C_2)等爆炸性化合物，当受到摩擦或冲击时就会发生爆炸。凡供乙炔使用的器材(容器、管道、阀门等)，都不能用银和含铜量 70% 以上的铜合金制作。

(10)乙炔与氮气、一氧化碳和水蒸气等混合时，会降低其爆炸危险性。

任务二　压缩纯氧

气割与气焊使用的压缩纯氧是强氧化剂，属于危险品。压缩纯氧的危险有以下几点：

(1)气焊与气割用一级纯氧纯度为 99.2%，二级为 98.5%，满灌氧气瓶的压力为 14.7 MPa。

(2)氧气是强氧化剂，增加氧的纯度和压力会使氧化反应显著地加剧。金属的燃点随着氧气压力的增高而降低。

(3)当压缩纯氧与矿物油、油脂或细微分散的可燃粉尘(炭粉、有机物纤维)接触时，由于剧烈的氧化升温、积热而能够发生自燃，是形成火灾或爆炸的原因。

(4)氧气几乎能与所有可燃性气体和蒸气混合而形成爆炸性混合物，这种混合物具有较宽的爆炸极限范围。多孔性有机物质(炭、炭黑、泥炭、羊毛纤维等)浸透了液态氧(所谓液态炸药)，在一定的冲击力下，就会发生剧烈的爆炸。

压缩纯氧使用安全要求有以下几点：

(1)严禁用压缩纯氧通风换气；

(2)严禁作为气动工具动气源；

(3)严禁接触油脂和有机物；

(4)禁止用来吹扫工作服。

项目三 安全使用

任务一 乙炔的安全使用

溶解乙炔气瓶在使用中,不同程度地存在着一些问题。如乙炔气瓶与氧气瓶设置在同一个地点,无安全距离;乙炔气瓶水平滚动后,未竖直静放便投入使用;乙炔气瓶表面温度在40 ℃以上,夏天露天作业无遮盖;乙炔气瓶未按规定留余压;充装单位没有认真检查便充装等。这些问题,曾导致了一些伤亡事故的发生。鉴于以上情况,安全使用溶解乙炔气瓶需要遵守以下几点:

(1)溶解乙炔气瓶必须是国家定点厂家生产的,新瓶的合格证应是齐全的,并与钢瓶肩部的钢印相符。使用过程中的气瓶,必须根据国家《溶解乙炔气瓶安全监察规程》的要求,进行定期技术检验。

(2)不得超过安全规则规定的压力极限,如中压乙炔发生器的工作压力不得超过0.147 MPa。

不得超过安全规则规定的温度,如发生器发气室的乙炔温度不得超过90 ℃,水温不得超过60 ℃。

(3)装盛乙炔的容器和管道须保持良好的冷却条件,例如在给发生器灌水时,必须达到规定的水位,以保证有足够的冷却用水,又如发生器不得在夏季烈日下暴晒等。

(4)在操作使用乙炔发生器或在乙炔存在的车间、库房等场所工作时,必须严格遵守有关规定,严禁烟火。

(5)装盛乙炔的容器或管道应远离火种,安全规则规定,乙炔发生器距离火源不得小于10 m。

(6)在气割与气焊操作中,一旦形成了乙炔与空气(或氧气)的爆炸性混合气(如加入电石后在发生器的发气室里,在发生回火的胶管里,或者在补焊的燃料容器里等),就必须采取安全措施,危险彻底排除后,才能给焊割炬点火或者进行焊补作业。

(7)乙炔着火时,严禁使用四氯化碳灭火器扑救。否则,除了有爆炸危险外,还会产生有毒气体光气($COCl_2$)。

(8)乙炔发生器的零件,如管接头、阀门、衬垫及其他附件损坏时,不得用银和铜制造的零件替换。某些容易腐蚀生锈的管件需用铜制零件替换时,含铜量应低于70%。

(9)乙炔发生器上禁止使用水银温度计。

(10)乙炔中磷化氢含量应低于0.08%。在启用新的一批电石或者对电石质量情况不明或发现质量有问题时,应及时化验分析乙炔的杂质含量。洒落在地面上的电石粉末,不得用水冲洗,以免磷化氢自燃着火。

(11)电石与水接触前,可只用氮气吹扫发气室,将空气排出。

(12)在浮桶式发生器的浮桶放入室桶里的操作中,人的头部不得处于浮桶上方,应尽量两人操作。

(13)限制乙炔管道的直径也是防爆的一种技术措施。安全规则规定:工作压力0.007 ~0.15 MPa的中压乙炔管道,应采周内径为80 mm以下的无缝钢管;工作压力0.15 ~

0.25 MPa 的高压乙炔管道,应采用 20 mm 以下的无缝钢管。使用中不得随意更换大管径管道。

使用乙炔瓶,应遵守下列规定:

(1)使用前,应对钢印标记、颜色标记及安全状况进行检查,凡是不符合规定的乙炔瓶不准使用。

(2)乙炔瓶的放置地点,不得靠近热源和电器设备,与明火的距离不得小于 10 m(高空作业时,此距离为在地面的垂直投影距离)。

(3)乙炔瓶使用时,必须直立,并应采取措施防止倾倒,严禁卧放使用。

(4)乙炔瓶严禁放置在通风不良或有放射性射线源的场所使用。

(5)乙炔瓶严禁敲击、碰撞,严禁在瓶体上引弧,严禁将乙炔瓶放置在电绝缘体上使用。

(6)应采取措施防止乙炔瓶受曝晒或受烘烤,严禁用 40℃以上的热水或其他热源对乙炔瓶进行加热。

(7)移动作业时,应采用专用小车搬运,如需乙炔瓶和氧气瓶放在同一小车上搬运,必须用非燃材料隔板隔开。

(8)瓶阀出口处必须配置专用的减压器和回火防止器。正常使用时,减压器指示的放气压力不得超过 0.15 MPa,放气流量不得超过 0.05 $m^3/h\cdot L$。如需较大流量时,应采用多只乙炔瓶汇流供气。

(9)乙炔瓶使用过程中,开闭乙炔瓶瓶阀的专用扳手,应始终装在阀上。暂时中断使用时,必须关闭焊、割工具的阀门和乙炔瓶瓶阀,严禁手持点燃的焊、割工具调节减压器或开、闭乙炔瓶瓶阀。

(10)乙炔瓶使用过程中,发现泄漏要及时处理,严禁在泄漏的情况下使用。

(11)乙炔瓶内气体严禁用尽,必须留有不低于 0.05 MPa 的剩余压力。

(12)使用乙炔瓶的单位和个人不得自行对瓶阀、易熔合金塞等附件进行修理或更换,严禁对在用乙炔瓶瓶体和底座等进行焊接修理。

任务二 氧气的安全使用

(1)常压下空气中氧含量超过正常数值时,会急剧增加可燃物的燃烧速度,如空气中氧浓度达 30% 时,棉布的燃烧速度比在含氧 21% 的空气中快 2 倍,因此,制氧工厂动火时,空气中氧浓度不得超过 21%。

(2)常压下空气中氧含量超过 40% 时,有可能发生氧中毒,吸入 40%~60% 含氧空气时,会出现胸骨后不适感、轻咳,进而胸闷,胸骨后烧灼感和呼吸困难。严重时可能发生肺水肿,甚至出现呼吸窘迫综合征。长期处于氧分压为 60~100 kPa(相当于吸入氧浓度为 40% 左右)的条件下,可发生眼损伤,严重时可失明。因此,禁止用纯氧来改善空气条件或通风换气。

(3)氧气充装、排放速度过快,容易产生静电火花。充氧时压力超过 9.8 MPa,氧气速度将大于允许流速几倍,氧分子和管壁摩擦会产生静电火花,若瓶阀上有油脂,就会发生燃烧。

氧气瓶使用安全规定:

(1)氧气瓶应戴好安全防护帽,竖直安放在固定的支架上,要采取防止日光曝晒的措施。

(2)氧气瓶里的氧气,不能全部用完,必须留有剩余压力,严防乙炔倒灌引起爆炸。尚有剩余压力的氧气瓶,应将阀门拧紧,注上“空瓶”标记。

(3)氧气瓶附件有缺损,阀门螺杆滑丝时,应停止使用。

(4)禁止用沾染油类的手和工具操作气瓶,以防引起爆炸。

(5)氧气瓶不能强烈碰撞。禁止采用抛、摔及其他容易引起撞击的方法进行装卸或搬运。严禁用电磁起重机吊运。

(6)在开启瓶阀和减压器时,人要站在侧面;开启的速度要缓慢,防止有机材料零件温度过高或气流过快产生静电火花而造成燃烧。

(7)冬天,气瓶的减压器和管系发生冻结时,严禁用火烘烤或使用铁器一类的东西猛击气瓶,更不能猛拧减压表的调节螺丝,以防止氧气突然大量冲出,造成事故。

(8)氧气瓶不得靠近热源,与明火的距离一般不得小于10 m。

(9)禁止使用没有减压器的氧气瓶。气瓶的减压器应有专业人员修理。

项目四　乙炔发生器安全

任务一　乙炔发生器安全技术特性

一、常用乙炔发生器的技术性能

1. 移动式中压乙炔发生器

(1)型号Q3-0.5,类型排水式,生产率0.5 m^3/h,乙炔工作压力45.2~100 kPa,发生室最高允许温度92 ℃(乙炔),电石粒度25~50 mm,安全阀泄气压力115 kPa,电石一次装入量2.4 kg,容量30 L(水),外径尺寸(515×505×930)mm,设备净重40 kg。

(2)型号Q3-1,类型排水式,生产率1 m^3/h,乙炔工作压力45.2~100 kPa,发生室最高允许温度92 ℃(乙炔),电石粒度25~50 mm,安全阀泄气压力110 kPa,电石一次装入量5.0 kg,容量65 L(水),外径尺寸(1 245×675×1 210)mm,设备净重115 kg。

2. 固定式中压乙炔发生器

型号Q3-3,类型排水式,生产率3.0 m^3/h,乙炔工作压力45.2~100 kPa,发生室最高允许温度92 ℃(乙炔),电石粒度50~80 mm,安全阀泄气压力110 kPa,电石一次装入量13.0 kg,容量330 L(水),外径尺寸(1 050×720×1 755)mm,设备净重260 kg。

3. 固定式中压双压挤调压乙炔发生器

(1)型号Q4-5,类型联合式,生产率5.0 m^3/h,乙炔工作压力100~120 kPa(最大150 kPa)发生室最高允许温度90 ℃(乙炔),60 ℃(水)电石粒度15~25 mm,安全阀泄气压力150 kPa,电石一次装入量12.5 kg,容量574 L(乙炔),338 L(水),外径尺寸(1 450×1 375×2 180)mm,设备净重750 kg。

(3)型号Q4-10,类型联合式,生产率10.1 m^3/h,乙炔工作压力45~100 kPa(最大150 kPa)发生室最高允许温度90 ℃(乙炔),60 ℃(水)电石粒度15~80 mm,安全阀泄气压力150 kPa,电石一次装入量25.5 kg,容量958 L(乙炔),818 L(水),外径尺寸(1 700×1 800×2 690)mm,设备净重930 kg。

二、乙炔发生器特性比较（见表 2-3）

表 2-3　乙炔发生器特性比较

种类	特征	优点	缺点
电石入水式	电石部分落入水中与超量的水接触起反应	电石可全部与水作用，效率达 90%，温度低	结构复杂，体积大，水中有大量电石灰渣
水入电石式	定量的水浸入电石中，在不足的水中反应，电石灰成糊状	构造简单，便于管理，体积不大，渣滓不多	电石可能未全反应、效率低、易过热
电石离水式	电石固定性入水，经一定时间即离开水面	构造简单，完全自动化，过剩气体少	乙炔可能过热，添电石、出渣都稍有不便
乙炔排水式	周期性注水浸没电石，当产生乙炔到一定压力时，将水压离电石	构造简单，完全自动化，过剩气体少	乙炔可能过热，添电石、出渣不方便

任务二　电石的危险性与使用安全

电石是碳化钙的俗称，分子式为 CaC_2，从表面上看是坚硬的块状物体，断面呈现深灰色或棕色。工业用电石平均含有 70% 的 CaC_2，杂质中 CaO 占 24%，碳、硅、铁约占 6%，还有微量的磷化钙（Ca_3P_2）和硫化钙（CaS_2）。气焊与气割的乙炔气是采用电石与水的相互作用制取的。电石属于遇水燃烧一级危险品。

1. 电石的燃烧爆炸特性

（1）电石与水的化合作用　电石本身不具燃烧性质，但电石与水的化学反应极为活跃，生成乙炔气和氢氧化钙（熟石灰），电石和水的化学反应式为

$$CaC_2 + 2H_2O = C_2H_2 + Ca(OH)_2 + 127\ kJ/mol$$

研究分析电石分解过程的热效应，对安全使用电石有重要意义。理论上分解 1 kg 电石，需消耗 0.562 kg 的水，得到 0.406 kg 乙炔，并发出 $1\,984 \times 10^3$ J 的热量，工业电石纯度为 70%，其热效应为 1 659.35 J/kg 电石。

电石和水化合时，放出的大量热量，如果不能及时导出，在散热不良的条件下，就会因积热升温而促使乙炔着火爆炸。另外，如果乙炔发生器的水量不足，或由于不按规定及时换水导致水质混浊，那么化学反应过程就得不到良好的冷却，导致电石分解的热量使化学反应区的温度很快上升，当温度超过 200 ℃时，就会发生下列反应，即

$$CaC_2 + Ca(OH)_2 = C_2H_2 + 2CaO$$

在这种情况下，生石灰形成密实的外皮包围着电石块，使散热条件更差而造成电石的局部过热。当温度超过 580 ℃，即使在正常工作压力下，也能引起乙炔的分解爆炸。根据有关资料，电石过热时，其表面温度可达 800 ~ 1 000 ℃，电石的过热现象将在熟石灰或电石篮壁留下褐色斑点。

电石过热是乙炔发生器着火爆炸事故的主要原因之一，考虑到电石的热效应，根据发生器的不同工作原理，分解 1 kg 电石的用水量，包括分解和冷却用水应为 5 ~ 15 kg。

(2)电石的着火爆炸危险性　电石和水作用的分解速度是以每千克电石在单位时间内所产生的乙炔体积来表示的,其单位为 L/(kg·min)。它和电石的粒度、纯度及水的洁净程度、温度等有关,其中粒度是最主要的影响因素。电石粒度与分解速度的关系见表 2-4。

表 2-4　电石粒度与分解速度的关系

电石粒度/mm	1 kg 电石安全分解的时间/min
50~80	16.57
25~50	13.60
15~25	4.23
8~15	1.82
5~8	1.65
2~4	1.17

从表 2-3 中可以看出,电石粒度越小,分解速度越快;电石粒度越大,分解速度随之减缓,而每千克电石的乙炔总生成量则增加。

最大的分解速度发生在电石与水接触的最初 2~4 min 内,而后因为电石表面逐渐粘附熟石灰,分解速度逐渐缓慢,一般选用粒度 50~80 mm 为宜。

(3)杂质的危险性　电石一般含有杂质硅铁、硫化钙(CaS_2)和磷化钙(Ca_3P_2)等。硅铁和硅铁或其他金属相互摩擦碰撞时,容易产生火花,成为乙炔着火爆炸的危险火源,而发生意外事故。

(4)电石发生着火爆炸的危险性与分解速度有关。电石与水作用的分解速度单位是 L/(kg·min)。它与电石的粒度、纯度及水的纯度、温度等有关。其中粒度是最重要的影响因素,对粒度为 2~4 m 至 50~80 mm 的电石来说,其完全分解的时间变动于 1.17~16.57min 之间。

电石粒度越小,分解速度越快,单位时间内产热越多,而积热升温引起乙炔的燃爆就越迅速。因此,应当按规定的粒度给发生器加料。一般结构的发生器严禁使用粒度小于 2 mm 的电石粉(俗称芝麻电石),这种电石遇水后立即快速分解、冒黄烟、产生高热并结块,能促使乙炔自燃。当发生器含有空气时,将引起爆炸和着火。

(5)电石含有 CaS 和 Ca_3P_2 等有害杂质,其含量必须限制,以乙炔中的磷化氢含量不超过 0.08%(体积)为合格。

硅铁来源于制造电石的原料,如焦炭、石灰。电石工厂可以用电磁分离器除去硅铁,但大块电石内部的硅铁在装卸过程中,会因电石破裂而露于表面,另外,硅含量超过 30% 的硅铁会失去磁性。

另外,电石含有 CaS_2 和 Ca_3P_2 等有害杂质,其和空气接触能发生自燃现象,所以其含量也必须加以限制。电石的等级和发气量见表 2-5。

表 2-5　电石的等级和发气量

电石等级	一级品	二级品	三级品	四级品
发气量/(L/kg)	300	285	265	235
乙炔中磷化氢(体积分数)/%	0.08	0.08	0.08	0.08
乙炔中硫化氢(体积分数)/%	0.15	0.15	0.15	0.15

2. 电石的使用安全

根据电石的燃烧爆炸危险性分析，电石在使用与运输中应注意下列安全要求。

(1)电石桶搬运应使用小车，轻装轻卸，不得从滑板滑下或在地面滚动，防止撞击摩擦产生火花而引起着火爆炸。

(2)电石桶在搬运过程中，应采取防潮措施，如发现桶盖密封不严或鼓包等现象，应打开桶盖放气后，再将桶盖盖严。严禁在雨天搬运电石。

(3)应当按发生器使用说明书规定的粒度，给发生器加料。移动式发生器的电石反应区如果有排热装置时，规定允许添加不超过5%的粒度为2～25 mm的电石。大型电石入水式乙炔发生器，粒度为2～8 mm的电石不应超过30%，不得使用粒度大于80 mm的电石，因为容易搭桥卡料。

(4)给发生器装电石的操作应平稳，不得将电石掷入电石链内。加料时如果发现电石搭桥，可用木棒或含铜量小于70%的铜棒捅电石，应禁止使用铁棍。

(5)发生器自动加料的输送带或其他加料机构，应采用铺设橡胶片等措施，以防硅铁产生火花。

(6)发生器周围地面上及乙炔站、电石库房和破碎间等场所的电石粉末，应及时清扫，并分批放入电石渣坑进行处理，避免电石吸潮气分解，在车间等室内形成乙炔与空气爆炸混合气。在乙炔站、焊接车间和气焊与气割的临时工作间等处，不得存放堆积超过发生器两天用量的电石，并且要采取防潮措施。

任务三　乙炔发生器着火爆炸的原因

乙炔发生器是利用电石与水相互作用制取乙炔的设备。乙炔和电石都属于一级危险品，同时还存在放热的化学反应，因此乙炔发生器是容易发生着火爆炸危险的设备，其事故原因主要如下。

1. 设备与工具方面

(1)缺少必要的安全装置或安全装置失灵。

(2)发生器罐体或胶管连接处漏气。

(3)设备结构不合理，冷却用水不足。

(4)发生器的活动部件互相摩擦碰撞产生火花等。

(5)发生器的温度和压力过高。

2. 操作失误

(1)回火而引起。

(2)在罐体与胶管中形成了乙炔与空气(或氧气)混合气。

(3)未按时换水，水质不良或加水不足。

(4)装换电石时遇明火。

(5)解冻方法不当等。

3. 原料方面

(1)电石含磷过多。

(2)电石颗粒太细。

(3)电石含有硅铁。

4. 规章制度方面

(1)规章制度不健全。

(2)没有安全操作规程。

(3)非气焊工种人员操作乙炔发生器。

(4)安全管理不善。

任务四 乙炔发生器的安全装置

乙炔发生器的安全装置包括如下。

(1)阻火装置,如水封或干式回火防止器。

(2)防爆泄压装置,如安全阀、可燃气体报警装置、惰性气体吹扫装置等。

(3)指示装置,如压力表、温度计和水位指示器等。

1. 回火防止器

回火防止器是乙炔发生器和乙炔瓶必不可少的安全装置,有水封式或干式回火防止器之分。其作用是当气焊或气割操作发生回火时,阻止火焰在管道中蔓延。

回火防止器的安全技术条件

(1)能够可靠地防止火焰和爆炸波的传播,并能尽快将爆炸混合气排泄到大气里去。

(2)应具有泄压装置。

(3)能满足焊接工艺的要求,如不影响火焰温度、气体流量等。

(4)容易控制、检查、清洗和修理。

(5)当发生回火时最好能自动切断气源。

回火防止器的使用安全要求

(1)每个岗位式回火防止器只能供一把焊炬或割炬使用。

(2)操作者不得擅自拆卸回火防止器,或在水封回火防止器无水或水量不足情况下进行焊接操作。

(3)焊炬或割炬点火前,应排净回火防止器内的空气(或氧气)与乙炔的混合气。

(4)每次发生回火后,应检查阻火介质(水封式的水量、干式的粉末冶金片或陶瓷管等),以及泄压部位(爆破片或泄压阀),待正常后才能继续使用。

(5)水封式回火防止器使用时应垂直挂放。

(6)冬季使用水封式回火防止器,工作结束后应将水全部放净并清洗,以防冻结。如发现冻结现象,只能用热水或蒸气解冻,严禁烘烤。

(7)乙炔气容易产生带黏性油质的杂质,因此,应经常检查水封回火防止器逆止阀的密封性。干式回火防止器的阻火元件如发现堵塞现象,可将其浸于丙酮里清洗,再用压缩空气吹干,保持气路通畅。

水封回火防止器设计计算:回火防止器的安全可靠性需经回火爆炸试验鉴定。主要设计计算如下。

• 罐体壁厚 s(mm)。罐体壁厚的设计压力是根据乙炔爆炸时压力来考虑的。

$$s = \frac{pD}{2[J]\phi - P} + C$$

式中 s—— 罐体壁厚,mm;

p——设计压力，MPa；

D——罐体内径，mm；

$[J]$——许用应力，取 1 270 MPa；

ϕ——焊缝系数；

C——壁厚附加量，$C=0.5$。

• 罐体内径

$$D=[Q\times 106/(0.785\times 3600v)]^{1/2}=18.8(Q/v)^{1/2}$$

式中　D——罐体内径，mm；

Q——气体消耗量，m^3/h；

v——罐体中气体平均速度，m/s。

为了避免水在罐中剧烈地发泡和被乙炔带走，选用平均速度为：开口型回火防止器，$v=0.04\sim 0.1$ m/s；密闭型心火防止器，$v=0.07\sim 0.2$ m/s。

• 罐中水室高度 h_1。对开口型，$h_1=(0.45\sim 1.3)/D$；对密闭型，$h_1=(1.85\sim 3)/D$。

在选择开口型的 h_1 值时，应使得罐体中一部分水排到安全管中达到相当于罐体里气体最高压力的 H 值时，罐体中的水平面仍然要高于安全管的下端面。

• 罐中气室高度 h_2。为保证把乙炔能带走的小水珠充分分离出来，气室高度选择为：对开口型，$h_2=(1\sim 3.5)D$；对密闭型，$h_2=(1.1\sim 3.8)D$。

• 气体分配板的孔径

$$d=18.8[(Q/v_0)z]^{1/2}$$

式中　v_0——孔中气体的许用平均速度，取 2.5 ~ 7 m/s；

z——孔数。

• 导气管的内径

$$d_l=18.8(Q/v_1)^{1/2}$$

式中，v_1 为导气管中气体平均速度，m/s。

对开口型，$v_1=0.02\sim 2$ m/s；对密闭型，$v_1=2\sim 10$ m/s。

• 安全管的内径 d_3（mm）

• 当安全管与导气管同心安置时，$d_3=(1.4\sim 1.5)d_2$；当管子并排安置时，$d_3=(0.8\sim 1.2)d_2$。d_2 为导气管的外径。

2. 乙炔发生器的爆破片

（1）爆破片安全性要求：乙炔发生器工作时，爆破片需长期承受工作压力、温度及气体腐蚀，还要保证设备的气密性，而且遇到爆炸增加压力时必须立即破裂，乙炔的爆炸在 1 s 内结束，这对泄压膜材料的安全性有以下几点要求。

• 有足够的强度，以承受工作压力（一般在 0.145 MPa 以下）。

• 有良好的耐热耐腐蚀性。

• 应具有脆性，当受到爆炸波冲击时，易于破裂。

• 要尽可能薄，但气密性要好。

（2）爆破片材料：用于乙炔发生器的泄压膜材料有铝箔片和橡胶片等。比较起来，用铝箔片作爆破片材料比较理想。它的特点是延长和弹性都小，脆性大；并有足够的强度，厚度为 0.1 mm 的铝箔片破裂压力为 0.23 ~ 0.25 MPa，使用寿命长；气密性好。泄压孔径小于 100 mm时，可采用厚度为 0.1 mm 的铝箔片；孔径为 100 ~ 300 mm 时，应采用 0.2 mm 厚的铝箔片,以便消除膜片鼓包变形现象。同时可以在铝箔片上刻画刀痕或滚花,以减弱膜片的破裂强度,保证在发生爆炸时及时破裂。

(3)乙炔发生器爆破片面积计算

$$S = fV$$

式中 S——爆破片面积,cm^2;

f——泄压系数,cm^2/L(气空间);

V——设备的气空间体积,L。

泄压系数同发生器各气室的空间体积以及空间内混合气的成分有关。根据对容量为1 m^3/h的发生器的试验,并分别对3 m^3/h,5 m^3/h,10 m^3/h 等发生器的验证结果,其泄压系数分别如下。

用乙炔-氧气混合气进行爆炸试验时,储气室、岗位回火防止器泄压系数为6。

发气室应用乙炔-空气混合气做爆炸试验,其泄压系数为2~4。

用于产气量5~10 m^3/h 的乙炔发生器,随着罐体壁厚的增加及强度和刚性增大,其泄压系数可适当缩小。

为保证在不利条件下能把爆炸气体安全泄出,气空间应按最大容积(即包括容器的气空间和流体所占空间)来计算。

对于容积大于300 L的罐体,其泄压面积的选用,应当通过爆破试验来确定较为可靠。

回火防止器及储气罐泄压膜面积的大小是否合理和安全可靠,应以乙炔和氧气按1:1混合,压力为0.1 MPa发生爆炸时,能把过压释放掉而且回火防止器不会产生破裂飞溅时为准。主罐应以乙炔与空气按混合比7%~13%的混合气发生爆炸时,能把过压释放掉而不能使储气罐和主罐破裂及产生飞溅时为准。

3. 乙炔发生器使用安全

乙炔发生器使用不当,就可能发生火灾爆炸事故,大多数火灾爆炸事故发生在乙炔发生器加料时,或者焊割炬发生回火时,因此发生器的操作人员应受过专门的训练,熟悉发生器的结构,并熟悉使用及维护规则。为保证乙炔发生器的安全使用,在使用时应采取下列措施。

(1)乙炔发生器的布设应符合防火的规范要求

移动式的发生器可以安置在室外,也可以安置在通风良好、容积不小于30 m^3 的室内,但禁止安置在锻工、铸工和热处理等热加工车间及正在运行的锅炉房内。固定式的发生器应布置在单独的房间或专用棚子内。

乙炔发生器禁止布置在高压线下和吊车滑线下,不得靠近空气压缩机吸口处、通风机的吸口处、避雷针接地导体附近,不准停放在可能成为电气回路的轨道、金属构件接地导体线上。并应注意防止可能来自高处上方(例如烟囱、高空作业点等)飞出烟火及坠落工件的打击。乙炔发生器与明火、散发火花的地点、高压电源线及其他热源应保持距离10 m以上,不准安放在剧烈振动的工作台和设备上。夏季使用移动式发生器时严禁在烈日下曝晒。

(2)使用前认真做好检查和准备工作

首先应检查发生器的安全装置、管路、阀门和操纵机构等,确定正常后才能灌水和加入电石。灌水必按规定装足水量,并且灌入的水应该是没有任何油污和其他杂质的洁净水。装电石时应根据各类发生器的要求的定量来装,不能过满。因为电石分解后变为熟石灰,体积会增加一倍多,尤其是滴水式或滴水与排水联合式发生器更应该注意,如果装得过多,分解时熟石灰体积膨胀,将堵塞进水管和夹层等处,此时发生室的压力激增,或电石因过热燃烧,会引起发气室炸裂,或电石槽拉不出来。

电石的粒度必须符合发生器说明书上的规定,移动式发生器所使用的电石粒度,一般应在25~80 mm范围内;如电石反应区有排热装置时,允许添加不超过5%尺寸2~25 mm的电石,大型电石入水式乙炔发生器所使用的电石粒度应在8~80 mm范围内,在2~8 mm的电石不应超过30%。不得使用尺寸大于80 mm的电石,防止产生搭桥卡料。冬季使用发生器时如发生冻结,只能用热水或蒸汽解冻,严禁用明火或烧红的铁烘烤,更不能用铁器等易产生火花的物体撞击。

(3)正确启动乙炔发生器

发生器启动前要检查回火防止器的水位等,待一切正常后,才能打开进水阀送水,或通过操纵杆让电石蓝下降与水接触产生乙炔气,这时应观察和检查压力表、各处接头及安全阀等是否正常。启动后要观察压力表的变化情况,压力表的读数可能过快上升,甚至有气体从安全阀逸出,或者在启动后压力表仍静止留在零位。这些都说明发生器运行不正常,必须立即停止发气,待检查排除故障后,方可重新启动。冬季启动时,中压移动式发生器有时在启动数分钟后,压力表指针仍静止不动,这是由于电石在温度很低的冷水中分解慢的缘故,而不一定是故障。

(4)注意工作过程中的管理和维护

在供气使用前应排放发生器内留存的乙炔与空气的混合气。在运行期间应随时检查发生器各部位,一旦发生漏气、水位不符合要求或安全装置失灵等,应及时采取措施解决,否则不允许使用。固定式的乙炔发生器应由受过培训的专职人员管理。运行过程中的清除电石渣工作,必须在电石安全分解后进行。滴水式发生器如发现有水从发气室排水门溢出,而压力表静止不动,则表明电石已安全分解,方可清渣。发生器内水温超过80 ℃,应该灌入冷水,或暂时停止工作,采取冷却措施。移动式乙炔发生器在移动和加料、换料时要防止碰撞,不可随便打开发生器和放水等,防止因电石过热引起着火和爆炸。

(5)做好停用时的清理工作

发生器停用时应先将电石篮提高脱离水面,或关闭进水阀使电石停止发气。然后关闭出气阀门,停止乙炔输出。工作结束(包括换电石时)打开发生器盖子时,若发生着火,应立即盖上盖子,使其与空气隔绝,并立即提升离开水面,待冷却降温后才能开盖放水。

项目五 焊接常用气瓶安全

气瓶是使用普遍、流动性大的压力容器,按各种盛装的气体分为压缩气瓶,主要充装临界温度 $t_c < -10$ ℃,在一般环境温度下为气态的气体,它们都以较高的压力充装,目的是为了增加气瓶的单位体积容量;液化气体气瓶,主要充装温度 $t_c \geq -10$ ℃的气体;溶解气体气瓶,主要充装易燃、易爆、化学性质不稳定的气体,乙炔就是这样的气体。

总结以往的经验教训,导致气瓶物理爆炸的主要原因是过量充装;而造成化学爆炸的主要原因是反应物料的倒灌,其次是腐蚀、使用装卸中的损伤和制造缺陷。因此气瓶使用安全主要应抓充装、运输、使用和储存等环节。

任务一 气体充装量

气体充装量应保证在使用过程中可能达到的最高压力不超过它的设计压力，即气瓶所装气体在60 ℃时的压力不高于设计压力。

1. 理想气体状态方程

$$pV = RT$$

式中 p——压力；

V——体积；

T——热力学温度；

R——气体常数。

而真实气体，在密度比较小时，近似地遵守理想气体状态方程。真实气体偏离标准状态越远，则与理想气体方程偏离越大。工程上应用图表计算的对比状态方程即

$$pV = ZRT$$

式中，Z为气体的压缩系数，无因次量，表明每一种真实气体与理想气体的偏差程度。

2. 压缩气体充装量(充装压力)

压缩气体充装量是以充装结束时的温度和压力来计算的。

由真实气体状态方程式得

$$\frac{p_0 V_0}{Z_0 T_0} = \frac{PV}{ZT}$$

一般

$$V_0 \approx V$$

所以

$$p_0 = \frac{pT_0 Z_0}{TZ}$$

式中 p_0, p——气瓶设计压力(绝对压力)和充装压力，MPa；

T_0, T——气瓶最高使用温度[(273 + 60) K = 333K]和充装结束时的温度；

Z_0, Z——在p_0, T_0或p, T的气体的压缩系数。

3. 液化气体充装量(充装系数)

(1)高压液化气体充装量：高压液化气体充装量与压缩气体一样，必须保证所装入液化气体全部汽化后在60 ℃下的压力不超过气瓶设计压力。液化气体充装系数(单位容积内所充装的质量)不应大于它在温度为60 ℃、压力为气瓶设计压力下的密度，见表2-6。

表2-6 高压液化气体的充装系数

气体名称	化学式	气瓶的不同设计压力/(kgf/cm²)			
		200	150	126	80
氙	Xe			1.23	
二氧化碳	CO_2	0.74	0.60		
氧化亚氮	N_2O		0.62	0.52	
六氟化硫	SF_6			1.33	1.17
氯化氢	HCl			0.57	

注：1 kgf/cm^2 = 98.066 5 kPa。

由液体的状态方程可以写出与其气体相同的状态方程式，对于单位质量的液体，需要引入相对分子质量时，则状态方程为

$$pV = ZRT/M \quad 或 \quad V = ZRT/\rho M$$

因此，高压液化气体的充装系数（F_d）为

$$F_d \leqslant 1/V = \frac{pM}{84.8 \times 333 \times Z} = (2.82 \times \frac{pM}{Z}) \times 10^{-4}$$

式中　F_d——高压液化气体充装系数，g/mL 或 kg/L；

V——气体比容，mL/g 或 L/kg；

P——气瓶设计压力（绝对压力），kgf/cm^2；

M——气体相对分子质量；

R——气体常数，84.8 $kgf/(cm^2 \cdot K)$；

Z——气体的绝对压力为 p、热力学温度为 T 时的压缩系数。

高压液化气体在各种温度和压力下的压缩系数 Z 可以根据它的对比压力 p_r（$p_r = p/p_0$，p_0为气体的流量压力）和对比温度 T_r（$T_r = T/T_0$，T_0为气体温度）从简单和非简单气体压缩系数图和校正图中分别查出 Z^0 和 Z^1，然后按下式计算，即

$$Z = Z^0 + Z^1 Q$$

（2）低压液化气体充装量：气瓶内的低压液化气体在正常状态下是以气液两态并存的。温度升高除了瓶内气体的饱和蒸汽压增大以外，瓶内的液体还要膨胀，当温度到一定程度以后，瓶内的容积有可能全部被液体所充满，此时如温度继续增加，则由于液体的膨胀就会使瓶内的压力急剧增加，甚至发生爆炸事故，因此，就必须使瓶内的液化气体空间、在气瓶可能达到的最高温度下不会全部被液体所充满，也即是液化气体充装系数不应大于所装液化气体在 60 ℃时液相的密度，见表 2－7。为了保证安全，并考虑到量具等的误差，还需要有适当的裕量。一般充装系数为所装液化气体在 60 ℃时液相密度的 95%~98%，这样，还有 2%~5% 的气相空间（实际上液体不会为 95%~98%，因为气相部分还占有一定的质量）。

表 2－7　低压液化气体的充装系数

气体名称	氮	氯	二氧化硫	丙烷	丁烷
充装系数/（kg/L）	0.53	1.25	1.23	0.41	0.51

因此，低压液化气体的充装系数（F_d）为

$$F_d \leqslant (0.95 \sim 0.98)e$$

式中，e 为液化气体在温度为 60 ℃时的液相密度。

各种液化气体在上述条件下的密度 ρ 可以根据它在任一已知温度 T_0下的密度 ρ_0 按下式计算，即

$$\rho = w\rho_0 / w_0$$

式中，w 和 w_0为液化气体在温度为 60 ℃（333 K）和 T_0时的液体膨胀因数。

w 和 w_0分别可以根据液化气体在温度为 333 K 时的对比压力 p_r（$p_r = p/p_c$，p 为 333 K 时的饱和蒸气压，p_c为零件压力）、对比温度 T_r（$T_r = T/T_c = 333/T_C$，T_C为临界温度）和在温度为 T_0时的对比压力 p_{r0}（$p_{r0} = p_0/p_c$，p_0是温度为 T_0时的饱和蒸气压）、对比温度 T_{r0}（$T_{r0} = T_0/T_c$）内饱和液体膨胀因数图查出。

4. 溶解乙炔气瓶的充装

溶解乙炔气瓶内的填料时空隙度达85%~92%多孔硅酸钙，空隙中充有溶剂——丙酮。乙炔则通过加压（30 atm，即3 039 750 Pa）溶解在丙酮中。新瓶第一次充装丙酮量为

$$W = 0.38\delta V$$

式中 W——丙酮充装量，kg；

δ——填料空隙率，%；

V——钢瓶实际溶剂，L。

乙炔瓶充装前必须逐个测定实际质量和瓶内剩余压力，并求出剩余乙炔量为

$$G_S = 0.48\Delta V\alpha\gamma_a(p_S + 1) \times 10^{-3}$$

式中 G_S——剩余乙炔量，kg；

α——乙炔在丙酮中的溶解度，%；

p_S——乙炔瓶内剩余压力，kgf/m^2；

γ_a——乙炔密度，kg/m^3。

乙炔瓶在充装前，必须根据乙炔瓶净重、实重和剩余乙炔量，确定丙酮补加量，即

丙酮补加量 = 乙炔瓶净重 + 剩余乙炔量 − 实重

补加丙酮后，必须对丙酮充装量进行复核，允差0.5 kg，超差的乙炔瓶应进行处理。

乙炔瓶充装乙炔在15 ℃时，限定充装压力为1.5 MPa以下。在不同的环境温度下充装时，其静置后的限定压力以此为标准进行换算。

乙炔瓶充气后，应逐个测定瓶内乙炔量。其限定充装量为

$$G = 0.198\delta V$$

瓶内乙炔量超过上式计算值时，严禁出厂。而瓶内单位容积乙炔充装量低于0.12 kg/L时，必须妥善处理。

任务二 温度升高时满液瓶压的变化

满液钢瓶温度升高1 ℃，瓶内压力将增加10~20 atm（1 atm = 101 325 Pa），低压液化气瓶若满液充装，只要温升5~10 ℃，就会因瓶内压力骤增而使瓶子屈服变形，甚至爆炸。不同温度下常见低压液化气体的饱和蒸气压（绝对压力）见表2-8。

表2-8 不同温度下常见低压液化气体的饱和蒸气压（绝对压力）

温度/℃	氯	氨	二氧化硫	丙烷	丁烷
−20	1.81	1.88	0.63	2.42	0.45
−10	2.6	2.88	1.0	3.42	0.69
0	3.64	4.24	1.53	4.70	1.02
10	4.96	6.08	2.26	6.31	1.46
20	6.57	8.47	3.25	8.3	2.05
30	8.6	11.52	4.53	10.7	2.81
40	11.14	15.34	6.17	13.6	3.85
50	14.14	20.06	8.24	17.0	4.92
60	17.59	25.78	10.8	21.0	6.34
70	21.58	32.64	13.96	25.7	8.04

通过计算,0 ℃满液的氯钢瓶,不同温度下的压力值见表 2-9。

表 2-9　不同温度下满液的氯钢瓶的压力值

温度/℃	0	5	10	15	20	25	30
瓶压/(kgf/cm^2)	2.7	71	131	124	240	275	325

由此说明,0 ℃时满液的氯瓶,温度尚未升高到 10 ℃,就已经爆炸了。所以为防止过量充装,应做好下列工作:专人负责,精心操作;抽尽余液,核实瓶重;一瓶一半,认真记录;称量器具,定期检验;重复过磅,必须坚持;自动计算,超重报警。另外,还必须控制充装气体中各种杂质的含量在规定范围之内,如乙炔气中磷化氢含量(电石中的磷化钙含量不得大于 0.08%)。充装化学性质活泼的易燃气体之前,规定必须用氯气等惰性气体置换出瓶内空气,这时对氮气中的含量必须控制,否则会引起化学爆炸。例如丁二烯钢瓶,用纯度为 99.6% 氮气置换,因其中含氧量为 0.4%,氧与丁二烯生成丁二烯过氧化物,引发了丁二烯快速的增殖反应,放出热量,压力骤升而造成爆炸。

任务三　气瓶的结构、涂色和标识

气瓶主要是用来装运气体的。零件附件越少越好,而且也要力求简单。故不少种类气瓶把气瓶的主要安全附件——膜片式或易熔合金式安全泄压装置装设在瓶体上。一是可以减少附件的数量,二是可以避免在瓶体上部开孔。因而瓶阀不仅是充装和排放气体的主要装置,而且又起着防止气体泄漏,减少浪费和保证安全的作用。

1. 气瓶结构

用于气焊与气割的氧气瓶属于压缩气瓶,乙炔瓶属于溶解气瓶,液化石油气瓶属于液化气瓶。应当根据各类气瓶的不同特点,采取相应的安全措施。

(1)氧气瓶:是用来储存和运输的高压容器。氧气瓶外表面漆成天蓝色,并用黑漆喷上明显的"氧气"字样。

氧气瓶的结构如图 2-6 所示。通常用优质碳素钢或低合金钢制成无缝圆柱形。瓶体 5 的上部瓶口内壁攻有螺纹,用以旋上瓶阀 2,瓶口外部还套有瓶箍 3,用以旋装瓶帽 1,以保护瓶阀免受意外的碰撞而损坏。防振圈 4(橡胶制品)用来减轻振动冲击,瓶体的底部呈凹面形状或套有方形支底座,使气瓶直立时保持瓶壁厚度为 5~8 mm。

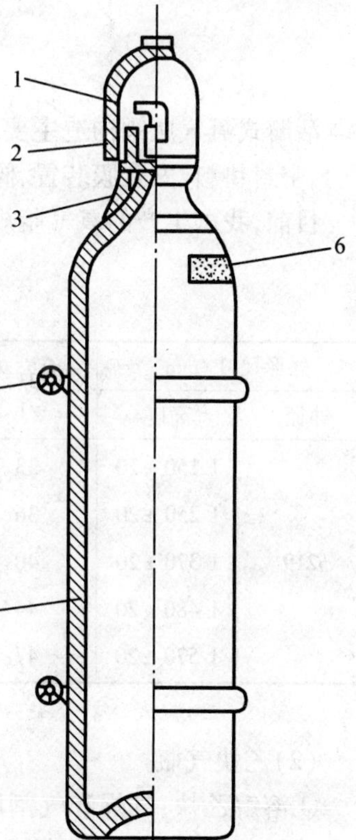

图 2-6　氧气瓶

1—瓶帽;2—瓶阀;3—瓶箍;4—防振圈;5—瓶体;6—标识

氧气瓶阀为控制氧气瓶内氧气进出的阀门,按瓶阀的构造不同,可分为活瓣式和隔膜式两种,目前主要采用活瓣式氧气瓶阀，其构造如图2－7所示，但国内也有少数氧气瓶是采用隔膜式的，因为隔膜式瓶阀气密性好，这是它的优点，但缺点是容易损坏和使用寿命短。

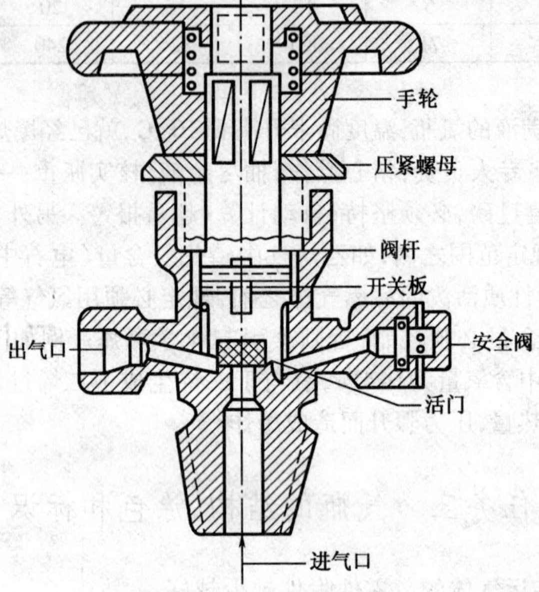

图2－7 活瓣式氧气瓶阀构造

活瓣式氧气瓶阀构造主要由以下部件组成：弹簧压帽、手轮、压紧螺帽、阀杆、开关板、活门、密封垫料、安全膜装置、阀座、锥形尾、进气口、出气口、阀体、侧接头等。

目前，我国生产的氧气瓶规格见表2－10。

表2－10 氧气瓶规格

外形尺寸/mm		内容积/L	质量/kg	瓶阀型号	水压试验/MPa	20 ℃,14.7 MPa 条件下的名义装气量/m^3
外径	高度					
ϕ219	1 150 ± 20	33	47	QF－2 铜阀	22.5	5
	1 250 ± 20	36	53			5.5
	1 370 ± 20	40	57			6
	1 480 ± 20	44	60			6.5
	1 570 ± 20	47	63			7

(2)乙炔气瓶

①溶解乙炔：气焊和气割用乙炔除了各厂矿自己用乙炔发生器制取外，现在已经逐渐被专业工厂制造的瓶装溶解乙炔代替。由于乙炔能很好地溶解于许多液体，尤其是有机溶剂，工业上常常应用丙酮（CH_3COCH_3）溶解乙炔，溶解于丙酮内的乙炔比气态乙炔的爆炸危险小得多，如果将溶液吸收在具有显微孔的固态多孔填料内，则溶解的乙炔就更安全。

与在气焊气割加工地点由乙炔发生器直接得到的气态乙炔相比，溶解乙炔具有许多显著的优点。

• 根据国内外实践经验表明,溶解乙炔由于是大量生产的,可节省电石30%,即电石利用率高、经济性好。

• 乙炔气纯度高,有害杂质和水分含量很少。

• 通过乙炔瓶的振动、冲击、升温、局部加热、回火和枪击等试验,都说明乙炔瓶比乙炔发生器具有更高的安全性,因此允许在热加工车间和锅炉房使用,而在这些场所是不允许使用乙炔发生器的,因为可能从发生器中漏出气态乙炔,造成着火爆炸的危险。

• 可以在低温情况下工作,因为没有水封回火防止器及胶管中水分结冰而停止供气的现象,这在我国北方的寒冷地区更具有优越性。

• 焊接设备轻便,操作简单,工作地点也较清洁卫生。由于没有装电石、给水、排水和储存电石渣的装置,也省去经常性的加料工序、排渣工序和看管发生器等操作事项。

• 乙炔气的压力高,能保证焊炬和割据的工作稳定性。

②乙炔瓶结构:乙炔瓶是一种储存和运输乙炔用的压力容器,而且是移动式压力容器,在15 ℃时的充装压力为1.5 MPa,水压试验压力为60 MPa,瓶体外表面漆白色,并标注红色的"乙炔"和"不可近火"的字样。

图2-8所示,瓶体(4)内装着浸满丙酮的多孔性填料(5),使乙炔稳定而又安全地储存在乙炔瓶内。使用时打开瓶阀(2),溶解于丙酮内的乙炔就分解出来,通过瓶阀流出乙炔气体。瓶口中心的长孔内放置过滤用的不锈钢丝网和毛毯(3)(或石棉)。瓶里的填料可以采用多孔而轻质的活性炭、硅藻土、浮石、硅酸钙、石棉纤维等。

图2-8　乙炔气瓶

1—瓶帽;2—瓶阀;3—分解网;4—瓶体;5—微孔填料(硅酸钙);6—底座;7—易熔塞

乙炔瓶的公称容积和直径可按表2-11选取。

表2-11　乙炔瓶公称容积和直径

公称容积/L	≤25	40	50	60
公称直径/mm	200	250	360	360

(3)液化石油气瓶:液化石油气瓶的外形如图2-9所示。一般采用16Mn及优质碳素钢等薄板材料制造。气瓶储存量分别为10 kg,15 kg,30 kg等,如果用量很大,还可制造容量为1.5~3.5的大型储罐,气瓶漆银灰色,并用红色喷写上"液化石油气"字样,瓶体最大工作压力为1.6 MPa,水压试验压力为3.0 MPa,常用的液化石油气瓶规格见表2-12,液化石油气瓶可并联使用。

2. 气瓶涂色

各种气瓶有规定的颜色和标志，以便识别和使用方便，表 2-13 给出了焊接和切割工作中所用气瓶的涂色。其他气瓶的涂色详见《气瓶安全监察规程》中的规定。

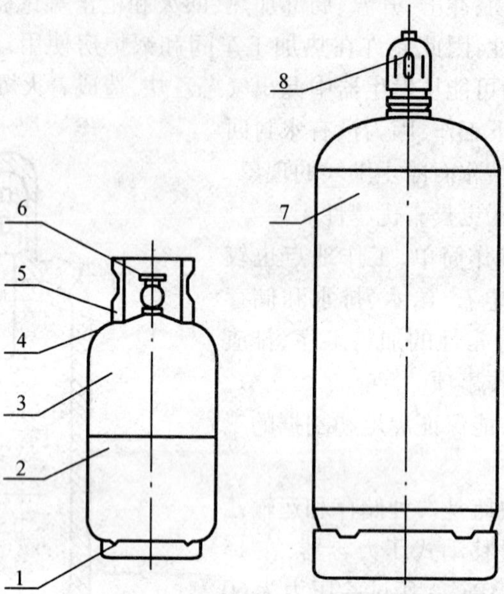

图 2-9　液化石油气瓶

1—底座；2—下封头；3—上封头；4—瓶阀座；
5—护罩；6—瓶阀；7—筒体；8—瓶帽

表 2-12　常用液化石油气瓶规格

类别	容积 /L	外径 /mm	壁厚 /mm	全高 /mm	自重 /kg	材质	耐压试验 /NPa
10 kg	23.5	325	4	530	13	20 钢，Q235A	32
12 ~ 12.5 kg	29	325	2.5		11.5	16MnR	32
15 kg	34	335	2.5	645	12.8	16MnR	32
20 kg	47	380	3/2.5	650	20/25	Q235A/16MnR	32

表 2-13　焊接和切割中常用气瓶漆颜色

气体名称	分子式	气瓶外表面颜色	气体名称	分子式	气瓶外表面颜色
氧	O_2	天蓝	乙炔	C_2H_2	白
氢	H_2	深绿	液化石油气		银灰
氮	N_2	黑	甲烷	CH_4	褐色
氨	NH_3	黄	二氧化碳	CO_2	铝色
氩	Ar	灰	空气		黑色

3. 气瓶的标识

打在气瓶局部的符号和数据的钢印称为气瓶标志。其中由气瓶制造厂打的钢印称为原始标志,由气瓶检验单位历次定期检验时打的钢印称为检验标志。

任务四　气瓶的运输安全

气瓶在运输过程中,特别是装卸时常常发生着火爆炸,尤其是容易受到振动、冲击、碰撞或受热、火烤。此外,除了按照《气瓶安全监察规程》的有关规定执行外,还应采取以下措施。

1. 防止气瓶受到剧烈振动或碰撞冲击

除集装运输外,气瓶均应戴好瓶帽和配置符合要求的防振圈。装卸气瓶时,必须做到轻装轻卸,避免气瓶相互碰撞及其他坚硬物体碰撞,严谨抛、滑和撞击。

气瓶运输工具应能保证气瓶在运输过程中不窜动和不致从运输工具上落下,为此,禁止用电瓶车、自行车等运输工具运输气瓶。一般应使用汽车等装运气瓶,气瓶装在车上后应妥善加以固定。汽车装运气瓶一般应横向放置,头部朝向与汽车油箱的方向相反。装车高度除不得超过车厢高度外,同时一般不得超过5层。

近距离搬运气瓶时,允许采用徒手倾斜滚动的方法运输,但距离较远或路面不好时,应使用小车搬运,并用铁链等妥善固定。

禁止用肩扛、拖拉和手、脚并用同时直立滚动两只气瓶,以及其他容易造成气瓶跌倒、碰撞的办法搬运气瓶。

采用集装箱运输的气瓶,装卸时不准碰撞气瓶及其连接管道和压力表。有损伤的应及时修理或更换。装车后应使用专用工具加以固定。

2. 防止气瓶受热或着火

气瓶运输时不能长时间在烈日下曝晒,夏季白天运输的气瓶要有遮阳设施。

车上禁止烟火。运输可燃、有毒气体气瓶时,车上应备有与气瓶内气体相适应的灭火器材和防毒面具。

不准使用被油脂污染的车辆运输氧气和强氧化剂气瓶。可燃物、易燃物、油脂和带有油污的物品,不得与氧气瓶或强氧化剂气瓶同车运输。

所装介质相互接触后能引起爆炸的气瓶不得同车运输。

运输氢气等可燃气体的车辆,排气口应有阻火器,保证发动机不发生明火。

3. 气瓶安全运输的其他措施

运输可燃、易燃和有毒气体气瓶的车辆,应挂有"危险品"标志,不得在人口稠密地区、繁华市区或有危险性的场所停留。

气瓶运输车辆,不得人物共运。除驾驶员、押运员外,其他无关人员不得搭车。

小型气瓶必须装在木箱或其他专用箱子里,瓶与瓶之间要用清洁与气体无化学反应的物品隔离,以防相互碰撞。

任务五　气瓶的使用安全

由于使用单位对气瓶存装的介质了解不够、管理制度不严、使用不当、维护不周、操作疏忽等都可能造成气瓶爆炸、着火燃烧、中毒等伤亡事故。因此,使用单位应根据《气瓶安全监察规程》的有关规定及介质性能和工艺规定，制定出有针对性的管理制度和操作规程，并教育管理者和操作人员严格遵守执行。

1. 氧气瓶的使用安全

(1)为了保证安全，氧气瓶在出厂前必须按照《气瓶安全监察规程》的规定，严格进行技术检验，并由有关部门进行检验工作。检验合格后，应在气瓶的球面部位做明显的标志，标明瓶号、工作压力和试验压力，下次试压日期、瓶的容量、质量、制造工厂和制造手册等。

(2)充灌氧气瓶时必须首先进行外部检查，使用时还要化验鉴别瓶内气体，不得随意充灌。气瓶充灌时，气体流速不能过快。否则会产生瓶过热，使压力剧增，从而造成危险。

(3)在运输、储存和使用过程，都要防止氧气瓶直接受热。夏季用车辆运输和在室外使用气瓶时，应加以覆盖，避免阳光曝晒。气瓶库房和气瓶使用时，都要远离高温、明火、熔融金属飞溅物和易燃易爆物质等。一般规定应相距 10 m 以上。

(4)在运输、储存和使用过程中，应避免气瓶受到剧烈振动和碰撞冲击。尤其是冬天，瓶体金属更容易发生脆烈而导致爆炸。气瓶应有安全帽，防止摔断瓶阀，造成事故。搬运气瓶时必须使用专门的抬架或小车，不得直接用肩膀扛运或直接搬运；车辆运输时，应用波浪形瓶架等将气瓶妥善固定。最好垫上橡皮或其他软物，以减少振动。应轻装轻卸，严禁从高处滑下、在地面上滚动或用起重设备直接吊运气瓶。

(5)氧气瓶使用时，首先做外部检查，检查的重点是瓶阀、接管螺纹和减压器是否有缺陷。如发现漏气、滑扣、表针动作不灵或爬高等，应及时维修，切忌随便处理。禁止带压拧紧瓶阀的阀杆、调整垫圈等。检查是否漏气时应使用肥皂水，不得使用明火。

(6)与电焊作业在同一工作地段使用的气瓶瓶底应垫绝缘物，以防气瓶带电。

(7)气瓶不得沾有油脂。焊工不得用沾有油脂的工具、手套或油污工作服去接触氧气瓶阀、减压器等。

(8)气瓶内气体不得全部用尽，至少保留 0.1～0.3 MPa 的压力，并关紧阀门，防止漏气，使气瓶保持正压，以便充气时检验和防止空气或可燃气体流入氧气瓶内。

以上介绍的是氧气瓶的使用安全，对氩弧焊和等离子弧焊等使用的压缩气瓶如氩气瓶、氮气瓶、CO_2气瓶等也基本上适用。

2. 乙炔瓶的使用安全

除依据《溶解乙炔瓶安全监察规程》及《气瓶安全监察规程》外，还应当满足下列要求。

(1)乙炔气瓶在使用、运输和储存时，环境温度一般不得超过 40 ℃，若超过应采取降温措施。乙炔气瓶严禁敲击或碰撞；不能靠近热源和电气设备，与明火的距离一般不小于 10 m，瓶阀冻结时，绝对不能用火烧烤，必要时用 40 ℃以下的温水暖化。若乙炔瓶、氧气瓶同时使用，应尽量避免放在一起，其间距一般不小于 10 m。

(2)使用前首先检查瓶内是否是乙炔。确认后稍微打开主阀，冲击充装口的杂物。

(3)选择安全的场所放置乙炔气瓶。要有防滚落、翻倒的措施，要稳妥和竖直摆放，防止丙酮泻出。

(4)铜是乙炔的禁物，不准用含铜量高于 70% 的材料做使用器具的连接接头，不准使银和汞与乙炔接触。

(5)乙炔胶管要专用，不准与氧气管混用。

(6)使用前必须安装减压器，并检查安装口及软管接头是否泄漏，确认无泄漏后，调整到规定压力再使用。

(7)阀门上要安装容器的开、闭手柄，保证偶然发生事故时能关闭阀门，避免事故扩大。

(8)在使用过程中，火焰发黄或者有效火焰缩短，说明瓶内压力过低，或已没有气体，应当立即停止使用。

(9)停止作业取下减压器时，必须关闭气瓶主阀，在确认无泄漏时，方可离开工作地点。

(10)在室内或密闭的环境下使用乙炔要杜绝泄漏，加强通风，避免发生燃爆事故。

(11)发现安全阀或主阀上都有泄漏，应立即停止使用，并搬到室外的安全场所，贴上封条，标明原因及时送回充装单位处理。

(12)操作时，主阀一定要全开，以免乙炔从主阀上部泄漏。

(13)因休息而中止作业时或暂时停用时，必须关闭主阀，以防泄漏。

(14)由于溶解在丙酮中的气体急剧地从容器里放出，容器内温度下降，压力降低，而使气体的分离变得困难。为使容器内部压力不致降得太快，要求每瓶每小时放气不超过0.1 MPa。超过这个数值的作业场所，必须采取汇流装置。

(15)瓶内气体不能用尽，必须留有一定的剩余压力，剩余压力与环境温度的关系见表2－14。

表2－14　乙炔瓶的剩余压力与环境温度的关系

环境温度/℃	<0	0～15	15～25	20～40
剩余压力/(kgf/cm^2)	0.5	1	2	3

注：1 kgf/cm^2 =98.066 5 kPa。

(16)进行焊接的作业现场，乙炔气瓶不得超过5只。若为5～20只，应在现场或车间内用耐火材料隔成单独的储存间。若超过20只，应放置乙炔瓶库。储存间与明火的距离不得小于15 m。乙炔气瓶储存时，要保证直立放置，严禁与氯气瓶、氧气瓶及易燃物品同时存放。

(17)现场搬运乙炔气瓶，不得倾斜搬运和水平滚动，否则必须静置10～15 min才能投入使用。

3.液化石油气瓶的使用安全

(1)同氧气瓶的(1)～(5)条安全要求。

(2)液化石油气瓶充灌时，必须按规定留出15%的气化空间，不得充灌过满。

(3)冬季使用液化石油气瓶时，可在用气过程中以低于40 ℃的沸水加热，不得靠近加热炉或暖气片等热源，也不得为增加气化面积而将气瓶横躺卧放。因为液化石油气瓶的压力在－40 ℃时为0.1 MPa，在20 ℃时则为0.7 MPa，在40 ℃时压力上升为2.0 MPa。

(4)衬垫、胶管等必须采用耐油性强的胶管，不得随意更换衬垫和胶管，以防因受腐蚀而发生漏气。

(5)应经常检查减压器的工作性能是否正常。减压器的作用不仅是把瓶内的液化石油气压力降低至3.5 kPa，而且在气割时，一旦氧气倒流入液化石油气系统，减压器的高压端能自动封闭，具有逆止作用。

(6)液化石油气瓶内剩余残液应退回充气站处理，不得自行倒出液化石油气残液以防遇火成灾。

(7)点火时应点燃引火物,而后开启焊割炬的石油气调节手轮,不能颠倒次序。

4. 气瓶的定期检验

气瓶在使用过程中必须根据国家《气瓶安全监察规程》和《溶解乙炔瓶安全监察规程》的要求,进行定期技术检验。充装无腐蚀性气体的气瓶,每3年检验一次;充装有辐射性气体的气瓶,每两年检验一次。气瓶在使用过程中有严重腐蚀损伤或值得怀疑时可提前进行检验。气瓶受检期限和试验压力见表2-15。

表2-15 气瓶的受检期限和试验压力

气体		最高工作压力/MPa	水压试验压力/MPa	阀门螺纹	受检期限/年
压缩气体	氧	15.0	22.5	右旋	3
	氮	15.0	22.5	右旋	3
	氩	15.0	22.5	右旋	3.5
	氢	15.0	22.5	右旋	3
液化气体	石油气	1.6	3.2	右旋	3
	二氧化碳	12.5	18.7	右旋	
溶解气体	乙炔	1.5	6.0	左旋	

气瓶定期技术检验的项目见表2-16。

表2-16 气瓶定期技术检验项目

项目	检验重点	检验方法
外观表面检查	外伤、划痕、裂纹、变形	采用宏观、锤击、量具检验
内表面检查	内外伤、腐蚀	采用宏观、锤击、量具检验
水压试验	严密性、强度	水压试验压力为气瓶设计压力的1.5倍
壁厚测定	腐蚀、强度	超声波等测厚

乙炔瓶在使用过程中不再进行水压试验,只做气压试验,试验压力为3.5 MPa,所用气体为纯度不低于90%的干燥氮气,试验时将乙炔瓶浸入地下水槽内,静置5 min以后检查,如发现瓶渗漏,则予以报废。

任务六 减压器的使用安全

1. 减压器的作用及其分类

(1)降压:即把储存在气瓶内的较高压力的气体减压到所需要的工作压力。

(2)稳压:当气瓶压力或耗气量变化时,保持工作压力的稳定。

根据减压器用途不同,可分为集中式和岗位式两类;按构造不同可分为单级式和双极式两类;按工作原理不同可分为正作用式和反作用式两类。目前,国内生产的减压器主要是单级反作用式和双极混合式两类。现将常用的减压器型号及主要技术性能列于表2－17。

表2－17　减压器型号及主要技术性能

<table>
<tr><th>型号</th><th>名称</th><th>最高工作压力/MPa</th><th>调节范围/MPa</th><th>公称测量/L</th><th>出口孔径/mm</th><th>配套压力表/MPa</th><th>连接螺纹</th><th>质量/kg</th><th>用途</th></tr>
<tr><td>QD－1</td><td>单级氧气减压器</td><td>15.0/2.5</td><td>0.1～2.5</td><td>80</td><td>6</td><td>0～25.0/0～4.0</td><td>G5/</td><td>4</td><td rowspan="3">瓶用</td></tr>
<tr><td>QD－2A</td><td>单级氧气减压器</td><td>15.0/1.0</td><td>0.1～1.0</td><td>40</td><td>5</td><td>0～25.0/0～1.6</td><td>G5/</td><td>2</td></tr>
<tr><td>QD－3A</td><td>单级氧气减压器</td><td>15.0/0.2</td><td>0.01～0.2</td><td>10</td><td>3</td><td>0～25.0/0～0.4</td><td>G5/</td><td>8</td></tr>
<tr><td>QD－50</td><td>双极氧气减压器</td><td>15.0/2.5</td><td>0.5～2.5</td><td>220</td><td>9</td><td>0～25.0/0～6.0</td><td>G5/</td><td>9</td><td rowspan="3">管道用</td></tr>
<tr><td>QY9－25/10</td><td>单级氧气减压器</td><td>2.5/1.0</td><td>0.1～1.0</td><td>40</td><td>5</td><td>0～25.0/0～1.6</td><td>G5/</td><td>1.5</td></tr>
<tr><td>QY11－150/15</td><td>双极氧气减压器</td><td>15.0/1.5</td><td>0.1～1.5</td><td>100</td><td>6</td><td>0～25.0/0～2.5</td><td>G5/</td><td>5.8</td></tr>
<tr><td>QD－20</td><td>单级乙炔减压器</td><td>1.6/0.15</td><td>0.01～0.15</td><td>9</td><td>4</td><td>0～25.0/0～0.25</td><td>轧篮</td><td>2</td><td rowspan="2">瓶用</td></tr>
<tr><td>QD－25/06</td><td>单级丙烷减压器</td><td>2.5/0.06</td><td>0.01～0.06</td><td>6</td><td>5</td><td>0～0.1</td><td>G5/左</td><td>2</td></tr>
</table>

2. 减压器的构造简图及工作原理

现以QD－1型减压器(俗称氧气表)为例说明减压器的基本结构及工作原理。

QD－1型减压器的结构如图2－10所示,主要是有罩壳、调压螺钉、调压弹簧、弹性薄膜、减压活门与活门座、安全阀、进出口接头以及高压表与低压表等部分组成。

在减压器非工作状态时,调压螺钉向外旋出,此时调压弹簧处于松弛状态,当氧气瓶阀开启时,高压氧气通过进出口流入高压气室,由于减压活门被副弹簧压在活门座上,所以高压气体不能流入低压气室内。

使用减压器时,顺时针方向把调压螺钉旋入,调压弹簧即受压缩而产生向上的压力,并通过弹性薄膜而由减压活门拉杆传递到减压活门上,克服副弹簧的压力后将减压活门拉开,此时高压氧气就从间隙中流入低压气室内。高压气体从高压气室流入低压气室时,由于体积的膨胀而使压力降低,这就是减压器的减压作用。

减压器上还装有高压表和低压表。高压表和高压气室相通,指示高压气室即气瓶内的气体压力。低压表与低压气室相通,指示低压气室即工作压力。

此外,在加压器上还装有与低压气室相通的安全阀。当加压器发生故障使低压气室的压力超过安全阀泄气压力时，气体就自动地打开安全阀逸出。这样不但可以保护低压表不受压力过高的气体冲击而损坏，而且也不会使超过工作压力的气体流出而造成其他事故。

乙炔等气体所用的减压器，其作用原理和使用方法与氧气减压器基本相同。

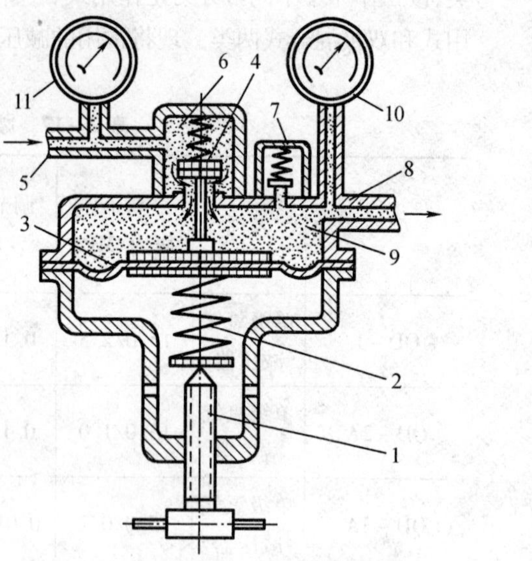

图 2－10　QD－1 型减压器工作原理图

1—调节螺钉；2—调压弹簧；3—薄膜片；4—减压活门；5—进气口；6—高压室；7—安全阀；8—出气口；9—低压室；10—低压表；11—高压表

3. 减压器的安全使用

(1)在装减压器前应首先检查连接螺钉规格是否相符合，螺纹是否损坏。

(2)安装减压器前应先将气瓶阀连接的灰尘脏物吹除，然后才能装上减压器。在开启气瓶阀时，操作员不应站在减压器的正面或气瓶阀出口前面。

(3)严禁氧气减压器与油脂接触，以免发生火灾事故。

(4)开启减压器时，应缓慢旋转调压螺钉以防高压气体突然冲到低压气室，而使弹性薄膜或低压表损坏。

(5)开启减压阀前的高压管路(气瓶或管路阀)时，应缓慢地旋开，在通气后再逐渐扩大，以免发生事故。

(6)减压器停止使用时，必须把调压螺钉旋松，并把减压器内的气体全部放掉，直到低压表的指针指向零值为止。

(7)减压器冻结时，可用热水或蒸汽解冻，不允许用火烤。

(8)减压器必须妥善保存，避免撞击和振动，并且不要存放在有腐蚀性介质的场合。

(9)氧、乙炔减压器不得互相换用。

4. 减压器的故障消除

减压器在使用过程中应经常检查其性能是否正常，如发现有故障时应立即报请维修，切忌随便处理。减压器常见故障及防止措施见表 2－18。

表 2－18　减压器常见故障及防止措施

常见故障	故障原因及部位	防止措施及维修
减压器漏气	减压器连接部分漏气，螺纹配合松动或垫圈损坏	(1)拧紧螺钉 (2)更换新的垫圈及加石棉绳
	安全阀漏气 活门填料损坏或弹簧变形	(1)调整弹簧 (2)更换活门填料(青铜纸和石棉绳)
	减压器上盖薄膜损坏或拧紧，造成漏气	(1)更换橡皮薄膜 (2)拧紧丝扣

表 2-18(续)

常见故障	故障原因及部位	防止措施及维修
减压器表爬高(自流)	调节螺杆松开后,气体继续流出,低压表表针继续上升。原因是: (1)活门或门座上有污物 (2)活门密封垫或活门座不平(有裂纹) (3)副弹簧损坏,压紧力不够	将活门螺钉松开,取出活门进行检查,按损坏情况处理: (1)将活门污物除净 (2)将活门不平处用细纱布磨平,如果有裂纹要换新的 (3)调整弹簧长度或更换副弹簧
打开氧气瓶是高压表表针已表示有氧,但低压表不动作或动作不灵敏	调节螺杆已拧到底,但工作压力不升或升得很少,其原因是调压弹簧损坏或传动杆弯曲	拆开减压器盖,更换调压弹簧的传动杆
	工作时氧气压力下降,或表针剧烈地跳动,说明减压器内部冻结	用热水加热解冻后,把水分吹干
	低压表已升到工作压力,但使用时突然下降,说明氧气阀门没全打开	继续打开氧气阀门

项目六　焊割炬安全

任务一　焊割炬的结构及工作原理

1. 焊炬

焊炬的功用是使可燃气体与氧按需要的比例在焊炬中混合均匀,并由一定孔径的焊嘴喷出,进行燃烧,以形成一定能率和性质的稳定的焊接火焰。焊炬又称焊枪,它在构造上应安全可靠,尺寸小,质量小,调节方便。焊炬按可燃气体进入混合室的方法不同可分为射吸式和等压式两种。最常用的射吸式焊炬如图 2-11 所示。

图 2-11 所示为目前使用较广的 H01-6 射吸式焊炬,它主要由主体、乙炔调节阀、氧气调节阀、喷嘴、射吸管、混合气管、焊嘴、手柄、乙炔管接头和氧气管接头等部分组成。

射吸式焊炬的原理是:当打开氧气调节手轮后,具有一定压力的氧气经氧气导管,并以高速喷入混合气管,使喷嘴周围空间形成真空,而且将乙炔导管中的乙炔(此时需先打开乙炔调节手轮)吸入混合气管,并经混合气管充分混合后,由焊嘴喷出,点燃即成焊接火焰。

射吸式焊炬的优点是:由于乙炔是靠氧气的射吸作用进入焊炬的,所以,不论使用低压乙炔还是中压乙炔均可正常工作。缺点是:在焊接过程中焊炬温度升高,使混合气管内的混合气体的温度和压力也升高,引起喷嘴周围的真空度降低,使乙炔流入量减少,造成氧-乙炔的混合比增加,火焰变为氧化焰,使焊接质量降低。因而这种焊炬工作一段时间后,需

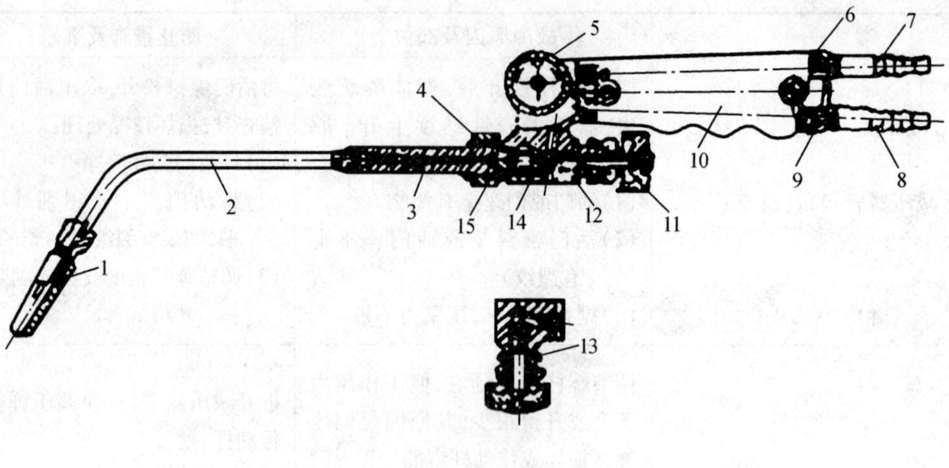

图 2-11 H01-6 型焊炬的构造

1—焊嘴；2—混合气管；3—射吸管；4—射吸管螺母；5—乙炔调节阀；6—乙炔进气管；7—乙炔管接头；8—氧气管接头；9—氧气进气管；10—手柄；11—氧气调节阀；12—主体；13—乙炔阀针；14—氧气阀针；15—喷嘴

要重新调节火焰，或是将焊嘴和混合气管浸入水中，使其冷却才行。

平常用的射吸式焊炬的规格和主要技术性能见表 2-19。其中，H01 型为一般的射吸式焊炬；而 H02-1 型为换管式微型焊炬，其工作原理与 H01 型相同，是射吸式的，与 H01 型焊炬的区别在于采用换管的形式更换焊嘴，它配备了 3 根电焊嘴、混合管和射吸管组成一体的焊管，可根据工作厚度选择使用，其主要用于焊接 0.2～1 mm 左右的薄壁工件。

等压式焊炬的构造原理，它是由压力相近的氧、乙炔气同时进入混合室，自然混合后，从喷嘴喷出，点燃形成火焰。由于乙炔压力和氧气压力相近，故混合均匀，火焰稳定，不受焊炬温度影响，而且由于乙炔压力较高，回火可能性比射吸式焊炬小。但它必须使用中压乙炔，故又称中压式焊炬。

2. 割炬

氧气切割可分为手工气割和机械气割，相应的使用手工割炬和机械气割设备。

气割割炬又称割枪、割把，是气割的主要工具。它的作用是使可燃气体与氧气混合，点燃后形成有一定热能和形状的预热火焰，并能在预热火焰中喷射切割氧气流，以便进行气割。割炬的种类很多，在此着重介绍氧-乙炔切割割炬和氧-液化石油气切割割炬。

(1)氧-乙炔切割割炬：这种割炬形成预热火焰所用的可燃气体是乙炔。和焊炬一样，按形成预热的工作原理，可分为射吸式和等压式两种。

a. 射吸式割炬。射吸式割炬的结构如图 2-12 所示。

这种割炬的结构是以射吸式割炬为基础，增加了切割氧的气路和阀门，并采用专门的割嘴，割嘴的中心是切割氧的通道，预热火焰均匀地分布在它的周围。进行气割时，先开启预热氧气阀和乙炔阀，点燃并调节预热火焰中性焰，将被割金属加热到燃点，随即开启切割氧气阀，切割氧气流经切割氧气管，由割嘴的中心孔喷出，进行气割。

环形割嘴由内嘴和外套两部分形成，故制造容易，但火焰稳定性较差，气体消耗量

表 2-19　氧-乙炔射吸式焊炬的规格和主要技术性能

焊炬型号	H01-6					H01-12					H01-20					H02-1		
可调焊嘴个数	5					5					5					3		
焊嘴号码	1	2	3	4	5	1	2	3	4	5	1	2	3	4	5	1	2	3
焊嘴孔径 /mm	0.9	1.0	1.1	1.2	1.3	1.4	1.6	1.8	2.0	2.2	2.4	2.6	2.8	3.0	3.2	0.5	0.7	0.9
适用工件厚度 /mm	1~2	2~3	3~4	4~5	5~6	6~7	7~8	8~9	9~10	10~12	10~12	12~14	14~16	16~18	18~20	0.2~0.4	0.4~0.7	0.7~1.0
乙炔压力 /kPa	1~98					1~98					1~98					1~98		
乙炔消耗量 /(m^3/h)	0.17	0.24	0.28	0.33	0.43	0.43	0.58	0.78	1.05	1.22	1.50	1.70	2.00	2.30	2.60	0.02~0.022	0.055~0.065	0.11~0.13
氧气压力 /kPa	196	245	294	343	392	392	441	490	588	686	588	637	686	735	784	98	147	196
氧气消耗量 /(m^3/h)	0.15	0.20	0.24	0.28	0.37	0.37	0.49	0.65	0.86	1.11	1.25	1.45	1.65	1.92	2.25	0.016~0.018	0.045~0.050	0.10~0.12

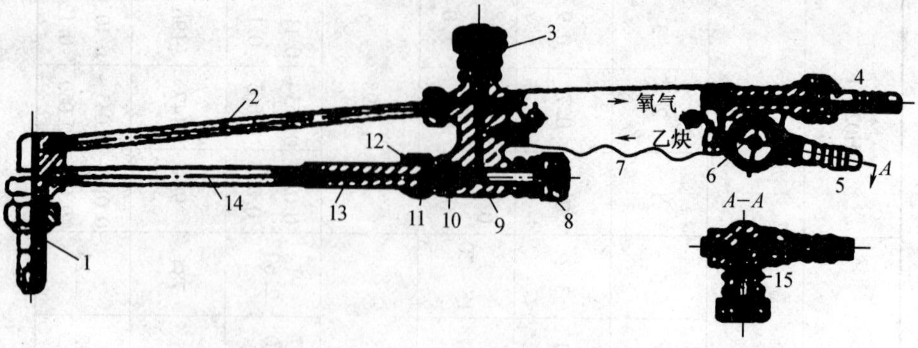

图 2-12 G01-30 型射吸式割炬构造

1—割嘴;2—切割氧气管;3—切割氧调节阀;4—氧气管接头;5—乙炔管接头;6—乙炔调节阀;7—手柄;8—预热氧调节阀;9—主体;10—氧气阀针;11—喷嘴;12—射吸管螺母;13—射吸管;14—混合气管;15—乙炔阀针

较大,在安装内嘴和外套时,必须保证同心,否则预热火焰偏向一侧,使切口质量变坏,梅花形割嘴没有上述缺点,火焰力量较大,但制造较困难。

射吸式割炬可用中压乙炔,也可用低压乙炔,因而在我国应用较普遍,我国生产的几种射吸式割炬的规格和技术性能见表 2-20 所示。

表 2-20 射吸式割炬规格及有关技术性能

型号	配用割嘴	割嘴形式	切割氧孔径/mm	切割厚度范围/mm	氧气压力/kPa	气体消耗量/(L/h)	
						氧气	乙炔
G01-30	1	环形	0.7	3~10	196~294	800~2 200	210
	2		0.9	10~20			240
	3		1.0	20~30			310
G01-100	1	梅花形	1.0	16~25	294~290	2200~7300	350~400
	2		1.3	25~50			400~500
	3		1.6	50~100			500~600
G01-300	1	梅花形	1.8	100~150	490~637	9 000~14 000	680~780
	2		2.2	150~200			800~1 100
	3	环形	2.6	200~250	784~900	14 500~26 000	1 150~1 200
	4		3.0	250~300			1 250~1 600

b. 等压式割炬。这种割炬的预热火焰是按等压式割炬的原理形成的。预热氧和切割氧分别由单独的管道进入割嘴,预热氧和乙炔在割嘴内开始混合,产生预热火焰。

这种割炬配合专门的割嘴,必须使用中压乙炔,由于火焰燃烧稳定,不易回火,目前应用已越来越广。

(2)氧-液化石油气切割割炬:液化石油气的燃烧性和乙炔不同,因此,用于气割时,必须制作专门的割炬或对原有氧－乙炔割炬进行改制。若采用原有的氧－乙炔割炬进行氧－液化石油气切割，虽然也可以切割一般厚度的钢板，但火焰不够集中，切割速度慢，缺点是点火、调节都比较困难。表2－21列出氧－液化石油气割炬的主要技术性能。

表2－21　氧－液化石油气割炬的主要技术性能

型号	配用割嘴号码	割嘴孔径/mm	切割厚度范围/mm	氧气气压/kPa	丙烷压力/kPa
G07－100	1～3	1.0～1.3	100以内	686	30～49
G07－300	1～4	2.4～3.0	300以内	980	30～49

二、焊割炬的使用安全

1.焊炬的使用安全

焊炬应符合《等压式焊炬、割炬》(JB/T 794—1999)、《射吸式焊炬》(JB/T 6970—1993)的要求。焊炬的使用安全，基本上也适用于割炬，此外还应注意以下几方面。

(1)在切割前注意将工作表面上的漆皮、铁锈和油水污物等加以清理，以防油漆燃着绣片爆溅伤人，在水泥地面切割时，应垫高工件，防止水泥地面受热爆溅伤人。

(2)进行切割时，飞溅出来的金属微粒与熔渣微粒很多，割嘴的喷孔很容易被堵塞，因此，应该经常用通针通，以免发生回火。

(3)装配割嘴时，必须使内嘴与外嘴保持同心，这样才能保证切割用的氧气射流位于环形预热火焰的中心。

(4)内嘴必须与高压氧气通道紧密连接，以免高压氧漏入环形通道而把预热火焰吹灭。

(5)在正常工作停止时，应先关闭切割氧调节阀，再关闭乙炔和预热氧调节阀，一旦发生回火时，应快速地按以上顺序关闭各个调节阀。

2.割炬的使用安全

焊炬应符合《等压式焊炬、割炬》(JB/T 794—1999)、《射吸式焊炬》(JB/T 6969—1993)的要求。目前国内广泛应用射吸式焊炬，其使用安全内容如下。

(1)使用前对射吸式焊炬应先检查射吸性能。方法是先接上氧气管，通入1～4个表压的氧气，不接乙炔管，打开氧气阀和乙炔阀，用手指按在乙炔进气管接头上，若感到内部有足够的吸气，则表明射吸性能正常；若没有吸力，甚至氧气从此流出，则说明没有射吸性能，必须检修后才能使用。等压式焊炬应检查其气体通路有无堵塞现象。

(2)在使用前还应检查焊嘴和气阀处有无泄漏现象。方法是关闭各气阀，将割炬插入水中，然后分别通入氧气和乙炔，如水中不出现气泡，就证明气密性良好。

以上两种检查在使用过程中也要经常进行。

(3)焊炬的各气体通道都不得沾染油脂，以防止氧气遇油脂燃烧和爆炸。同时焊嘴的配合面不得碰伤，防止漏气而影响使用。

(4)经检查合格后，才能点火。点火时先开乙炔手轮，点燃乙炔立即开启氧气调节阀手轮调节火焰。这种点火方法和先开氧气后开乙炔的方法比较起来具有下列优点：可避免点火时的鸣爆现象，容易发现焊炬是否有堵塞等疵病，火焰由弱逐渐变强，火焰燃烧较平稳等。其缺点是刚点火时冒黑烟影响环境卫生。也可以在点火时先把氧气调节手轮稍微开启,再开启乙炔调节手轮并立即点火。此方法可消除冒黑烟的缺点,但焊炬一旦堵塞时氧气有可能进入乙炔通道形成回火条件。从安全操作要求,建议采用前面一种点火方法。当作业空间狭小,通风不良而又几把焊炬同时施焊时,为改善环境卫生条件,也可以采用后一种点火方法。

(5)停止使用时,先关乙炔手轮,后关氧气手轮,以防止火焰回烧和产生黑烟。焊工在操作中如发现乙炔和氧气压力或流量发生变化,不能满足工作要求需做调整时,必须停焊,熄灭火焰,待处理后重新点火。禁止带火焰进行调整处理,防止因发生器压力和流量的波动引起回火。

(6)停止使用后,焊炬应挂在适当的地方,或拆下胶管并将焊炬存放在工具箱内,禁止为工作方便而不卸胶管,将焊炬、胶管和气源进行永久性连接。

回火是焊接火焰自焊炬向乙炔导管及乙炔气瓶、发生器等回窜的现象。其特征一是火焰突然熄灭;二是焊炬内发生急速的"嘶嘶"声。

使用焊炬时应当注意尽可能防止产生回火。引起回火的主要原因如下。

a. 由于熔融金属的飞溅物,碳质微粒及乙炔的杂质等堵塞焊嘴或气体通道。

b. 焊嘴过热,混合气体受热膨胀,压力增高,流动阻力增大;焊嘴温度超过 400 ℃时,部分混合气体即在焊嘴内自燃。

c. 焊嘴过分接近熔融金属,焊嘴喷孔附近的压力增大,混合气体流动不通畅。

d. 胶管受压、堵塞或打折等,致气体压力降低。

上述四种原因造成混合气体的流动速度低于燃烧速度而发生回火。

如果操作中发生回火,应急速关闭氧气调节手轮,再关闭乙炔调节手轮。待回火熄灭后,将焊嘴放入水中冷却,然后打开氧气吹除焊炬内的烟灰,再重新点火。此外,在紧急情况下可将焊炬上的乙炔胶管拔上来。所以,一般要求氧气胶管必须与焊炬连接牢固,而乙炔胶管与焊炬接头连接以不漏气并容易接上火拨下为准。

三、焊割炬设计制造的安全要求

在焊割操作过程中,氧气与乙炔混合气的流动速度小于火焰的燃烧速度是导致焊接火焰自焊割炬向乙炔管(或氧气胶管)倒燃而造成火爆事故的基本原因。因此,焊割炬的设计制造应满足下列要求。

(1)气体流量的调节应方便、可靠、安全。尤其是在发生回火时,应能快速切断气源,并制止火焰的蔓延。

(2)乙炔和氧气应能按比例均匀混合,在焊接过程中要保持混合比不变。

(3)结构简单,操作灵便、轻巧。

(4)焊割炬的材料应具有良好的导热性、耐磨性、耐高温性和耐腐蚀性,含铜量不大于70%。

(5)应保证焊割炬各部位的连接和调节阀门严密不漏气。

(6)混合气体喷出的流动速度应与燃烧速度相适应。

四、气焊割的辅助工具

1. 护目镜

护目镜主要是保护焊工的眼睛不受火焰亮光的刺激,以便在焊接过程中能仔细观察熔池金属,并防止飞溅金属微粒溅入眼睛内。应根据焊工的需要和被焊材料性质来选用护目镜片颜色和深度。颜色太深或太浅都会妨碍对熔池的观察,影响工作效率。

2. 点火枪

点火时使用手枪式点火枪最为安全方便。当用火柴点火时,必须把划着了的火柴从焊嘴或割嘴的后面送到焊嘴或割嘴上,以免点燃后手被烧伤。

3. 其他工具

(1)清理焊缝的工具,如钢丝刷,手锤,锉刀。

(2)连接和启动气体通道的工具,如钢丝钳,铁丝,扳手等。

(3)清理焊嘴和割嘴用的通针。每个气割工都应备有粗细不等的三棱式钢质通针一盒,以便清除堵塞焊嘴或割嘴的脏物。

五、焊割炬的常见故障和维修

(1)焊割炬的故障主要是由于堵塞、漏气和磨损(包括烧损)三个基本原因造成的。

(2)乙炔含有的杂质、碳微粒等使焊割炬通道堵塞而发生故障;焊割炬各部位连接不严密(因使用过程中热胀冷缩、检修不当或密封件不严引起的)以及各调节阀密封性能失效等造成漏气,出现氧气与乙炔相互通气,发生灭火、回火等故障。

(3)由于焊割炬各部位的磨损,也会造成焊割炬的气体通道变形,割炬的喷嘴与外火圈间隙增大,使焊割炬失去正常工作性能,产生故障。

(4)焊割炬常见故障的原因及其排除方法见表 2－22。

表 2－22　焊割炬常见故障的原因及其排除方法

故障	原因	排除方法
开关处漏气或焊嘴漏气	(1)压紧螺帽松动或垫圈损坏 (2)焊嘴未拧紧	(1)更换 (2)拧紧
焊嘴孔径扩大成椭圆形	(1)使用过久 (2)焊嘴磨损 (3)使用通针不当	用手锤轻敲焊嘴尖部使孔径缩小后,再用相应钻头钻孔
焊枪发热	(1)焊接时间过长 (2)焊嘴离工件太近	浸入冷水中冷却后,打开氧气吹净积物
火焰调节不当,乙炔压力过低	(1)胶管被压和堵塞 (2)焊枪被堵塞 (3)手轮打滑	吹洗胶管及焊枪,修理乙炔开关

项目七 氧气与乙炔胶管及管道安全

任务一 胶管爆炸着火事故的原因

胶管的作用是向焊割炬输送氧气和乙炔气。它由优质橡胶内、外胶层和中间棉织纤维层组成，整个胶管需经过特殊的化学加工处理，以增强其阻燃性。胶管是气割和气焊中的重要工具。胶管发生爆炸着火的原因如下。

(1)由于回火而引起着火爆炸。

(2)胶管里形成乙炔与氧气或乙炔与空气的混合气。

(3)由于磨损、挤压、腐蚀或保管、维护不善，使胶管老化变质、强度降低或漏气。

(4)胶管的制造质量不符合安全要求。

(5)氧气胶管上有油脂或高速气流产生的静电火花等。

任务二 胶管的使用安全

(1)应分别按照 GB/T 2550—92《焊接及切割用橡胶软管氧气橡胶软管》国家标准和 GB/T 2551—92《焊接及切割用橡胶软管 乙炔橡胶软管》国家标准的规定保证制造质量。橡胶应具有足够的抗压强度和阻燃特性。

根据国家标准规定，氧气胶管为红色，工作压力为 1.5 MPa，胶管内径 8 mm，外径 18 mm；乙炔胶管为黑色，工作压力为 0.3 MPa，胶管内径 8 mm，外径 16 mm。

(2)保存和使用胶管时必须注意维护，保持胶管的清洁和不受损坏。例如，避免阳光照射雨雪浸淋，防止与酸、碱、油类及其他有机溶剂等能使胶管损坏的物质接触；存放温度为 −15 ~ 14 ℃，距离热源应不小于 1 m。

(3)新胶管在使用时，必须先把胶管内壁的滑石粉吹除干净，防止焊割炬的通道被堵塞在使用中应避免受外界挤压和机械损伤，不得将管身折叠。

(4)氧气与乙炔胶管不得相互混用和代用，不得用氧气胶管吹除乙炔胶管的堵塞物。

同时应随时检查和消除焊割炬的漏气、堵塞等缺陷，防止在胶管内形成氧气与乙炔混合气。

应该指出，国家标准规定的胶管颜色与国际标准(ISO)的规定(氧气胶管为黑色，乙炔胶管为红色)正好相反。同时与我国原颁部标准氧气胶管为红色、乙炔胶管为绿色的规定也不同，而且 1966 年以前国产氧气胶管为黑色或绿色，乙炔胶管为红色。由此，引起供应部门和使用人员的认识和习惯不一致，有关的安全教材也说法不一，容易发生胶管的混用和代用而造成事故。目前应强制按照国家标准的规定统一认识和使用，在使用进口设备的胶管时，应注意加以区别。

(5)如果发生回火倒燃进入氧气胶管时，则该胶管不可继续使用，必须换新胶管。因为回火常常将胶管内胶层烧坏，压缩纯氧又是强氧化剂，若再继续使用，必将失去原来的正常的安全性。

(6)气割操作需要较大的氧气输出量，因此与氧气表高压端连接的气瓶(或氧气管道)

阀门应全打开,以便保证提供足够的流量和稳定的压力。防止低压表虽已表示工作压力,但使用氧气时压力突然下降,此时容易发生回火,并可能倒燃进入氧气胶管而引起爆炸。

任务三 管道发生着火爆炸事故的原因

由乙炔站集中供应焊接或气割用气体时,乙炔和氧气是采用管路输送的。乙炔和氧气管道同属于可燃易爆介质助燃管道,因此,应该采取管道工程的防爆设施。氧气与乙炔管道发生燃爆的原因如下。

(1)气体在管道内流动时,夹杂于气流中的锈皮、水珠等与管道产生摩擦热和碰撞热(尤其在管道拐弯处),是管道发生着火爆炸的一个因素。

(2)由于漏气,在管道外围形成爆炸性气体滞留的空间,遇明火而发生着火和爆炸。

(3)外部明火导入管道内部,这里包括管道附近明火的导入,以及与管道相连接的焊接工具,由于回火而导入管道中。

(4)管道过分靠近热源,管道内气体过热而引起的着火爆炸。

(5)氧气管道阀门沾有油脂。

(6)带有水分或其他杂质的气体在管道内流动时,当超过一定的流速就会因摩擦产生静积聚而放电。此外,由于雷击产生巨大的电磁、热机械效应和静电作用等,也会使管道及构筑物遭到破坏或引起火灾爆炸事故。

任务四 管道安全措施

(1)限定气体流速,乙炔在管道中的最大流速,不应超过下列规定。

a. 厂区和车间的乙炔管道工作压力为 0.007 ~ 0.15 MPa 时,其最大流速为 8 m/s。

b. 乙炔站内的乙炔管道,工作压力为 2.5 MPa 及其以下者,其最大流速为 4 m/s。

c. 氧气在碳素钢管中的最大流速,不应超过表 2-23 的规定。

表 2-23 氧气在碳素钢管中的最大流速

氧气工作压力/MPa	≤0.1	0.6 ~ 1.6	1.6 ~ 30	≤100
氧气流速/(m/s)	20	10	8	4

注:在表压力范围以外者,其流速可按比例推算。

(2)限制管径和管材的选择。

a. 乙炔管道的管材、管径和管壁厚度,应符合下列要求。

工作压力在 0.007 MPa 以下的低压乙炔管道,宜采用无缝钢管。

工作压力在 0.007 ~ 0.15 MPa 的中压乙炔管道,应采用无缝钢管,其内径不应超过 80 mm,管道壁厚不应小于表 2-24 的规定。

表 2－24 中压乙炔管道采用无缝钢管时的管壁最小厚度

管外径/mm	≤22	28～32	38～45	57	73～76	89
最小壁厚/mm	2	2.5	3	3.5	4	4.5

注：乙炔管道直接埋地敷设时，应考虑土壤对管壁的腐蚀性，壁厚适当增加 0.5 mm 或以上。

工作压力在 0.15～2.5 MPa 的高压乙炔管道，应采用无缝钢管，其内径不应超过 20 mm，管壁厚度不应小于表 2－25 的规定。

表 2－25 高压乙炔管道采用无缝钢管时管壁最小厚度

管外径/mm	10	12～16	18～20	22～25	28
最小壁厚/mm	2	2.5	3	3.5	4

乙炔管道的连接应采用焊接，但与设备、阀门和附件的连接处，可采用法兰或螺纹连接。

乙炔管道在厂区的布设，应考虑到由于压力和温度的变化而产生局部应力时，管道应有伸缩的余地。

b. 氧气管道的管材的选用。应根据其敷设方式、工作压力以及气体流量进行综合选定

氧气管道应尽量减少拐弯。拐弯时宜采用弯曲半径较大、内壁光滑的弯头，不应采用折皱或焊接弯头。

(3)防止静电放电的接地措施。乙炔和氧气管道在室外架空或埋地敷设时，都必须可靠接地。

室外管道埋地敷设时，在管线每隔 200～300 m 设一接地地极。室内管道不论架空或埋地敷设(不宜采用埋地敷设)，每隔 30～50 m 设一接地极。但不论长短如何，在管道的起端和终端及管道进入建筑物的入口处，都必须设接地地极。接地装置的接地电阻应不小于 20 Ω。

对离地面 5 m 以上架空敷设的氧气和乙炔管道，为防止雷击放电产生的静电或电磁感应对管道的作用，要求缩短管道两接地极的距离，一般不超过 50 m。

(4)防止外部明火导入管道内部。可采用水封法或火焰消除器，防止火焰导入管道内部和阻止火焰在管道里蔓延。

火焰消除器又称阻火器，可用粉末冶金片或是用多层细孔铜网(也可用不锈钢或铝网)重叠起来制成。

(5)防止在管道外围形成爆炸气体滞留的空间。乙炔管道通过厂房车间时，应保持室内通风良好，并应定期监测乙炔气体浓度，以便及时采取措施排除爆炸性混合气。还应检查管道是否漏气，防止着火爆炸事故。

地沟敷设乙炔管道时，在沟里应填满不含杂质的砂子。埋地敷设时，应在管道下部先铺一层厚度约 100 mm 的砂子。如沟底有坚硬的石块，以及考虑到局部有不均匀下沉的可能性时，砂层的厚度还应大些，然后再在管子两侧和上部填以厚度不小于 200 mm 的砂子。填充砂子的目的是保证管道周围回填密实，没有大的缝隙；管道一旦发生不均匀下沉时，由于砂子有一定的流动性，随之下沉，不致在管道附近周围内形成过大的缝隙，而造成爆炸性

气体聚集停留的较大空间。

(6)管道的脱脂。氧气和乙炔管道在安装使用前都应进行脱脂。常用的脱脂剂二氯乙烷和酒精为易燃液体;四氯化碳和三氯乙烯虽然是不易燃液体,但在明火和灼热物体存在的条件下,易分解成剧毒气体——光气。所以,脱脂现场必须严禁烟火。

(7)气密性和泄漏性试验。氧气和乙炔管道除与一般受压管道同样要求做强度试验外,还应做气密性试验和泄漏量试验。

在强度试验合格并用热风吹干后,才能进行气密性试验。试验压力一般为工作压力的1.05倍,对于工作压力小于等于0.007 MPa的乙炔管道,其试验压力为工作压力加0.1 MPa。试验介质为空气或惰性气体,用涂肥皂水等方法进行检查。达到试验压力后保压1 h,如压力不变,则气密性试验合格。

泄漏量的试验压力为工作压力的1.5倍,但不得小于0.1 MPa,试验介质为空气或氮气。其泄漏标准为:试验12 h后,泄漏量以不超过原气体容积的0.5%为合格。泄漏量可按下式计算,即

$$V=[1-p_2(273+t_1)/p_1(273+t_2)]\times 100\%$$

式中　V——泄漏量,%;

p_1,p_2——试验开始和终结时管道内介质的绝对压力,MPa;

t_1,t_2——试验开始和终结时管道内介质的温度,℃。

(8)乙炔管道不应敷设的地点

a.烟道、通气地沟和直接靠近高于50 ℃的热表面。

b.建筑物、构筑物和露天堆场的下面。

(9)架空乙炔管道靠近热源敷设时,宜采用隔热措施,管壁温度严禁超过70 ℃。

(10)管道可供同一使用目的的氧气管道共同敷设在非燃烧体盖板的不通行地沟内,地沟内必须全部填满砂子,并严禁与其他沟道相通。

(11)乙炔管道严禁穿过生活间、办公室。厂区和车间的乙炔管道,不应穿过不使用乙炔的建筑物和房间。

(12)氧气管道严禁与燃油管道共沟敷设。架空敷设的氧气管道不宜与燃油管道共架敷设,如确需要共架敷设时,氧气管道宜布置在燃油管道的上面,且净距不宜小于0.5 m。

(13)乙炔管道使用前,应当用氮气吹扫全部管道,取样合格后方能使用。

学习情境三　各类电弧焊方法安全与防护技术

【一】知识目标

1. 理解各类电弧焊方法的原理和特点；
2. 深刻理解各类焊接设备的使用要求与维护保养知识；
3. 理解焊接工艺参数对焊接质量的影响；
4. 深刻理解各类电弧焊方法的不安全操作因素。

【二】能力目标

1. 能够正确使用各类焊接设备，并具有维护保养知识；
2. 能够正确选择各类电弧焊焊接工艺参数；
3. 能够遵从各类电弧焊安全操作规程。

【三】任务链接

1. 焊条电弧焊安全与防护技术；
2. 碳弧气刨安全与防护技术；
3. 埋弧焊安全与防护技术；
4. 二氧化碳气体保护焊安全与防护技术；
5. 钨极氩弧焊安全与防护技术。

● 情境描述

焊接操作过程中，必须遵从各类电弧焊的安全操作规程。

不同的弧焊方法，有着不同的原理和特点，操作要领及安全操作规程各有不同，安全性也不尽相同。其中焊接设备的操作，焊接工艺参数的选择对焊接安全及防护有着重要的意义。

欲使各种焊接电源保持良好的运行状态，工作状态稳定，使用寿命延长，就必须会对各类电弧焊焊机及常用工具正常使用和合理的维护及保养，才能保证焊接过程安全正常进行。

为了保证焊接质量而选定的焊接电流、电弧电压、焊接速度、焊条直径等物理量，称为焊接工艺参数。

项目一　焊条电弧焊安全与防护技术

任务一　认知焊条

一、焊条的组成

1. 焊芯

焊条由焊芯和药皮组成。焊条直径往往指焊芯的直径,焊条规格有 2 mm,2.5 mm,3 mm,3.2 mm,4 mm,5 mm,5.8 mm 及 6 mm 等几种,常用的有 3.2mm,4 mm 和 5 mm 三种。

焊条中被药皮包裹的具有一定长度和直径的金属丝称为焊芯。焊芯在焊接过程中的作用有二,其一是导电产生电弧,其二是作为填充金属与接头中的母材金属熔合并形成焊缝。

2. 药皮

压涂在焊芯表面上的涂料层称为药皮。由于焊芯不含某些必要的合金元素,且焊接过程中要补充焊芯烧损(氧化或氮化)的合金元素,所以焊缝具有的合金成分可通过药皮添加;同时,通过药皮中加入的不同物质在焊接时所起的冶金反应和物理、化学变化,能起到改善焊条工艺性能和改进焊接接头性能的作用。由此可知,药皮也是决定焊接质量的重要因素之一。

(1)药皮类型及原材料的作用

根据药皮组成物中主要成分的不同,焊条药皮可分为八种不同的类型,见表 3-1,即氧化钛型(简称钛型)、钛钙型、钛铁矿型、氧化铁型、纤维素型、低氢型、石墨型和盐基型等。

表 3-1　焊条药皮类型、主要成分及其工艺性能

焊条药皮类型	药皮主要成分	工艺性能	适用范围
钛型 (氧化钛型)	氧化钛(金红石或钛白粉)	焊接工艺性能良好。熔深较浅。交直流两用。电弧稳定,飞溅小,脱渣容易。能进行全位置焊接。焊缝美观,但焊缝金属塑性和抗裂性能较差	用于一般低碳钢结构的焊接,特别适于薄板焊接
钛钙型 (氧化钛钙型)	氧化钛及钙和镁的碳酸盐矿石	焊接工艺性能良好。熔深一般。交直流两用,飞溅小,脱渣容易。适用于全位置焊接,焊缝美观	用于较重要的低碳钢结构和强度等级较低的普低钢一般结构的焊接
钛铁矿型	钛铁矿	焊接工艺性能良好。熔深一般。交直流两用,飞溅一般,电弧稳定,适于全位置焊接,焊缝美观。用于较重要的低碳钢结构和强度等级较低的普低钢一般结构的焊接	

表 3-1(续)

焊条药皮类型	药皮主要成分	工艺性能	适用范围
氧化铁型（铁锰型）	氧化铁矿及锰铁	焊接工艺性能较差。熔深较大,熔化速度快,焊接生产率高。飞溅稍多,但电弧稳定,再引弧容易,立焊及仰焊操作性较差。焊缝金属抗热裂性能较好。交直流两用	用于较重要的低碳钢结构和强度等级较低的普低钢一般结构的焊接。特别适用于中等厚度以上钢板的平焊
纤维素型	有机物及氧化钛	焊接时能产生大量气体保护熔敷金属,熔深大。交直流两用。电弧强,熔化速度快。熔渣少,脱渣容易,飞溅一般。对各种位置的焊接的适应性好	用于一般低碳钢结构的焊接,特别适宜于立焊向下焊及深熔焊接
低氢型	碳酸钙(大理石或石灰石)、萤石和铁合金	焊接工艺性能一般。适用于全位置焊接。焊接时要求药皮干燥,采用短电弧焊接。焊缝金属具有特别良好的抗热裂性能、低温冲击性能和机械性能。此焊条一般采用直流电,但药皮中加入稳弧剂后,也能采用交流焊接	用于低碳钢及普低钢重要结构的焊接

当前制造电焊条所使用的原材料近百种,而常用的约30余种。药皮原材料的作用,归纳起来有以下七项:稳弧、造渣、造气、脱氧、合金化、黏结、成形。

(2)药皮的作用

①防止空气对熔化金属的不良作用　焊接时,药皮熔化后产生大量气体笼罩着电弧和熔池,使熔化金属与空气隔绝,同时还形成了熔渣,覆盖在焊缝的表面保护焊缝金属,而且熔渣还能使焊缝金属缓慢冷却,有利于已溶入液体金属中的气体逸出,减少生成气孔的可能性,并能改善焊缝的成形和结晶。

②冶金处理渗合金的作用　通过熔渣与熔化金属的冶金反应,除去有害杂质(如氧、氢、硫、磷)和添加有益的合金元素,使焊缝获得所需的机械性能。

③改善焊条工艺性能的作用　焊条的工艺性能主要包括:焊接电弧的稳定性、焊缝成形,在各种位置上焊接的适应性、脱渣性、飞溅大小、焊条的熔敷率及焊条发尘量等一些评定指标。因此,药皮中所加入的物质一定要尽可能地满足这些指标,使电弧能稳定燃烧、飞溅少、焊缝成形好、易脱渣及熔敷效率高等。

总之,一种好的电焊条,不仅要求焊缝金属具有优良的内在质量,即保证焊缝获得合乎要求的化学成分和机械性能,而且要求焊条工艺性能良好。为要做到这些,焊条药皮往往起着重要的作用。

二、焊条的分类

焊条的分类方法很多,可以从不同角度对焊条进行分类。如按用途分类、按药皮主要成分分类甚至可以按船级社认可分类等。

1. 按用途分类

我国现行的焊条分类方法，主要是根据国家标准按照用途进行分类。按用途进行分类具有较大的实用性。通常，焊条按用途可分为10大类：

(1)结构钢焊条　主要用于焊接低碳钢和低合金高强钢。

(2)钼和铬钼耐热钢焊条　主要用于焊接珠光体耐热钢。

(3)不锈钢焊条　主要用于焊接不锈钢和热强钢(高温合金)。

(4)堆焊焊条　主要用于堆焊具有耐磨、耐热、耐腐蚀等性能的各种合金钢零件的表面层。

(5)低温钢焊条　主要用于焊接各种在低温条件下工作的结构。

(6)铸铁焊条　主要用于焊补各种铸铁件。

(7)镍及镍合金焊条　主要用于焊接镍及其合金，有时也用于堆焊、焊补铸铁、焊接异种金属等。

(8)铜及铜合金焊条　主要用于焊接铜及其合金、异种金属、铸铁等。

(9)铝及铝合金焊条　主要用于焊接铝及其合金。

(10)特殊用途焊条　主要用于焊接具有特殊要求和施焊部位的结构。

2. 按熔渣的碱度分类

按熔渣性质分类：分酸性焊条和碱性焊条两大类，熔渣以酸性氧化物为主的焊条称为酸性焊条，熔渣以碱性氧化物为主的焊条称为碱性焊条，其焊接特性见表3-2。

表3-2　酸性焊条和碱性焊条的特性比较

酸性焊条	碱性焊条
1. 对水、铁锈的敏感性不大，使用前经过100～150 ℃烘焙1 h；	1. 对水、铁锈的敏感性较大，使用前经过300～350 ℃烘焙1～2 h；
2. 电弧稳定，可用交流和直流施焊；	2. 须用直流反接施焊，药皮加稳弧剂后，可交、直流两用施焊；
3. 焊接电流较大；	3. 同规格酸性焊条约小10%左右；
4. 可长弧操作；	4. 须短弧操作，否则易引起气孔；
5. 合金元素过渡效果好；	5. 合金元素过渡效果好；
6. 熔深较浅，焊缝成型较好；	6. 熔深稍深，焊缝成型一般；
7. 熔渣成玻璃状，脱渣较方便；	7. 熔渣成结晶状，脱渣不及酸性焊条；
8. 焊缝的常、低温冲击韧度一般；	8. 焊缝的常、低温冲击韧度较高；
9. 焊缝的抗裂性较差；	9. 焊缝的抗裂性好；
10. 焊缝的含氢量较高，影响塑性；	10. 焊缝的含氢量低；
11. 焊接时烟尘较少	11. 焊接时烟尘较多

相同强度级别的碱性焊条与酸性焊条相比，前者熔敷金属的延性和韧性高，扩散氢含量低，抗裂性能强。因此，当产品设计或焊接工艺规程规定用碱性焊条施焊时，就必须用碱性焊条施工，切不可用酸性焊条替代，要说明的是：碱性焊条的工艺性能(包括稳弧性、脱渣性、飞溅等)较差，对锈、水、油污的敏感性大，容易出现气孔，有毒气体和烟尘多等现象。

三、焊条的工艺性能

焊条的工艺性能是指焊条在焊接操作中的使用性能。它是衡量焊条质量的重要指标之一。焊条的工艺性能主要包括:焊接电弧的稳定性、焊缝成形、在各种位置焊接的适应性、飞溅大小、脱渣性、焊条的熔化速度、药皮发红的程度及焊条发尘量等。

四、焊条的选用原则

焊条的种类繁多,每种焊条均有一定的特性和用途。选用焊条是焊接准备工作中一个很重要的环节。在实际工作中,除了要认真了解各种焊条的成分、性能及用途外,还应根据被焊焊件的状况、施工条件及焊接工艺等综合考虑。选用焊条一般应考虑以下原则:

1. 焊接材料的力学性能和化学成分

(1)对于普通结构钢,通常要求焊缝金属与母材等强度,应选用抗拉强度等于或稍高于母材的焊条。

(2)对于合金结构钢,通常要求焊缝金属的主要合金成分与母材金属相同或相近。

(3)在被焊结构刚性大、接头应力高、焊缝容易产生裂纹的情况下,可以考虑选用比母材强度低一级的焊条。

(4)当母材中C及S,P等元素含量偏高时,焊缝容易产生裂纹,应选用抗裂性能好的低氢型焊条。

2. 焊件的使用性能和工作条件

(1)对承受动载荷和冲击载荷的焊件,除满足强度要求外,还要保证焊缝具有较高的韧性和塑性,应选用塑性和韧性指标较高的低氢型焊条。

(2)接触腐蚀介质的焊件,应根据介质的性质及腐蚀特征,选用相应的不锈钢焊条或其他耐腐蚀焊条。

(3)在高温或低温条件下工作的焊件,应选用相应的耐热钢或低温钢焊条。

3. 焊件的结构特点和受力状态

(1)对结构形状复杂、刚性大及大厚度焊件,由于焊接过程中产生很大的应力,容易使焊缝产生裂纹,应选用抗裂性能好的低氢型焊条。

(2)对焊接部位难以清理干净的焊件,应选用氧化性强,对铁锈、氧化皮、油污不敏感的酸性焊条。

(3)对受条件限制不能翻转的焊件,有些焊缝处于非平焊位置,应选用全位置焊接的焊条。

4. 施工条件及设备

(1)在没有直流电源,而焊接结构又要求必须使用低氢型焊条的场合,应选用交、直流两用低氢型焊条。

(2)在狭小或通风条件差的场所,应选用酸性焊条或低尘焊条。

5. 操作工艺性能

在满足产品性能要求的条件下,尽量选用电弧稳定,飞溅少,焊缝成形均匀整齐,容易脱渣的工艺性能好的酸性焊条。焊条工艺性能要满足施焊操作需要。而在非水平位置施焊时,应选用适于各种位置焊接的焊条。如在向下立焊、管道焊接、底层焊接、盖面焊、重力焊时,可选用相应的专用焊条。

6. 合理的经济效益

在满足使用性能和操作工艺性的条件下,尽量选用成本低、效率高的焊条。对于焊接工作量大的结构,应尽量采用高效率焊条,如铁粉焊条、高效率不锈钢焊条及重力焊条等,以提高焊接生产率。

五、焊条的保管、发放和使用

焊接材料的保管、限量发放和使用，以及必要的复验是保证焊接质量的重要一环，它将直接影响焊接的质量。每一个焊工、保管人员和技术人员都应该熟悉焊接材料的储存和保管规则，熟悉焊接材料的烘焙和使用要求。

1. 焊接材料的保管

（1）进厂的焊接材料应先由技术检验部门派人核对焊接材料的生产单位、质量证书、牌号、规格、质量、批号、生产日期。对无证书和无船检局认可标记或包装破损、运输过程受潮以及不符合标准规定的焊接材料，检验人员有权拒绝验收入库。

（2）当发现已入库的焊接材料，因保管不善、存放时间过长或发放错误等情况时，质检人员可按有关产品验收技术条件进行抽样检查，不合格的应予报废，并通知车间停止使用。

（3）焊接材料的仓库保管条件

a. 通风良好、干燥。

b. 室温不应低于 18 ℃，对含氢量有特殊要求的焊条，其相对湿度应不大于 60%。

c. 货架或垫木应离墙、离地不小于 300 mm。

d. 按品种、牌号分类堆放，并涂以明显标志。

2. 焊接材料的发放和使用

车间焊条房从仓库领回焊接材料，须按产品说明书规定的湿度和时间烘干后才能发放生产使用。

（1）由于酸性焊条对水分不敏感，不易产生气孔，所以酸性焊条可根据受潮情况决定是否进行烘焙。对于受潮严重的焊条要进行 70～150 ℃的烘焙，保温 1 h，使用前不再烘焙。对一般未受潮的焊条，焊前不必烘焙。

（2）碱性焊条在使用前必须烘干，以降低焊条的含水量，防止气孔、裂纹等缺陷的产生。烘干温度一般为 350～400 ℃，保温 2 h。烘焙时不可将焊条在高温炉中突然冷却，以免药皮开裂。对含氢量有特殊要求的合金钢焊条，烘干温度应提高到 450～470 ℃，保温 2 h。经烘干的碱性焊条最好放入另一个温度控制在 100～150 ℃的保温电烘箱中存放，随用随取。

（3）露天作业时，规定碱性焊条一次领取不得超过 4 h 的用量；酸性焊条一次领取不得超过 8 h 的用量，如果到时间未用完应立即归还焊条房。

（4）在现场作业时，焊工应将焊条存放在焊条箱（盒）或自垫式焊条保温筒内（如图 3－1 所示），不得随地乱放，以免受潮或破损影响焊接质量。

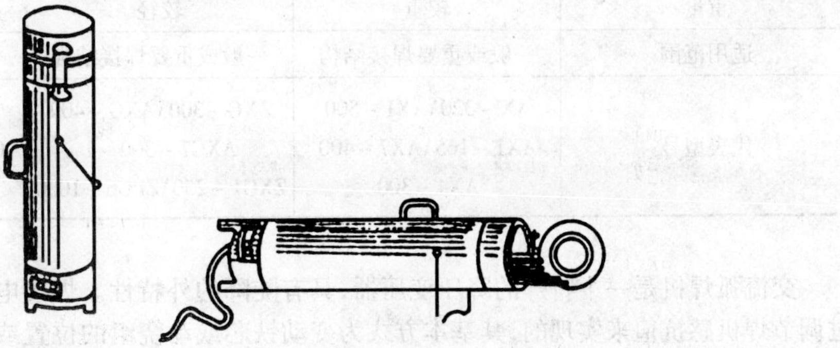

图 3－1　焊条保温筒

任务二 焊接设备的使用、维护和保养常识

一、弧焊电源的分类及特点

弧焊电源分交流电源和直流电源两大类。交流电源即弧焊变压器，直流电源包括弧焊发电机和弧焊整流器两类。所以弧焊电源有三个品种，即弧焊变压器、弧焊发电机和弧焊整流器。各类弧焊电源的特点见表3-3。

表3-3 各种弧焊电源的特点

主要指标(项目)	直流		交流
	弧焊发电机	弧焊整流器	弧焊变压器
效率/%	低(30~60)	较高(60~75)	高(65~90)
功率因数	高(0.86~0.90)	较高(0.65~0.70)	低(0.3~0.6)
每千克熔敷金属耗电/(kW·h)	6~8	3.4~4.2	3~4
空载功率损耗/kW	2~3	0.1~0.35	0.2
制造材料消耗/%	100	60~65	20~30
生产弧焊电源工时/%	100	50~70	20~30
触电危险	较小	较小	较大
电弧稳定性	好	好	较差
极性可换性	有	有	无
磁偏吹	较大	较大	很小
构造与维护	复杂	较简单	简单
噪音	大	小	小
供电	三相	一般为三相	一般为单相
功率因素	高	较高	低
空载损耗	较大	较小	小
成本	高	较高	较低
重量	较重	较轻	轻
适用范围	一般或重要焊接结构	一般或重要焊接结构	一般焊接结构
代表型号	AX-320\AX1-500 AX1-165\AX7-400 AX4-300	ZXG-300\AXG-400 AXG7-300-1 ZXG1-250\ZPG6-1000	BX-500\BX3-300 BX2-1000\BX1-330 BX6-120-1

交流弧焊机是一个特殊的降压变压器，具有陡降的外特性。焊接电源的调节主要是通过调节焊机感抗值来实现的，其基本方式为变动铁芯或动绕组的位置或调节芯的饱和程度等。交流弧焊机主要有动铁芯式、同体式和动圈式三种。

旋转式直流弧焊机是一种专供电弧焊用的特殊型式的发电设备,由发电机和原动机两部分组成。原动机可以是电动机或内燃机,在工厂中常见的是用电动机驱动。直流弧焊机除了具有产生直流电的功能外,还具有满足焊接工艺所要求的性能。

整流式直流弧焊机由主变压器、整流器组、调节装置和冷却风扇等装置组成。这类焊机由于多采用硅整流元件进行整流,又称为硅整流焊机。

目前使用的手弧焊机按照输出的电流性质不同,可分为直流焊机和交流焊机两大类;按照结构不同,又可分为弧焊变压器、弧焊发电机和弧焊整流器三种类型。

二、弧焊电源的使用

1. 每台焊机的铭牌上都有焊机的主要技术参数,焊工应按规定的技术参数使用,严禁超载。

2. 调节电流或变换极性时,应在空载状态下进行。

3. 焊机工作时,不允许有长时间短路现象,特别要防止在空载情况下焊钳与焊件的短路。

4. 在使用焊机前,应做必要的检查,以避免发生损坏焊机的事故,检查项目如下:

(1)电源的接线与网络电压是否相符。

(2)连接导线的接头是否松动,确认接头的螺母拧紧。

(3)闸箱的熔丝或熔片是否完好,调节性能是否完好。

(4)直流焊机的极性是否正确,发电机电枢是否清洁无污。如果发现电刷和电枢有接触不良或污物,应用细纱纸磨平擦净。另外,还要注意电刷和电枢转动是否自如,可在静止状态下用手拨动,观察是否有阻碍,如有,应立即修理。

(5)启动时,应注意发电机电枢旋转方向是否正确,若出现反转,应立即拉闸停机,改变接线,使电枢按规定方向旋转。同时,还要注意转动是否有杂音,若声音不正常,也应停机修理。

(6)检查电源各转动部分是否有障碍物,以防各转动部分遭损坏。

三、弧焊电源的保养

1. 应把电源放在干燥通风处,并保持电源的平稳。

2. 停用时,应用帆布罩好,以防灰尘或雨水进入电源内部。

3. 移动电源时,防止电源受到剧烈的振动。

4. 应经常给电源调节电流装置的螺杆、螺母等转动部件加润滑油,以保证这些部件的正常工作;同时要检查各接线板是否有烧损或其他损坏现象。

5. 应经常检查焊接电缆线是否有破裂处,如有破裂,应立即用绝缘胶布包好,以避免与焊件相碰而短路。

6. 工作完毕或临时离开工作场地时,必须及时切断电源。

四、弧焊电源的常见故障、产生原因及处理

各种弧焊电源在使用过程中出现的一般故障、可能产生的原因和处理方法见表 3-4,表 3-5,表 3-6。

表3-4 弧焊变压器的常见故障、可能产生的原因及排除方法

故障特征	可能产生的原因	消除方法
焊机过热	1. 焊机过载 2. 变压器线圈短路 3. 铁芯螺杆绝缘破坏	1. 减小焊接电流 2. 更换或重绕线圈 3. 恢复铁芯螺杆的绝缘
焊接过程中电流忽大忽小	1. 焊接回路连接处接触不良 2. 可动铁芯随焊机振动而移动	1. 检查接触处，使接触可靠 2. 加固可动铁芯，防止铁芯移动
焊机振动及响声不正常	1. 铁芯叠片的坚固螺栓未旋紧 2. 绕组短路 3. 动、定铁芯间隙过大	1. 检查并消除绕组碰壳处 2. 消除碰壳现象 3. 铁芯重新叠片
焊机外壳带电	1. 一次绕组或二次绕组碰壳 2. 电源线或焊接电缆碰到外壳 3. 焊机外壳未接地或接触不良	1. 检查并消除绕组碰壳处 2. 消除碰壳现象 3. 接妥地线
焊接电流过小或过大	1. 焊接过细过长、压降太大 2. 焊接电线卷成盘形，电感太大 3. 电抗绕组 4. 电缆接线柱与焊件接触不良 5. 铁芯绝缘破坏，涡流增大	1. 减小电缆长度或加大直径 2. 将电线放开，不使它成盘状 3. 切断电源，检查并修复电抗绕组 4. 使接触处接触良好 5. 检查磁路绝缘状况，排除故障
熔丝经常烧断	1. 电源线有短路或接地 2. 一次或二次绕组短路	1. 检查电源线，消除短路 2. 更换绝缘材料或重绕线圈

表3-5 弧焊整流器的常见故障、可能产生的原因及排除方法

故障特征	可能产生的原因	消除方法
焊机空载电压太低	1. 网路电压过低 2. 变压器一次绕组匝间短路 3. 交流电接触器接触不良 4. 硅元件损坏	1. 调整电源电压至额定值 2. 检修变压器线圈 3. 更换或修复 4. 更换硅元件
焊接电流调节失灵，调不出大电流	1. 控制绕组接反或匝间短路 2. 焊接电流控制器接触不良 3. 控制整流元件击穿 4. 控制电路整流器极性接反	1. 纠正接线，消除短路现象 2. 使电流控制器接触良好 3. 更换元件 4. 纠正接线
焊接电流不稳定	1. 主回路交流接触器抖动 2. 风压开关抖动 3. 控制电路接触不良 4. 稳压器补偿线圈匝数不合适	1. 检修接触器 2. 消除抖动 3. 使其接触良好 4. 调整补偿线圈匝数

表 3－5(续)

故障特征	可能产生的原因	消除方法
风扇电动机不转	1. 熔断器烧断 2. 电动机引线或绕组断线 3. 开关接触不良 4. 启动电容接触不良或损坏	1. 更换熔断器 2. 接线或修复电动机 3. 修复或更换开关 4. 修复或更换启动电容
焊接时焊接电压突然降低	1. 主回路全部或部分产生短路 2. 整流元件击穿 3. 控制回路短路 4. 三相熔断器断了一相	1. 修复线路 2. 更换元件,检查保护线路 3. 检修控制回路 4. 更换熔断器
焊机外壳带电	1. 电源线误碰罩壳 2. 变压器、电抗器、风扇及控制线路元件等碰罩壳 3. 未接地线或接地线不良	1. 检查并消除碰壳现象 2. 消除碰壳现象 3. 接妥地线

表 3－6　弧焊发电机常见故障、可能产生的原因及排除方法

故障特征	可能产生的原因	排除方法
焊机启动后电动机反转	三相异步电动机与网络接线位置有错误	将三相电源线中任意两相换接
启动后电动机转速慢,有嗡嗡声	1. 三相熔丝中有一相被烧断 2. 电动机的定子线圈断线	1. 更换熔丝 2. 消除断线
电刷和换向器间有火花	1. 电刷与换向器接触不良 2. 电刷被卡住或松动 3. 换向片间的云母突出 4. 个别换向片凹下或突出	1. 清洁并修整电刷和换向器的接触面 2. 调整电刷在电刷架中的间隙 3. 去除突出的云母,拉深云母槽,使云母低于换向器表面 4. 研磨或上车床车削
焊接电流忽大忽小	1. 焊接回路的接触处接触不良 2. 电流调节器的可动部分随焊机的振动而移动	1. 检查焊接回路接触处,并使之接触良好 2. 检修电流调节器,使可动部分不易移动
焊机过热	1. 焊机过载 2. 发电机的电枢绕组短路 3. 换向器表面污染或短路	1. 减小焊接电流或降低负载持续率 2. 消除短路处 3. 清理换向器表面,消除短路
电缆接线处过热	接线处接触电阻过大或接线处螺帽松动	将接线松开,用砂纸或小刀将接触导线处清理出金属光泽,然后旋紧螺帽
一组电刷中个别电刷跳火	1. 接触不良 2. 在无火花电刷的刷绳间接触不良,引起相邻电刷过载或跳火	1. 仔细观察接触表面并松开接线,清除污物 2. 更换不可靠的电刷

任务三 焊条电弧焊常用工具

1. 电焊钳

电焊钳是用以夹持焊条进行焊接的工具,电焊钳应在任何角度上都能迅速牢固地夹持不同直径的焊条,夹持处导电良好 ,手柄有良好的绝缘和隔热性能。

2. 面罩

面罩是防止焊接时的飞溅、弧光及熔池和高温施焊时对焊工面部及颈部灼伤的一种遮蔽工具,分手持式和头盔式两种,正面开有长方形孔,内嵌保护眼睛的白色玻璃和黑玻璃。

3. 焊接电缆

焊接电缆指二次回路用的焊接电缆,用来传导焊接电流。导线截面积与焊接电流、导线长度有关。

4. 辅助用具

辅助用具包括电焊条保温筒、电焊条烘干箱、敲渣锤、錾子、钢丝刷等。

电焊条保温筒用于已烘干焊条的保温,以维持焊条药皮中的含水量不超过 0.4% ,其加热器以电焊机的二次电压为电源,使用方便,便于携带,特别适用于流动、露天作业场合。

电焊条烘干箱采用远红外辐射加热,分层抽屉结构,加热均匀 ;能自动恒温,定时报警,适用于电焊条烘干。

敲渣锤是清除焊渣用的尖锤,可提高清渣效率。

錾子用于清除焊渣,也可铲除飞溅物和焊瘤。

钢丝刷用于清除焊件表面的铁锈、油污等。清理坡口和多层焊道时,宜用 2 ~3 行窄形弯把钢丝刷。

任务四 焊条电弧焊工艺与焊接质量控制

一、焊接工艺参数

1. 焊条直径

焊条直径是根据焊件厚度、焊接位置、接头形式、焊接层数等进行选择的。

厚度较大的焊件,搭接和 T 形接头的焊缝应选用直径较大的焊条。对于小坡口焊件,为了保证底层的熔透,宜采用较细直径的焊条,如打底焊时一般选用 ϕ2. 5 mm 或 ϕ3. 2 mm 焊条。不同的焊接位置,选用的焊条直径也不同,通常平焊时选用较粗的 ϕ(4. 0 ~6. 0) mm 的焊条,立焊和仰焊时选用 ϕ(3. 2 ~4. 0) mm 的焊条;横焊时选用 ϕ(3. 2 ~5. 0) mm 的焊条。对于特殊钢材,需要小工艺参数焊接时可选用小直径焊条。

根据工件厚度选择时,可参考表 3 –7。

表 3 –7 焊条直径与焊件厚度的关系

焊件厚度/mm	2	3	4 ~5	6 ~12	>13
焊条直径/mm	2	3. 2	3. 2 ~4	4 ~5	4 ~6

对于重要结构应根据规定的焊接电流范围(根据热输入确定)参照表3-8焊接电流与焊条直径的关系来决定焊条直径。

表3-8　各种直径焊条使用电流参考值

焊条直径/mm	1.6	2.0	2.5	3.2	4.0	5.0	6.0
焊接电流/A	25~40	50~80	40~60	100~130	160~210	200~270	260~300

2. 焊接电流

焊接电流是焊条电弧焊的主要工艺参数,焊工在操作过程中需要调节的只有焊接电流,而焊接速度和电弧电压都是由焊工控制的。焊接电流的选择直接影响着焊接质量和劳动生产率。

焊接电流越大,熔深越大,焊条熔化越快,焊接效率也越高,但是焊接电流太大时,飞溅和烟雾大,焊条尾部易发红,部分涂层要失效或崩落,而且容易产生咬边、焊瘤、烧穿等缺陷,增大焊件变形,还会使接头热影响区晶粒粗大,焊接接头的韧性降低;焊接电流太小,则引弧困难,焊条容易黏结在工件上,电弧不稳定,易产生未焊透、未熔合、气孔和夹渣等缺陷,且生产率低。

因此,选择焊接电流时,应根据焊条类型、焊条直径、焊件厚度、接头形式、焊缝位置及焊接层数来综合考虑。首先应保证焊接质量,其次应尽量采用较大的电流,以提高生产效率。板厚较大的T形接头和搭接头,在施焊环境温度低时,由于导热较快,所以焊接电流要大一些。但主要考虑焊条直径、焊接位置和焊道层次等因素。

(1) 考虑焊条直径　焊条直径越粗,熔化焊条所需的热量越大,必须增大焊接电流,每种焊条都有一个最合适电流范围,表3-8是常用的各种直径焊条合适的焊接电流参考值。

当使用碳钢焊条焊接时,还可以根据选定的焊条直径,用下面的经验公式计算焊接电流:

$$I = Kd$$

式中　I——焊接电流,A;

K——经验系数,A/cm;

d——焊条直径,mm。

(2)考虑焊接位置　在平焊位置焊接时,可选择偏大些的焊接电流,非平焊位置焊接时,为了易于控制焊缝成形,焊接电流比平焊位置小10%~20%。

(3)考虑焊接层次　通常焊接打底焊道时,为保证背面焊道的质量,使用的焊接电流较小。焊接填充焊道时,为提高效率,保证熔合好,使用较大的电流;焊接盖面焊道时,防止咬边和保证焊道成形美观,使用的电流稍小些。

焊接电流一般可根据焊条直径进行初步选择,焊接电流初步选定后,要经过试焊,检查焊缝成形和缺陷,才可确定。对于有力学性能要求的如锅炉、压力容器等重要结构,要经过焊接工艺评定合格以后,才能最后确定焊接电流等工艺参数。

3. 电弧电压

当焊接电流调好以后,焊机的外特性曲线就决定了。实际上电弧电压主要是由电弧长度来决定的。电弧长,电弧电压高,反之则低。焊接过程中,电弧不宜过长,否则会出现电弧燃烧不稳定、飞溅大、熔深浅及产生咬边、气孔等缺陷。若电弧太短,容易粘焊条。一般情况下，电弧长度等于焊条直径的 0.5 ~ 1 倍为好，相应的电弧电压为 16 ~ 25 V。碱性焊条的电弧长度不超过焊条的直径，为焊条直径的一半较好，尽可能地选择短弧焊；酸性焊条的电弧长度应等于焊条直径。

4. 焊接速度

焊条电弧焊的焊接速度是指焊接过程中焊条沿焊接方向移动的速度，即单位时间内完成的焊缝长度。焊接速度过快会造成焊缝变窄，严重凸凹不平，容易产生咬边及焊缝波形变尖；焊接速度过慢会使焊缝变宽，余高增加，功效降低。焊接速度还直接决定着热输入量的大小，一般根据钢材的淬硬倾向来选择。

5. 焊缝层数

厚板的焊接，一般要开坡口并采用多层焊或多层多道焊。多层焊和多层多道焊接头的显微组织较细，热影响区较窄。前一条焊道对后一条焊道起预热作用，而后一条焊道对前一条焊道起热处理作用。因此，接头的延性和韧性都比较好。特别是对于易淬火钢，后焊道对前焊道的回火作用，可改善接头组织和性能。

对于低合金高强钢等钢种，焊缝层数对接头性能有明显影响。焊缝层数少，每层焊缝厚度太大时，由于晶粒粗化，将导致焊接接头的延性和韧性下降。

任务五 焊前准备及要求

一、对操作者的基本素质要求

焊接操作者在训练及焊接生产中，必须做到："眼精、手稳、心静、气匀"八个字，这八个字是焊工在焊接操作过程中经过多年实践总结而至，在单面焊双面成型训练中，尤为重要。

所谓"眼精"，是指在焊接过程中，焊工的眼睛要时刻注意观察焊接熔池的变化，注意"熔孔"尺寸和变化，每个焊点与前一个焊点重合面积的大小，熔池中融化金属与熔渣的分离情况等。

所谓"手稳"，是指眼睛看到哪儿，焊条就应该按选用的运条方法、合适的弧长，准确果断地送到哪儿，旨在保证正、背面焊缝表面成型良好。

所谓"心静"，是指在焊接操作中，专心观察熔池的变化和运、送及摆动焊条，避免出现任何与操作无关的杂念。

所谓"气匀"，是指在操作过程中，无论站位焊接、蹲位焊接还是躺位焊接，操作者都必须保持呼吸平稳、均匀，切不可憋大气，也不可大喘气，否则，都会影响"手稳"，从而影响焊缝成型。

"心静""气匀"是前提，只有做到"心静"和"气匀"，"眼精"和"手稳"才能发挥作用。

二、坡口准备

坡口尺寸加工及坡口两侧的清理统称坡口制备，坡口成形加工方法的选用需根据钢板厚度和焊接接头的形式来确定，其加工方法主要有以下几种。

(1)剪切　不开坡口的钢板可用剪板机进行加工，此法生产率高，加工方便，但不能剪切厚钢板和加工有角度的坡口。

(2)氧 - 乙炔焰切割　这是一种广泛的坡口成形加工方法，能切割直线的各种角度，以及曲线形状的板材，此法更适用于厚钢板的切割，生产率很高。

(3)刨削　用刨边机或刨床加工，能加工任何复杂形状的坡口，加工后的坡口较平直，适用于自动焊的焊件边缘加工。

(4)车削　主要用于管类构件及圆形截面杆件的坡口加工。

(5)碳弧气刨　主要用于多层焊背面清理焊根及开坡口。

焊件在最终装配后，在焊接之前，应将焊件表面或坡口及坡口两侧 20 ~ 50 mm 范围内表面上的水、锈、氧化膜、油污和有碍焊接的杂物除掉。

任务六　焊条电弧焊的不安全因素

一、触电

触电是手工电弧焊的主要危险之一，造成触电事故的原因如下：

(1)在更换焊条、电极和焊接操作中，手或身体某部位接触到电焊条、焊钳或焊枪的带电部位，而脚或身体其他部位对地和金属结构之间无绝缘防护。在金属容器、管道、锅炉、船舱内或金属结构上，或当身上大量出汗，在阴雨天、潮湿地点焊接，尤其容易发生这种事故。

(2)在接线、调节焊接电流和移动焊接设备时，手或身体某部位碰触到接线柱、极板带电体而触电。

(3)电焊设备的罩壳漏电，人体碰触罩壳而触电。

(4)由于电焊设备接地错误引起的事故。例如，焊机的火线与零线错接，使外壳带电，人体碰触壳体而触电。

(5)电焊操作过程中，人体触及绝缘破损的电缆、破裂的胶木盒等。

(6)由于利用厂房的金属结构、管道、轨道、天车吊钩或其他金属物体搭接作为焊接回路而发生的触电事故。

二、电气火灾，爆炸和灼烫等

焊机和线路的短路、超负荷等能引起电气火灾，在操作地点附近或高空作业点下方存放有可燃爆炸物品时，可能引起火灾和爆炸；由于压缩钢瓶及保护气体(如氢原子焊使用氢气作为保护气体)的爆炸和着火；特别需要强调指出，燃料容器和管道的检修焊补大多采用电弧焊，当防爆措施不当时，容易发生火灾爆炸和灼烫等严重事故；操作过程中的火花飞溅也会造成灼烫伤事故。

三、二次事故

登高电焊作业，除可能发生直接从高空坠落伤亡事故外，还可能发生因触电失控、从空中坠落的二次事故。

四、电焊烟尘和弧光辐射

任务七 焊条电弧焊安全操作规程

1. 焊工工作前,应先检查电焊机和工具是否安全,不允许未进行安全检查就开始操作。特别是应检查焊机外壳接地、接零是否安全可靠。

2. 电焊设备接通电源后,人体不应接触带电部分。检修工作应在切断电源后进行。

3. 工作前要认真检查焊接电缆是否完好,有无破损、裸露,无问题才能使用,如发现电缆线损坏,应立即进行修理或更换。

4. 焊工工作时,应穿棉白帆布或其他不易燃的工作服,戴焊工手套。工作服要扣好纽扣,不要束在裤子里,口袋应盖好。在仰焊时,焊工应在颈部围毛巾穿着用防燃材料制成的护肩、长套袖、围裙和鞋盖。必须使用合格的焊接防护面罩,并配有合适的护目镜片。

5. 焊工焊接时,应注意不要超负荷使用焊机(即焊接电流过大,焊接时间过长),以免焊机过热,发生火灾。

6. 焊接工作地点应有遮光板,避免其他人员受到弧光伤害。

7. 焊接作业场所必须有良好的通风条件和设施。

8. 工作过程中,不得随意移动焊机、改变焊机接头,如发现故障立即切断电源,并通知电工来排除故障。

9. 焊钳应有可靠的绝缘,中断工作时,焊钳要放在安全的地方,防止焊钳与焊体之间产生短路而烧坏弧焊机。

10. 更换焊条时,不仅应戴好手套,而且应避免身体与焊件接触。

11. 弧焊设备的初接接线、修理和检查应由电工进行,焊工不得私自随便拆修。

12. 弧焊设备的外壳必须接零或接地,而且接线应牢靠,以免由于漏电而造成触电事故,接地线不得裸露。

13. 推拉电源闸刀时,应戴好干燥的手套,面部不要面对闸刀,以免推拉时,可能发生电弧花而灼伤脸部。

14. 在潮湿的地方工作时,应用干燥的木板或橡胶片等绝缘物作垫板,阴雨天严禁室外作业。

15. 工作地周围应放置遮光屏,以免扰乱及损伤周围其他工作人员。

16. 焊接区 10 m 内不得堆放易燃、易爆物,注意红热焊条头的堆放。

17. 风力 6 级以上的天气,不得在露天作业。

18. 焊接完毕后应关掉焊机,如焊机温度过高时,应开着风扇冷却,但下班前必须关掉焊机及各级电源。

19. 工作完毕后,应仔细清理和检查现场,消除火种防止留下事故隐患。

20. 焊接作业现场,应备有消防器材。

项目二　碳弧气刨安全与防护技术

任务一　碳弧气刨原理、特点与应用

一、碳弧气刨原理

碳弧气刨是利用在碳棒与工件之间产生的电弧热将金属熔化，同时用压缩空气将这些熔化金属吹掉，从而在金属上刨削出沟槽的一种热加工工艺，其工作原理如图 3－2 所示。

二、碳弧气刨特点

碳弧气刨具有下述特点：

1. 与用风铲或砂轮相比，效率高，噪音小，并可减轻劳动强度。

2. 与等离子弧气刨相比，设备简单压缩空气容易获得且成本低。

3. 由于碳弧气刨是利用高温而不是利用氧化作用刨削金属的，因而不但适用于黑色金属，而且还适用于不锈钢，铝、铜等有色金属及其合金。

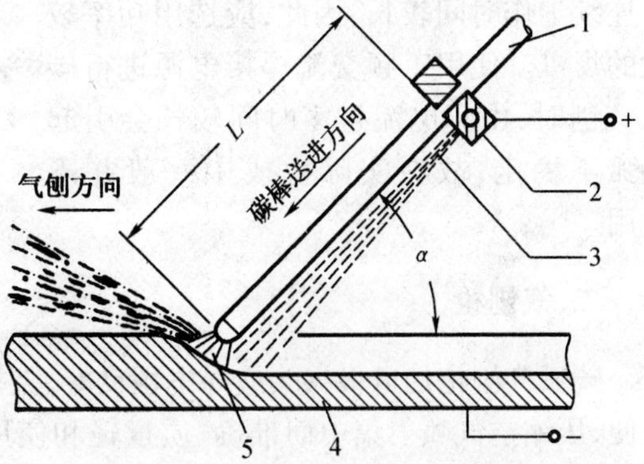

图 3－2　碳弧气刨工作原理示意图

1—碳棒；2—气刨枪夹头；3—压缩空气；4—工件；5—电弧

L—碳棒外伸长；α—碳棒与工件夹角

4. 由于碳弧气刨是利用压缩空气把熔化金属吹去，因而可进行全位置操作；手工碳弧气刨的灵活性和可操作性较好，因而在狭窄工位或可达性差的部位，碳弧气刨仍可利用。

5. 在清除焊缝或铸件缺陷时，被刨削面光洁铮亮，在电弧下可清楚地观察到缺陷的形状和深度，故有利于清除缺陷。

6. 碳弧气刨也具有明显的缺点，如产生烟雾、噪声较大、粉尘污染、弧光辐射、对操作者的技术要求高。

三、碳弧气刨的应用

使用焊接技术制造金属结构时，必须先将金属切割成符合要求的形状，有时还需要刨削各种坡口，清焊根及清除焊接缺陷。虽然对金属进行切割和刨削的方法多种多样，然而应用电弧热切割和刨削金属具有诸多显著的优点，因而被广泛地应用。实际上，电弧切割与电弧气刨的工作原理、电源、工具、材料及气源完全一样，不同之处仅仅在于具体操作略有不同。可以认为电弧气刨是电弧切割的一种特殊形式。

碳弧气刨的应用范围很广，具体应用如下：

1. 清焊根。

2. 开坡口，特别是中、厚板对接坡口，管对接 U 形坡口。

3. 清除焊缝中的缺陷。

4. 清除铸件的毛边、飞刺、浇铸口及缺陷。

任务二 碳弧气刨设备及材料

碳弧气刨系统由电源、气刨枪、碳棒、电缆气管和压缩空气源等组成，如图 3-3 所示。

一、电源

碳弧气刨一般采用具有陡降外特性且动特性较好的手工直流电弧焊机作为电源。由于碳弧气刨一般使用的电流较大，且连续工作时间较长，因此，应选用功率较大的焊机。使用工频交流焊接电源进行碳弧气刨时，由于电流过零时间较长会引起电弧不稳定，故在实际生成中一般并不使用。

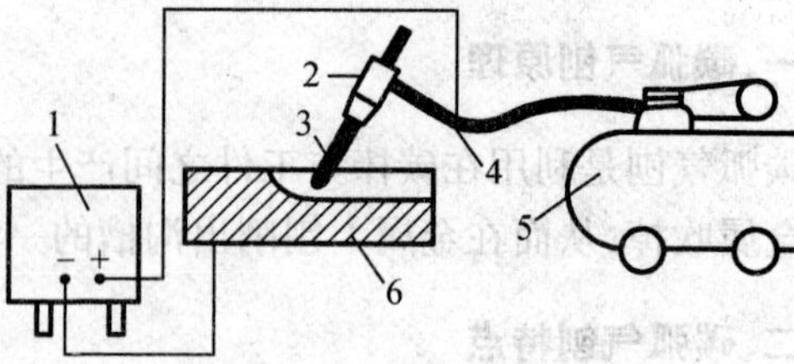

图 3-3 碳弧气刨系统示意图

1—电源；2—气刨枪；3—碳棒；4—电缆气管；5—空气压缩机；6—工件

二、气刨枪

碳弧气刨枪的电极夹头应导电性良好、夹持牢固，外壳绝缘及绝热性能良好，更换碳棒方便，压缩空气喷射集中而准确，质量轻和使用方便。碳弧气刨枪就是在焊条电弧焊钳的基础上，增加了压缩空气的进气管和喷嘴而制成。碳弧气刨枪有侧面送气和圆周送气两种类型。

1. 侧面送气气刨枪

侧面送气气刨枪结构如图 3-4 所示。侧面送气气刨枪嘴结构如图 3-5所示。

侧面送气气刨枪的优点：结构简单，压缩空气紧贴碳棒喷出，碳棒长度调节方便。

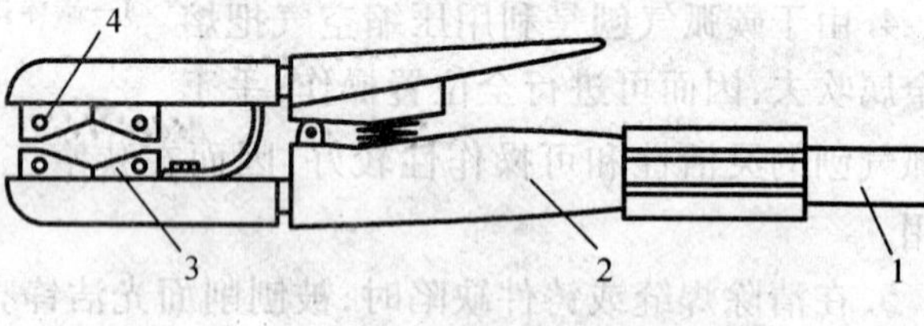

图 3-4 侧面送气气刨枪结构示意图

1—电缆气管；2—气刨枪体；3—喷嘴；4—喷气孔

缺点：只能向左或右单一方向进行气刨。

2. 圆周送气气刨枪

圆周送气气刨枪只是枪嘴的结构与侧面送气气刨枪有所不同。圆周送气气刨枪嘴结构如图 3-6 所示。圆周送气气刨枪的优点是：喷嘴外部与工件绝缘，压缩空气由碳棒四周喷出。碳棒冷却均匀，适合在各个方向操作。缺点是：结构比较复杂。

三、碳棒

碳棒是由碳、石墨加上适当的黏合剂，通过挤压成形，烘烤后镀一层铜而制成。碳棒主要分圆碳棒、扁碳棒两种，其中圆碳棒最常用。对碳棒的要求是耐高温，导电性良好，不易断裂，使用时散发烟雾及粉尘少。

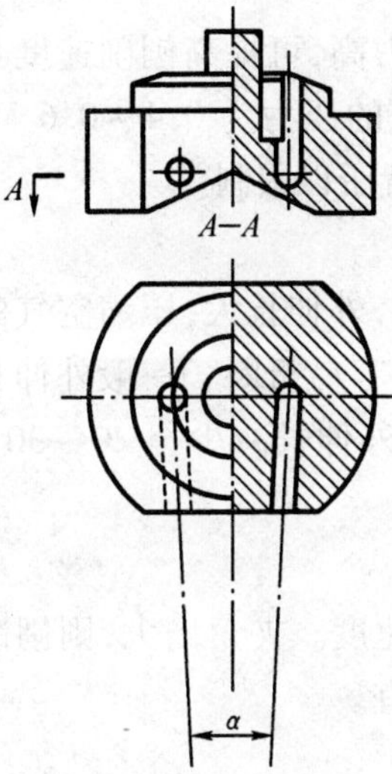

图 3-5　侧面送气气刨枪嘴结构示意图

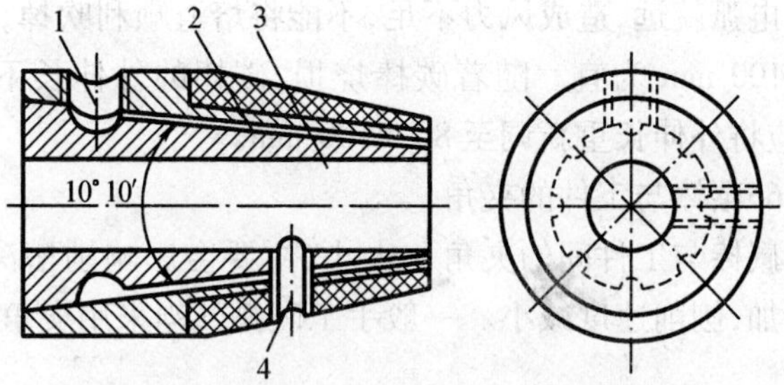

图 3-6　圆周送气气刨枪嘴结构示意图

1—电缆气管的螺孔；2—气道；
3—碳棒孔；4——紧固碳棒的螺孔

任务三　碳弧气刨工艺

一、碳弧气刨工艺参数

1. 电源极性

碳弧气刨一般采用直流反接（工件接负极）。这样电弧稳定，熔化金属的流动性较好，凝固温度较低，因此反接时刨削过程稳定，电弧发出连续的唰唰声，刨槽宽窄一致，光滑明亮。若极性接错，电弧不稳且发出断续的嘟嘟声。

2. 电流与碳棒直径

电流与碳棒直径成正比关系，一般可参照下面的经验公式选择电流。

电流与碳棒直径的关系：

$$I = (30 \sim 50)D$$

对于一定直径的碳棒，如果电流较小，则电弧不稳，且易产生夹碳缺陷；适当增大电流，可提高刨削速度，刨槽表面光滑、宽度增大。在实际应用中，一般选用较大的电流，但电流过大时，碳棒烧损很快，甚至碳棒熔化，造成严重渗碳。碳棒直径的选择主要根据所需要的刨槽宽度而定，碳棒直径越大，则刨槽越宽。一般碳棒直径应比所要求的刨槽宽度小 2 ~ 4 mm。

3. 刨削速度

刨削速度对刨槽尺寸，表面质量和刨削过程的稳定性有一定的影响。刨削速度需与电流大小和刨槽深度（或碳棒与工件间的夹角）相匹配。刨削速度太快，易造成碳棒与金属短路、电弧熄灭，形成夹碳缺陷。一般刨削速度为 0.5 ~ 1.2 m/min 左右为宜。

4. 压缩空气压力

压缩空气的压力会直接影响刨削速度和刨槽表面质量。压力高,可提高刨削速度和刨削表面质量。压力低,则造成刨槽表面粘渣,一般要求压缩空气的压力为0.4~0.6 MPa。压缩空气所含水分和油分可通过在压缩空气的管路中加过滤装置予以限制。

5. 碳棒的外伸长

碳棒从导电嘴到碳棒端点的长度为外伸长,手工碳弧气刨时,外伸长大,压缩空气的喷嘴离电弧就远,造成风力不足,不能将熔渣顺利吹掉,而且碳棒也容易折断。一般外伸长为80~100 mm为宜。随着碳棒烧损,碳棒的外伸长不断减少,当外伸长减少至20~30 mm时,应将外伸长重新调至80~100 mm。

6. 碳棒与工件的夹角

碳棒与工件间的夹角α大小,主要会影响刨槽深度和刨削速度。夹角增大,则刨削深度增加,刨削速度减小。一般手工碳弧气刨采用交角45°左右为宜。

二、常见的缺陷及排除措施

1. 夹碳

刨削速度和碳棒送进速度不稳,造成短路熄弧,碳棒粘在未熔化的金属上,易产生夹碳缺陷。夹碳缺陷处会形成一层含碳量高达6.7%硬脆的碳化铁。若碳残存在坡口中焊后易产生气孔和裂纹。

排除措施:夹碳主要是操作不熟练造成的,因此应提高操作技术水平。在操作过程中要细心观察,及时调整刨削速度和碳棒送进速度。发生夹碳后,可用砂轮、风铲或重新用气刨将夹碳部分清除干净。

2. 粘渣

碳弧气刨吹出的物质俗称为渣。它实质上主要是氧化铁和碳化铁等化合物,容易粘在刨槽的两侧而形成粘渣,焊接时容易形成气孔。

排除措施:粘渣的主要原因是压缩空气压力偏小。发生后可用钢丝刷、砂轮或风铲等工具将其清除。

3. 铜斑

碳棒表面的铜皮成块剥落,熔化后集中熔敷到刨槽表面某处而形成铜斑。焊接时,该部位焊缝金属的含铜量可能增加很多而引起热裂纹。

排除措施:碳棒镀铜质量不好、电流过大都会造成铜皮成块剥落而形成铜斑。因此,应选用好的碳棒和选择合适的电流。发生铜斑后,可用钢丝刷、砂轮或重新用气刨将铜斑清除干净。

4. 刨槽尺寸和形状不规则

在碳弧气刨操作过程中,有时会产生刨槽不正,深浅不均匀甚至刨偏的缺陷。

排除措施:产生这种缺陷的主要原因是操作技术不熟练,因此应从以下几个方面改善操作技术:a. 保持刨削速度和碳棒送进速度稳定;b. 在刨削过程中,碳棒的空间位置尤其是碳棒夹角应合理且保持稳定;c. 刨削时应集中注意力,使碳棒对准预定刨削路径。在清焊根时,应将碳棒对准装配间隙。

任务四　碳弧气刨操作规程与安全操作要求

一、碳弧气刨前的准备

1. 清理工作场地,在 10 m 范围内应无易燃、易爆物品。

2. 碳弧气刨前应做如下检查。

(1)电源线及接地(焊件)线连接应牢固。自动碳弧气刨时,信号(电弧电压)线应可靠地接在焊件上。

(2)气路连接应可靠、畅通、无泄漏现象,仪表完好。

(3)采用自动碳弧气刨时,小车导轨与焊件气刨线应平行。

(4)当气刨环缝时,液轮架运转应可靠,且不跑偏。

(5)碳弧气刨的电源极性、碳棒直径、气刨电流、行走速度、压缩空气的压力及碳棒的伸出长度等应符合工艺要求。

(6)对于需要预热的材料,在气刨前应按相应的焊接工艺要求进行预热。

二、碳弧气刨操作规程

1. 根据碳棒直径选择并调节好电流,使气刨枪夹紧碳棒并调节外伸长 80 ~ 100 mm 左右;打开气阀并调节好压缩空气流量,使气刨枪气口和碳棒对准待刨部位。

2. 通过碳棒与工件轻轻接触引燃电弧。开始时,碳棒与工件的夹角要小,逐渐将夹角增大到所需的角度。在刨削过程中,弧长、刨削速度和夹角大小三者适当配合时,电弧稳定、刨槽表面光滑明亮;否则电弧不稳、刨槽表面可能出现夹碳和粘渣等缺陷。

3. 垂直位置时,应由上向下操作,这样重力的作用有利于除去融化金属;在平位置,即可从左向右,也可从右向左操作;在仰位置时,熔化金属由于重力的作用很容易落下,这时应防止熔化金属烫伤操作人员。

4. 碳棒与工件之间的夹角由槽深而定,刨削要求深,夹角就应大一些。然而,一次刨削的深度越大,对操作人员的技术要求越高,且易产生缺陷。因此,刨槽较深时,往往要求刨削 2 ~ 3 次。

5. 要保持均匀的刨削速度。均匀清脆得嘶嘶声表示电弧稳定,能得到光滑均匀的刨槽。速度太快易短路;太慢易断弧。

三、碳弧气刨安全操作要求

1. 操作者应穿戴好必要的劳动保护用品。

2. 碳弧气刨时不准用氧气代替压缩空气。

3. 不允许把碳弧气刨枪浸在水中冷却。

4. 工作场地应通风良好,尤其是在容器内操作时,必须加强通风,排除烟尘。

项目三 埋弧焊安全与防护技术

任务一 埋弧焊原理及特点

一、埋弧焊原理

一般电弧焊的焊接过程是：引燃电弧阶段；均匀移动电弧并保持电弧稳定燃烧的焊接阶段；停止移动、填满弧坑、熄弧即结束三个阶段。

埋弧自动焊过程如图 3－7 焊剂斗、焊丝动作开关、小车动作开关、启动、停止开关及仪表装置均设在焊接小车的控制盘上。焊剂斗挂在焊接小车上。调整、点动焊丝使之与焊件坡口对中并接触良好，打开焊剂斗铺撒焊剂适量，启动焊机电源，电流通过导电嘴传到焊丝并与焊件产生电弧，焊丝经送丝轮均匀输送，保持电弧稳定燃烧，焊接小车匀速行走，电弧稳定地向前移动，注意保证各仪表数值稳定，焊剂铺撒通畅均匀至终点停止，回收焊剂，敲开焊渣，便是已成形的焊缝。

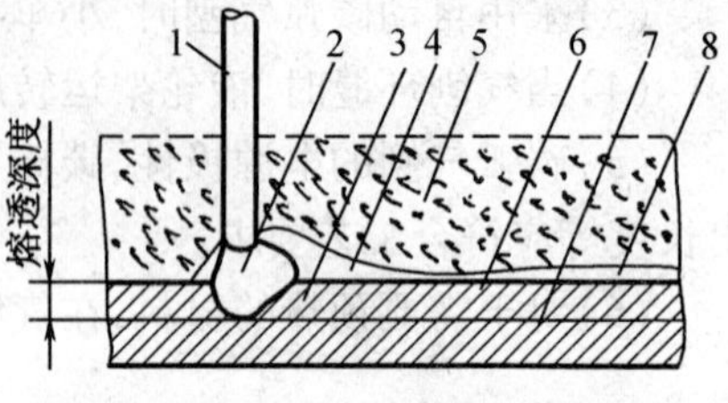

图 3－7 埋弧自动焊过程示意图

1—焊丝；2—电弧；3—熔池；4—焊缝；5—焊剂；6—熔渣；7—焊件；8—焊渣

二、埋弧焊特点

1. 埋弧自动焊的主要特点

（1）生产效率高

焊接时，电弧将电能转换为热能而做功，当焊接电流和电流密度提高时，电弧的熔深和焊丝的熔敷效率都会大大地提高。由于焊接电流密度增大，电弧的熔深显著增加热效应大的特点，在实际生产中对钢板厚度 16 mm 以下的对接焊缝不开坡口采用双面埋弧自动焊已是很成熟的焊接工艺，因为不开坡口可熔透从而减少焊缝的填充金属，节约了焊接材料和电能，与焊条电弧焊相比还没有飞溅与焊条头的损失。

（2）焊接质量好

因埋弧焊电弧受到焊剂良好的保护，其隔离空气的效果远比焊条电弧焊好，焊缝金属的含氧量含氮量大大降低。熔池存在时间长，液态金属与熔化的焊剂间有较长时间进行冶金反应，减少了焊缝中产生气孔、裂纹等缺陷的可能性。又因熔深大而不易产生未焊透、夹渣。焊缝表面成形光顺平直均匀。

焊接过程稳定，排除人为因素的影响，只要焊接参数和工艺正确，埋弧自动焊的质量是可以得到保证的。

（3）焊接变形小

埋弧自动焊热量集中，焊接速度快，焊件受热均匀，焊接层数少焊接变形小。

（4）改善劳动条件

焊接过程的自动化和大的焊接功率使焊工劳动强度降低，另外，埋弧焊有毒气体较少，同时消除了弧光辐射的危害,改善劳动条件。

由于埋弧自动焊的特点特别适用于中厚板金属结构的长焊缝的焊接,在造船,锅炉,压力容器,桥梁,车辆,核电站,海洋结构等制造部门中得到广泛的应用,是现在焊接生产中普遍使用的高效焊接方法之一。在某些有特殊要求如阀门、轧辊、核电站、压力容器等构件采用特制的焊丝、焊带和焊剂用埋弧焊堆焊具有耐磨、耐腐蚀要求的表面层,因焊接质量稳定,焊后变形小也是经常采用的。用于焊接镍基合金,铜合金也比较理想。

与焊条电弧焊相比其局限性有:

目前埋弧自动焊只适用于直线、正圆的平面位置,使用范围受到限制。国外也有研究用特殊装置和焊剂实现横、立、仰位置的埋弧焊但应用均不普遍。

由于焊剂主要是MnO,SiO_2等金属和非金属氧化物而难以用来焊接铝,钛等氧化性强的金属。

对焊件的预处理,装配质量要求较高,辅助准备时间长。对现场条件有一定的要求,不如焊条电弧焊方便。

当焊接电流过小时,焊接电弧不太稳定所以薄板焊接难度较大。

任务二　埋弧焊设备

一、埋弧焊电源

埋弧焊电源可以用交流(弧焊变压器)、直流(弧焊发电机或弧焊整流器)或交直流并用。要根据具体的应用条件,如焊接电流范围、单丝焊或多丝焊、焊接速度、焊剂类型等选用。

一般直流电源用于小电流范围、快速引弧、短焊缝、高速焊接,所采用焊剂的稳弧性较差及对焊接工艺参数稳定性有较高要求的场合。采用直流电源时,不同的极性将产生不同的工艺效果。当采用直流正接(焊丝接负极)时,焊丝的熔敷率最高;采用直流反接(焊丝接正极)时,焊缝熔深最大。

采用交流电源时,焊丝熔敷率及焊缝熔深介于直流正接和反接之间,而且电弧的磁偏吹最小。因而交流电源多用于大电流埋弧焊和采用直流时磁偏吹严重的场合。一般要求交流电源的空载电压在65 V以上。

为了加大熔深并提高生产率,多丝埋弧自动焊得到越来越多的工业应用。目前应用较多的是双丝焊和三丝焊。多丝焊的电源可用直流或交流,也可以交、直流联用。双丝埋弧焊和三丝埋弧焊时焊接电源的选用及连接有多种组合。

二、埋弧焊机

埋弧焊机分为自动焊机和半自动焊机两大类。

1. 半自动埋弧焊机

半自动埋弧焊机的主要功能如下。

(1)将焊丝通过软管连续不断地送入电弧区;

(2)传输焊接电流;

(3)控制焊接启动和停止;

(4)向焊接区铺施焊剂。

因此它主要由送丝机构、控制箱、带软管的焊接手把及焊接电源组成。软管式半自动埋弧焊机兼有自动埋弧焊的优点及手工电弧焊的机动性。在难以实现自动焊的工件上(例如中心线不规则的焊缝、短焊缝、施焊空间狭小的工件等),可用这种焊机进行焊接。

2. 自动埋弧焊机

自动埋弧焊机的主要功能是:

(1)连续不断地向焊接区送进焊丝;

(2)传输焊接电流;

(3)使电弧沿接缝移动;

(4)控制电弧的主要参数;

(5)控制焊接的启动与停止;

(6)向焊接区铺施焊剂;

(7)焊接前调节焊丝端位置。

常用的自动埋弧焊机有等速送丝和变速送丝两种。它们一般都由机头、控制箱、导轨(或支架)以及焊接电源组成。等速送丝自动埋弧焊机采用电弧自身调节系统;变速送丝自动埋弧焊机采用电弧电压自动调节系统。

自动埋弧焊机按照工作需要,做成不同的形式。常见的有焊车式、悬挂式、机床式、悬臂式、门架式等。使用最普遍的是 MZ—1000 焊机,该焊机为焊车式。MZ—1000 焊机采用电弧电压自动调节(变速送丝)系统,送丝速度正比于电弧电压。

三、埋弧焊辅助设备

埋弧焊时,为了调整焊接机头与工件的相对位置,使接缝处于最佳的施焊位置或为达到预期的工艺目的,一般都需有相应的辅助设备与焊机相配合。埋弧焊的辅助设备大致有以下几种类型。

1. 焊接夹具

使用焊接夹具的目的在于使工件准确定位并夹紧,以便于焊接。这样可以减少或免除定位焊缝并且可以减少焊接变形。有时为了达到其他工艺目的,焊接夹具往往与其他辅助设备联用,如单面焊双面成型装置等。

2. 工件变位设备

这种设备的主要功能是使工件旋转、倾斜、翻转以便把待焊的接缝置于最佳的焊接位置,达到提高生产率、改善焊接质量、减轻劳动强度的目的。工件变位设备的型式、结构及尺寸因焊接工件而异。埋弧焊中常用的工件变位设备有滚轮架、翻转机等。

3. 焊机变位设备

这种设备的主要功能是将焊接机头准确地送到待焊位置,焊接时可在该位置操作;或是以一定速度沿规定的轨迹移动焊接机头进行焊接。这种设备也叫作焊接操作机。它们大多与工件变位机、焊接滚轮架等配合使用,完成各种工件的焊接。基本形式有平台式、悬臂式、伸缩式、龙门式等几种。

4. 焊缝成形设备

埋弧焊的电弧功率较大,钢板对接时为防止熔化金属的流失和烧穿并促使焊缝背面成形,往往需要在焊缝背面加衬垫。最常用的焊缝成形设备除前面已提到的铜垫板外,还有焊剂垫。焊剂垫有用于纵缝的和用于环缝的两种基本型式。

5. 焊剂回收输送设备

用来在焊接中自动回收并输送焊剂，以提高焊接自动化的程度。采用压缩空气的吸压式焊剂回收输送器可以安装在小车上使用。

任务三　焊丝和焊剂

一、埋弧自动焊焊剂的作用

(1)焊接时覆盖焊接区，防止空气中氮、氧等有害气体侵入熔池。焊后熔渣覆盖在焊缝金属层上，减缓了焊缝金属的冷却速度，改善焊缝的结晶状况及气体逸出的条件，从而减少气孔。

(2)焊缝金属渗入合金，改善了焊缝的化学成分提高了力学性能。焊接低碳钢和普通低合金钢时，焊缝的力学性能主要通过焊剂和焊丝的渗合金获得(渗合金元素是锰和硅)。为此，焊剂中应含有足够数量的氧化锰和二氧化硅。

(3)防止焊缝中产生气孔和裂纹。焊剂中含有一定数量的萤石，它有去氢作用，防止焊缝中产生氢气孔。另外，焊剂中的萤石和氧化锰对熔池金属有去硫作用，可防止焊缝中产生裂纹。

二、焊剂牌号的含义

1. 熔炼焊剂，见表 3-9，3-10。

表 3-9　熔焊剂牌号中第一位数字含义

焊剂牌号	焊剂类型	w(MnO)/%
HJ1××	无锰	>2
HJ2××	低锰	2~15
HJ3××	中锰	15~30
HJ××	高锰	>30

表 3-10　熔炼焊剂牌号中第二位数字含义

焊剂牌号	焊剂类型	w(SiO_2)/%	w(CaF_2)/%
HJ×1×	低硅低氟	<10	<10
HJ×2×	中硅低氟	10~30	<10
HJ×3×	高硅低氟	>30	<10
HJ×4×	低硅中氟	<10	10~30
HJ×5×	中硅中氟	10~30	10~30
HJ×6×	高硅中氟	>30	10~30
HJ×7×	低硅高氟	<10	>30
HJ×8×	中硅高氟	10~30	>30

牌号前“ HJ ”表示埋弧焊用熔炼焊剂。

牌号中第一位数字表示焊剂中氧化锰的含量。

牌号中第二位数字表示二氧化硅、氟化钙的含量。

牌号中第三位数字表示同一类型焊剂的不同牌号,按 0,1,2,…,9 顺序编排。

同一牌号生产两种颗粒度时,在细颗粒焊剂号后面加×。

举例:

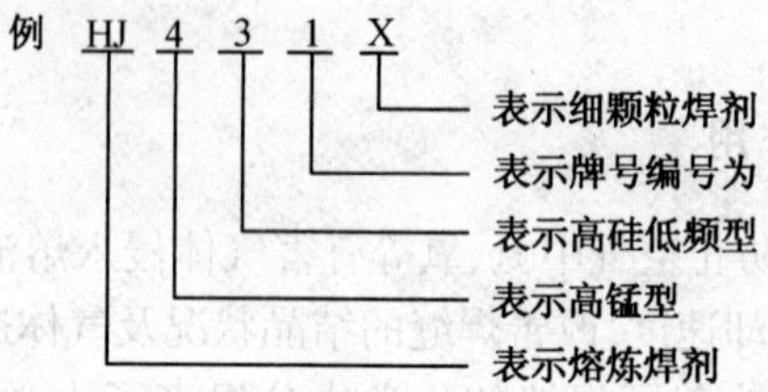

2. 烧结焊剂,见表 3-11。

表 3-11 烧结焊剂牌号中第一位数字含义

焊剂牌号	熔渣渣系类型	主要组成范围(质量分数)/%
SJ1××	氟碱型	$CaF_2 \geqslant 15$ $CaO + MgO + MnO + CaF_2 > 50$ $SiO_2 \leqslant 20$
SJ2××	高铝型	$Al_2O_3 \geqslant 20$ $Al_2O_3 + CaO + MgO > 45$
SJ3××	硅钙型	$CaO + MgO + SiO_2 > 60$
SJ4××	硅锰型	$MgO + SiO_2 > 50$
SJ5××	铝钛型	$Al_2O_3 + TiO_2 > 45$
SJ6××	其他型	

牌号前“SJ”表示埋弧焊用烧结焊剂。

牌号中第一位数字:表示焊剂熔渣渣系的类型。

牌号中第二位、第三位数字:表示同一渣系类型焊剂中的不同牌号焊剂, 按 01 ,02,…,09 顺序编排。

三、焊丝、焊剂的使用与保管

(1)焊丝和焊剂应存放于干燥通风的室内,严防焊丝生锈及焊剂受潮。

(2)焊剂在使用前应经 250 ℃温度烘干 1~2 h(有特殊要求者除外)。

(3)焊丝在使用前盘入焊丝盘时应清除焊丝上的油污和锈蚀,带有油污、锈蚀、毛刺和压痕的焊丝不允许使用。

四、使用焊剂注意事项

(1)焊剂应妥善运输,防止破损,应存放在干燥的库房内,防止受潮。

(2)焊前焊接处应清除铁锈及油污。

(3)使用回收的焊剂,应清除其中的渣壳、碎粉及其他杂物,并与新焊剂混匀后使用。

(4)使用直流电源时,一般采用直流反接。

任务四　埋弧焊焊接工艺

通过调节焊接规范参数可调节焊缝的形状、成形系数和熔合比,埋弧自动焊的焊接参数主要有焊接电流、电弧电压、焊接速度,焊丝直径、焊丝伸出长度等。

另外焊件、焊丝的倾斜程度等也会对焊缝的形状等带来影响。

1. 焊接电流

焊接电流对焊缝成形的影响如图3-8所示。当其他条件不变,增加焊接电流,焊缝熔深增加,焊缝余高增加,而焊缝宽度变化不大。

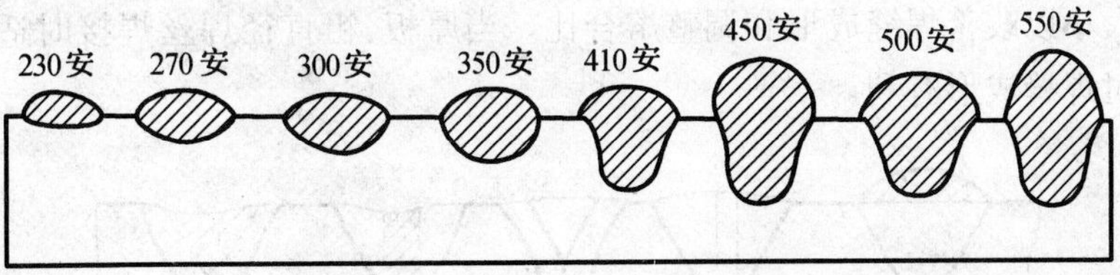

图3-8　焊接电流对焊缝成形的影响

随着焊接电流的增加焊缝熔深随之增加,焊接电流与焊缝熔深存在近似正比的关系:熔深 $=K_mI$,K_m 为熔深系数与焊接电流种类,极性,焊丝直径,焊剂成分有关。

2. 电弧电压

电弧电压是焊接时电弧长度的量化,其数值与电弧长度成正比关系。

电弧电压是根据焊接电流而确定的,即一定的焊接电流要保持一定范围的电弧长度以保证电弧的稳定燃烧,所以,电弧电压的调节范围是有限的,应综合焊接电流、焊接速度及焊件具体情况确定。

3. 焊接速度

焊接速度对焊缝成形的影响明显,焊缝的熔深、熔宽随焊接速度变化而变化,焊接速度快焊缝熔深、熔宽小,焊接速度慢焊缝熔深、熔宽大。

为提高生产率,根据埋弧自动焊的特点,当然希望尽量使用大的焊接速度,注意在提高焊接速度的同时要相应地提高焊接电流和电弧电压,才能满足焊缝的内部质量和规定的焊缝尺寸。焊接速度对焊缝成形的影响如图3-9所示。

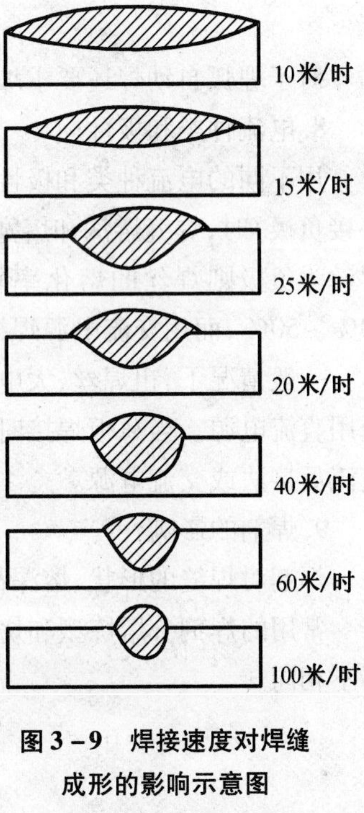

图3-9　焊接速度对焊缝成形的影响示意图

4. 焊丝直径

随着焊丝直径增大焊缝熔宽增加，当焊接电流不变而改变焊丝直径时，焊缝形状发生较大的变化。

5. 焊丝伸出长度

焊丝伸出长度是指焊丝从导电嘴伸出的长度，又叫干伸长。干伸长一般为焊丝直径的8~10倍左右。焊丝伸出长度过短会形成“挂渣”影响焊缝成形或烧坏导电嘴，当焊丝伸出长度过长，焊接电流通过产生的电阻热使其熔化速度加快，此时，焊丝的熔化量增多，余高增大，熔深略有减小，熔合比也减小，特别是小直径或电阻系数大的焊丝更为敏感。在某些形状特殊的构件焊接时，可采用加长导电嘴的办法以保证适当的焊丝干伸长。

6. 坡口与间隙

当其他条件不变时，坡口或间隙的尺寸越大，焊缝余高越小，此时的熔合比减小，从横截面上看相当于整个焊缝空间位置下降，如图3-10所示。因此，调整坡口角度可用来控制焊缝余高的大小以改善焊缝成形和调整熔合比。当厚板，粗直径焊丝焊接时适当的间隙可增加熔深并对焊缝成形有利。

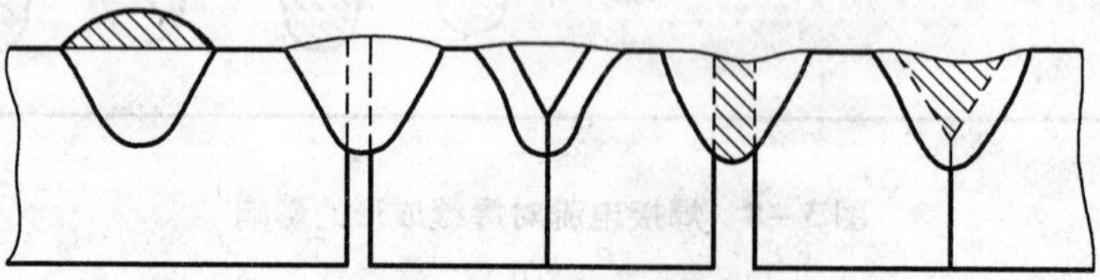

图3-10 间隙和坡口对焊缝形状的影响示意图

对于埋弧自动焊还要求坡口角度、间隙一致不能有突变现象存在。

8. 电流种类和极性

用不同的电流种类和极性施焊所得到的焊缝形状和尺寸是不同的。如直流反接极（工件接负极）时，焊缝熔深和熔宽都要比直流接正极大而熔敷率小，而当直流正接极焊接时，焊丝为负极则焊丝的熔化率较大而熔深较浅。直流反接极时的熔深比接正极时大约大40%~50%，而用交流电源焊接时的熔深介于两者之间。

一般情况下，粗焊丝、大电流焊接时可选用交流电源；细焊丝、小电流、快速度焊接时宜选用直流电源。当薄板焊接时选用直流电源正极接可有效地防止焊穿；厚板焊接则应采用直流反接法或交流电源。

9. 焊剂的影响

焊剂对焊缝的形状、熔深都有影响，并影响到接头的使用性能。

常用的焊剂分熔炼型和烧结型两大类，它们的焊接工艺性能和对焊缝力学性能的影响都不相同。

任务五　埋弧自动焊安全操作技术

良好而充分的焊前准备是埋弧自动焊安全操作的基本保证。由于埋弧自动焊的连续性和快速性，必须在施焊开始前对焊接相关问题做全面的准备。

(1)焊件的坡口尺寸、钝边、及装配尺寸必须满足GB 986—88《埋弧焊焊缝坡口的基本形式和尺寸》及相关的技术要求并检查其清洁状况。对局部超差处应在焊前处理完毕。

(2)焊缝两端必须装有牌号、厚度与焊件相同的一定尺寸的引弧板。

(3)对定位焊缝的检查，应无缺陷并满足规定的尺寸，长度要求。

(4)焊机，辅助设备等必须处在良好的运行状态，焊接回路电缆连接牢固仪表应定期检测。

(5)焊丝清洁，焊剂按规定严格焙烘使用，HJ431焊剂在焊前烘焙250 ℃(2 h)。

(6)对无预设功能的焊机，应先在焊接试板调试好焊接规范参数再上产品施焊。

(7)剪去焊丝中已锈的部分。

(8)试件坡口两侧20 mm范围内清除油、锈、氧化皮等污物。

(9)适当烘干坡口两侧的湿气。

埋弧焊机的维护保养和安全操作技术要求如下：

(1)按外部接线图正确接线，外接网路电压与设备要求电压相一致。

(2)弧焊电源、控制箱和机头的接地线要可靠。

(3)外接电缆要有足够的容量和良好的绝缘，连接部螺母要拧紧，带电部件绝缘情况要经常检查。

(4)经常注意电气元件触点情况，如有烧损情况应及时更换。

(5)要经常注意送丝滚轮运行情况，如发现显著磨损时，应立即调换。

(6)要经常检查和定期更换送丝机构和自动焊车减速箱内的润滑油。

(7)经常检查焊嘴与焊丝的接触情况，若接触不良，必须更换。

(8)接通三相电源时，应注意电动机转向，若转向相反，则应及时调整三相电源接线。

(9)控制线和电缆不应有过多弯曲。

(10)要保证焊机在运用过程中各部分动作灵活、可靠，特别是机头部分应避免焊剂、渣壳碎末堵塞活动构件，为此要经常保持清洁、注意保养。

(11)要经常或定期校对电流表、电压表等仪表。

(12)焊机的控制箱外壳和接线板的防护罩必须盖好，防止触电及短路事故。

(13)焊接过程中防止焊剂中混入异物(如渣壳)等，导致阻塞焊剂引起弧光裸露；

(14)敲渣壳时要戴防护眼镜，防止渣粒飞出损伤眼睛。

项目四　二氧化碳气体保护焊安全与防护技术

任务一　认知二氧化碳气体保护焊

一、二氧化碳气体保护焊原理

二氧化碳气体保护焊(简称 CO_2 焊),是利用从喷嘴中喷出的二氧化碳气体隔绝空气,保护熔池的一种先进的熔焊方法。这种焊接方法比手工电弧焊有着明显的优越性,如图 3－11 所示。

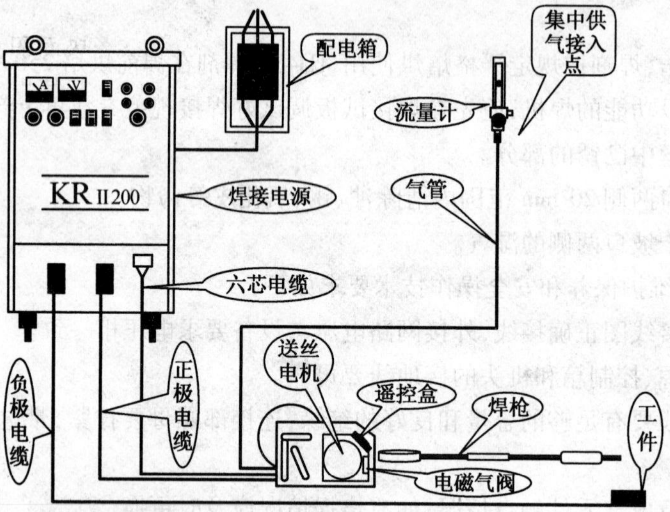

图 3－11　二氧化碳气体保护焊示意图

二、二氧化碳气体保护焊的分类

CO_2 分类
- 按焊丝直径分
  - 细丝 CO_2 焊($\phi < 1.6$ mm)
  - 粗丝 CO_2 焊($\phi \geq 1.6$ mm)
- 按气体成分分
  - 纯 CO_2 焊
  - 混合气体保护焊
    - $CO_2 + O_2$
    - $CO_2 + Ar$
    - $CO_2 + Ar + O_2$
- 按操作方法分
  - 半自动 CO_2 焊
    - 拉丝
    - 推丝
    - 推拉丝
  - 自动 CO_2 焊
- 按焊丝种类分
  - 实芯焊丝 CO_2 焊
  - 药芯焊丝 CO_2 焊

三、二氧化碳气体保护焊的特点

1. 实芯焊丝 CO_2 气体保护焊的特点

CO_2 气体保护焊与其他焊接方法相比较,具有下述特点:

(1)效率高　电流密度大,焊丝熔化速度快,熔敷率高,生产效率高。

(2)成本低　CO_2 气体来源广,价格低廉;材料电能消耗少,焊接材料成本仅是埋弧焊和焊条电弧焊的一半以下。

(3)对各种板厚均可焊接　熔滴用短路过渡可焊接 1 mm 左右的钢板,也可用射流过渡(加适量的氢)焊接中厚板,如采用多层焊钢板厚度几乎不受限制。

(4)可用于多种金属材料的焊接　不仅可用于低碳钢的焊接,也能焊接低合金钢;在某些情况下还可以焊接耐热钢、不锈钢、耐磨零件的堆焊、铸钢件的补焊以及异种材料的焊接。

(5)焊接应力和变形小　由于电弧热量集中,焊接速度快,受热面积小,同时 CO_2 气流对电弧具有较强的冷却作用,因此,热影响区窄,焊接应力和变形小,特别适用于薄板焊接,并且焊后火工校正工作量大大减小。角变形为千分之五,不平度只有千分之三。

(6)抗裂性好　CO_2 气体在高温时具有强烈的氧化性,可减少熔池中游离态氢的含量,所以,焊缝金属含氢量低,接头的力学性能好。

(7)明弧焊接,操作简便　可以直接观察电弧和熔池的情况,因此,可进行全位置焊接,并便于实现自动化。

但二氧化碳气体保护焊也有不足之处,如:

(1)实芯焊丝 CO_2 焊飞溅较大。

(2)焊缝成型较差。

(3)弧光强。

(4)不能用交流焊接电源。

(5)与焊条电弧焊相比设备较复杂。

(6)若在 2 m/s 以上风速的环境下施焊,必须采取防风措施。

(7)不能焊接易氧化的有色金属等。

2. 药芯焊丝 CO_2 气体保护焊的特点

药芯焊丝是冷轧薄钢带,经轧机纵向折叠加粉剂后拉拔成所需规格直径的焊丝。因此,药芯焊丝具有焊条的部分特点。药芯焊丝 CO_2 气体保护既有 CO_2 气体保护焊的特点,又有焊条电弧焊的特点,显然它采取了气－渣联合保护,从而基本上克服了实芯焊丝 CO_2 焊飞溅大、成形差、焊缝中易产生气孔等不足。与实芯焊丝 CO_2 气体保护焊比较,药芯焊丝 CO_2 气体保护焊有下述特点:

(1)电弧稳定,飞溅小,且飞溅颗粒细小,易于清理;熔池表面覆有熔渣,因此焊缝成形美观。

(2)生产效率高,是焊条电弧焊的 3～5 倍。

(3)对钢材的适应性强,只需调整焊芯中的粉剂成分就可焊接和堆焊不同成分的钢材,故克服了实芯焊丝 CO_2 气体保护焊适应性不足的一面。

(4)由于熔池受到气－渣双重保护,所以抗气孔能力比实芯焊丝强。

(5)对焊接电源无特殊要求,直流反极性电源和交流电源,平特性或陡降外特性电源均可使用。

(6)焊接电流及电弧电压的选择范围更宽,焊接电流按焊丝直径不同,可在 200~700 A 之间选择,电弧电压在 25~35 V 之间选择。

药芯焊丝 CO_2气体保护焊的主要不足是焊丝制造比较复杂,送丝较实芯焊丝困难,焊丝外表面容易锈蚀,粉剂容易吸潮。所以开包后应尽快用完,否则粉剂中吸收的水分将会在焊接时引起气孔并使焊缝金属的韧性显著降低。

3. $CO_2 + O_2$混合气体保护焊的特点

$CO_2 + O_2$混合气体保护焊和纯 CO_2气体保护焊相比有如下特点:

(1)熔敷速度高,熔深大　CO_2气体中加入一定量的 O_2后,氧化反应加剧,因而放出更多的热量,使焊丝熔化率增加,同时熔池温度提高,熔深增大。厚板焊接时,可以减小坡口角度;而且 10~12 mm 厚的钢板,不开坡口亦可以一次焊透。因此,$CO_2 + O_2$混合气体保护焊是一种高效焊接方法。

(2)焊缝金属含氢量低　$CO_2 + O_2$混合气体的氧化性很强,必须配用具有强脱氧能力的焊丝(提高焊丝中的 Si,Mn 含量或加入 Ti,Al 等脱氧元素),当焊丝具有较强的脱氧能力时,可加入适量的 O_2。这样焊缝金属中总的含 O_2量并不至于增加,而 O_2的加入却降低了弧柱中游离氢和熔入液态金属中氢的浓度,因此焊缝金属中含氢量比纯 CO_2气体保护焊焊缝低,并具较强的抗氢气孔能力,接头的抗裂性更强。

(3)能采用大电流进行焊接　因电弧温度高,焊丝熔化率高,因此可以尽量增大焊接电流。采用大电流焊接时,电弧稳定、飞溅很小。由于熔池表面覆盖有较多的熔渣,焊缝表面成形较好。

4. 陶质衬垫 CO_2半自动单面焊特点

陶质衬垫 CO_2单面对接焊,是一种采用硅式陶质衬垫块衬在接缝反面,利用衬垫的耐高温性作反面焊缝成型的依托,并配以 CO_2半自动焊进行平、立、横位置焊,实现单面焊双面成型的一种高效焊接方法。CO_2单面对接焊工艺具有下述特点。

(1)焊接效率高,是焊条电弧焊的 4~6 倍以上,其衬垫安装拆除方便可靠,使用方便工艺简单。

(2)衬垫可进行一定程度的弯曲,因此可进行曲面分段拼板对接、分段中合龙对接。焊后,可减少其翻身工作量,即降低了对焊接场所空间高度要求,又节约了起重、吊运工时,还节省了分段堆放场地。

(3)对于船台总段大合龙对接缝,采用 CO_2单面焊后,可使大量的手工仰焊工作转化为平焊,既提高了焊接效率,又减轻了焊工劳动强度,且确保了焊接质量。

(4)基本上取消了焊缝背面的碳刨,节约了电能、焊接材料、工时等。更重要的是缩短了建造周期。

(5)焊接位置的适应性强,可进行全位置角接,对接缝及各种倾斜位置的焊接。

任务二　二氧化碳气体保护焊工艺

一、二氧化碳气体保护焊施工工艺条件

在二氧化碳气体保护焊施工中,由于各项工艺条件的不同,所得的焊缝外观、熔深,以及焊缝内部质量和接头力学性能也有很大的区别。所以正确选择二氧化碳气体保护焊的工艺参数

是该焊接方法的关键。二氧化碳气体保护焊的工艺参数有焊接电流、电弧电压、焊接速度、焊接回路电感值、焊丝伸出长度、气体流量、焊丝直径以及电源的极性等,如图 3－12 所示。

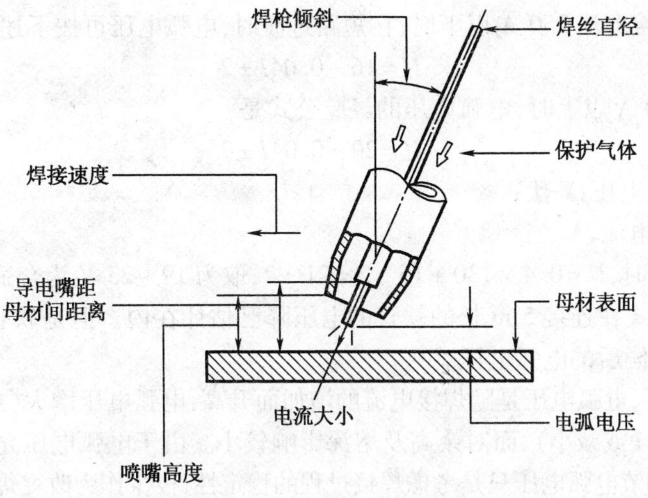

图 3－12　二氧化碳气体保护焊施工工艺条件

一、焊接工艺参数对焊接接头质量的影响

1. 焊接电流

焊接电流应根据焊件厚度、坡口形式、焊丝直径和所需熔滴过渡形式来确定。

细丝 CO_2焊焊接电流的大小,直接关系到焊接过程的稳定性、焊缝成形、焊接质量以及焊接生产率。通常细丝 CO_2焊在使用等速给送式时,电流的调节主要是通过改变焊丝的给送速度予以实现的。焊丝给送速度越快,焊接电流就越大,一般情况下,焊丝直径一定时,焊接电流的增加,使焊缝的熔深、熔宽、余高都有所增加,而以熔深增加最为明显。当焊接电流过大时,则易产生飞溅、焊穿及气孔等缺陷;反之,焊接电流太小时,电弧不能连续燃烧,易出现未焊透或成形不良等问题。

2. 电弧电压

电弧电压是指从导电嘴到焊件之间的电压,它对于电弧的稳定性、焊缝成形、飞溅大小、短路过渡频率以及接头力学性能都有很大的影响。

正确选择和调整细丝 CO_2焊的电弧电压,必须与一定的焊丝直径和焊接电流相适应,允许的电弧电压波动只有 1 ~2 V。各种焊丝直径常用的焊接电流和电弧电压范围见表 3－12。

表 3－12　不同直径焊丝常用的焊接电流与电弧电压范围

焊丝直径 /mm	0.6	0.8	1.0	1.2	1.2	1.6	1.6	2.0	2.5	3.0	4.0
焊接电流 /A	30 ~ 70	50 ~ 100	70 ~ 120	90 ~ 150	160 ~ 350	140 ~ 200	200 ~ 500	200 ~ 600	300 ~ 700	400 ~ 800	450 ~ 800
电弧电压 /V	17 ~ 19	18 ~ 21	18 ~ 22	19 ~ 23	25 ~ 38	20 ~ 24	26 ~ 40	27 ~ 36	30 ~ 34	32 ~ 36	32 ~ 40

电弧电压过低，弧长过短，会引起焊丝插入熔池的现象，使飞溅增大，甚至引起焊接过程不稳定；电弧电压过高，弧长增大，短路频率很快下降，使熔滴粗大，飞溅的颗粒尺寸增大，金属飞溅增加，接头氧化性加剧。对使用平特性电源的 CO_2 焊，当所用的焊丝直径为 0.8～1.2 mm，焊接电流 250 A 以下时，在短路过渡时，电弧电压可按下述经验公式推算：

$$U = 16 + 0.04I \pm 2$$

焊接电流 250 A 以上时，电弧电压的经验公式是：

$$U = 20 + 0.04I \pm 2$$

式中 U——电弧电压，V 伏；

I——焊接电流，A。

例：$I = 130$ A 时，$U = 0.4 \times 130 + 16 \pm 2 = 21 \pm 2$，取为 19～23 V 为合适的电压。

另外，这个公式在连接 5 m 长的软管的电压降已估计在内。但是软管长度变动的情况下，有必要选用补偿后的电弧电压。

在一般情况下，电弧电压是随焊接电流的增加而升高，电弧电压增大(或减小)，对焊缝的宽度有明显的增大(或减小)，而对余高及熔深影响较小。由于电弧电压允许变化范围较小，所以细丝 CO_2 焊调节电弧电压只是考虑焊接过程的稳定性，极少作为改变焊缝成形的手段。

3. 焊接速度

焊接速度不仅影响到焊缝的单位线能量，焊缝形状尺寸，而且还关系到接头机械性能、裂缝和气孔等缺陷的产生。特别在焊接高强度钢和合金钢时，为了防止裂纹，保证焊缝的塑性和韧性，更需要选择合适的焊接速度，综合考虑线能量。

随着焊接速度增加，余高、熔宽和熔深都相应地减小；反之，焊接速度减小，则余高、熔宽、熔深相应增加。但焊接速度过慢，对薄板易焊穿；对较厚板熔深不但不会增加反而减小，因熔宽过大，熔池变大，电弧产生在熔池上面，电弧热难以到达焊缝根部和两边缘，容易产生熔合不良、满溢等缺陷；焊接速度过快，使焊接区的保护层受到破坏，同时焊缝的冷却速度加快，降低了接头的塑性，并使焊缝成形变差。

半自动焊接时，熟练的焊工的焊接速度为 18～36 m/h；自动焊时，焊接速度可高达 150 m/h。

总之，焊接电流、电弧电压和焊接速度三者要匹配恰当，才能获得良好的焊接质量和焊缝外形。

4. 焊接回路的电感值

电感值应根据焊丝直径和电弧电压来选择。不同直径焊丝的合适电感值见表 3－13。在短路过渡的细丝 CO_2 焊焊接时，调节电感的目的：一是为了调节电源的动特性，以保证焊接过程的稳定性；二是调节短路频率和燃弧时间，控制电弧的热量，以适合不同厚度的焊件焊接。若电感值过小，则使短路电流增长速度过快，会造成很细的颗粒飞溅，焊缝边缘不齐，成形不良；若电感值过大，则短路电流增长速度太慢，而使焊接过程不稳定，产生大颗粒飞溅以及熄弧，并造成引弧困难，易使焊丝成段地爆断。

表 3－13 不同直径焊丝合适的电感值

焊丝直径/mm	0.8	1.2	1.6
电感值/mH	0.01～0.08	0.10～0.16	0.30～0.70

在细丝CO_2半自动焊焊接时,一般先选好焊接电流,再调节电弧电压以得到最佳短路频率,最后调节电感量,使得飞溅最少,熔透适当。

5. 焊丝伸出长度

焊丝伸出长度是指焊丝伸出导电嘴的那段距离,又叫干伸长。一般焊丝中伸出长度是焊丝直径的10倍(5~15 mm范围内)。伸出长度过长,则焊丝电阻热增加,焊接电流变小,降低了熔池热量,容易引起未焊透,同时会使焊丝过热而熔断,造成焊接过程不稳定,飞溅严重,焊缝成形不良以及降低气体的保护效果等;伸出长度过短,则缩短了喷嘴与焊件之间的距离,使喷嘴过热,飞溅粘住和堵塞喷嘴,影响气体的流通,易出气孔,还会影响焊工对熔池的观察。

6. 气体流量

CO_2气体流量主要影响气罩保护的可靠性。当焊接电流较大,焊接速度较快,焊丝伸出长度较长以及在室外焊接时,气体流量必须随之加大。气体的流量正常的焊接时,200 A以下薄板焊接时,CO_2的流量为10~25 L/min。200 A以上厚板焊接,CO_2的流量为15~25 L/min。粗丝大规范自动焊为25~50 L/min。气体流量过小时,气体挺度不够,对熔池的保护作用减弱,而容易产生气孔等缺陷。气体流量过大时,对熔池的吹力增大,冷却作用加强,但是反而使保护气体紊乱,空气卷入,降低了保护效果。另外,CO_2气体过多时,在电弧作用下,分解出来的氧浓度增加,从而加大了熔池的氧化性,不仅降低了接头的机械性能,而且使焊缝表面失去光泽。

7. 电源极性

细丝CO_2焊普遍都采用直流反极性,这是因为焊件接负极时的电弧稳定性比接正极时高,而且飞溅也较小(熔滴受到的极点压力小),同时在CO_2气体保护下的电弧气氛中,有利于形成较多的阴离子,因此,阴极温度较高,使焊件熔透深度大。正极性时,焊丝接负极,这时焊丝的熔化速度要比接反极性时快1.5~1.6倍,且熔深浅。利用正极性接法,进行修补或堆焊工作,可以提高生产率。

8. 导电嘴孔径

细丝CO_2焊时,焊丝通过与导电嘴的摩擦接触传送焊接电流。由于二者不断地摩擦,使导电嘴的孔径磨损扩大。一般细丝CO_2焊导电嘴的孔径比焊丝直径大0.1~0.25 mm。当导电嘴孔径过大时,引起焊丝与导电嘴之间的接触不良,并使焊丝的导向失控,而影响焊接过程的稳定性,造成焊缝成形不良。但当导电嘴孔径过小时,会增大焊丝给送的阻力,造成送丝不均甚至导致焊丝在给送滚轮与软管进口之处产生卷曲或打结的现象。

任务三 焊接设备的使用、维护和保养常识

一、二氧化碳气体保护焊设备

1. 焊接电源

CO_2气体保护焊设备一般采用直流焊接电源。细丝焊接时电弧具有强的自调节作用,通常选用平特性或缓降特性的电源,配等速送丝机构。这种匹配可保证在受到外界干扰时,弧长迅速恢复,保证焊接工艺参数的稳定。这种匹配方式通过改变送丝速度可调节电流,改变电源外特性可改变电压,工艺参数的调节非常方便。

细丝CO_2气体保护焊一般采用短路过渡进行焊接,要求电源具有良好的动特性。要保证合适的短路电流峰值及短路电流的上升速度;电源要具有较大的空载电压上升速率。短路电流上升速率应能调节,以适应不同直径及成分的焊丝。目前,硅整流电源、晶闸管电源、逆变电源均能满足对空载电压上升速率的要求。但是,短路电流上升速率及短路电流峰值需要通过在焊接设备中串接一适当的电抗器来调节。新型的逆变式焊机普遍采用电子电抗器来调节短路电流上升速度。

粗丝CO_2气体保护焊一般采用均匀送丝机构配下特性的电源,采用弧压反馈调节来保持弧长的稳定。粗丝CO_2气体保护焊时一般是细颗粒过渡,采用直流反接,这种熔滴过渡对电源动特性无特殊要求,焊接回路中可不加电感。利用弧焊整流器作电源时,为了抑制输出电流的脉动性,并减少飞溅,通常也加上适当的电感。

2. 控制系统

控制系统有两部分,一部分是基本控制系统,另一部分是程序控制系统。基本控制系统包括:焊接电源输出调节系统、送丝速度调节系统、小车或行走速度调节系统和气体流量调节系统等。控制系统的作用是对焊接电流、电弧电压、送丝速度、行走机构等进行调节。程序控制系统控制提前送气、滞后停气、引弧、电流衰减、熄弧等。程序控制系统的主要作用如下:

(1)控制焊接设备的启动和停止;

(2)控制电磁气阀动作,实现提前送气和滞后停气,使焊接区受到良好的保护;

(3)控制水压开关动作,保证焊枪受到良好的冷却;

(4)控制引弧和熄弧;

(5)控制送丝和小车移动。

CO_2气体保护焊的熄弧方式有两种:焊丝反烧熄弧及电流衰减熄弧。焊丝反烧熄弧时,先停止送丝,电弧继续燃烧,弧长逐渐增大,经过一定时间后切断焊接电源,电弧熄灭。电流衰减熄弧时,首先使焊接电流及送丝速度衰减,防止焊丝与工件黏连,填满弧坑后再停止送丝并切断电源。

3. 送丝机构

CO_2气体保护焊过程中,送丝机构质量的好坏直接影响电弧燃烧的稳定性。特别是细丝CO_2气体保护焊,对送丝机构的要求更加严格。根据送丝方式的不同,送丝机构分为推丝式、拉丝式、推拉丝式和行星式四种类型。

送丝机构一般由送丝电动机、减速装置、送丝滚轮、送丝软管和焊丝盘等组成。

送丝机使用的注意事项:

(1)送丝机必须与规定的焊接电源和焊枪配套使用。

(2)送丝机与焊接电源、焊枪和供气系统的连接必须紧固、密封,否则易造成送丝机的损坏或焊接过程的不稳定。

(3)焊接工作中应避免金属飞溅物落在送丝机上,并注意及时清理。

(4)送丝机应避免受到外力的强烈撞击,不要在潮湿的地面上工作。

(5)不要用拉动焊枪的方式来移动送丝机,以免造成损坏。

(6)送丝轮和SUS导套帽应注意清理,磨损严重或损坏应及时更换。

(7)送丝机发生非使用故障时应请专业人员进行修理。

CO_2气体保护焊送丝系统故障原因及排除方法见表3-14。

表 3－14　CO_2 气体保护焊送丝系统故障原因及排除方法

常见故障	产生原因	排除方法
焊丝送进不均匀	1. 焊枪开关或控制线接触不良； 2. 送丝滚轮压力调整不当； 3. 送丝滚轮磨损； 4. 减速器故障； 5. 送丝软管接头处或内层弹簧松动或堵塞； 6. 焊丝绕线不好，时松时紧，或有弯曲； 7. 焊枪导电部分接触不良，导电嘴孔径大小不均匀	1. 检修拧紧； 2. 调整送丝滚轮压力； 3. 更新新滚轮； 4. 检修； 5. 清洗检修； 6. 换一盘焊丝或者重绕，调直焊丝； 7. 检修或换新
焊丝在送丝滚轮和导电杆进口管处打结	1. 导电嘴与焊丝熔合； 2. 导电嘴孔径太小，送丝不畅； 3. 导电杆进口离送丝轮太近； 4. 弹簧软管内经小或堵塞； 5. 送丝滚轮、导电杆与送丝管不同心	1. 更换导电嘴； 2. 更换导电嘴； 3. 缩短两者之间的距离； 4. 清洗或更换弹簧软管； 5. 调直
焊丝停止送进和送丝电机不转动	1. 送丝滚轮打滑； 2. 焊丝和导电嘴熔合； 3. 焊丝卷曲卡在焊丝进口管处； 4. 电动机碳刷磨损； 5. 电动机电源变压器被损； 6. 保险丝烧断	1. 调整送丝滚轮压紧力； 2. 更换导电嘴； 3. 推出焊丝，剪去一段焊丝； 4. 更换； 5. 检修或更换； 6. 换新

4. 焊枪

CO_2气体保护焊焊枪可用来进行手工操作（半自动焊）和自动焊（安装在机械装置上）。

半自动焊枪通常有两种形式；鹅颈式和手枪式。鹅颈式焊枪应用广泛，适合于细焊丝，使用灵活方便。典型的鹅颈式焊枪示意如图 3－13 所示。手枪式焊枪适合于较粗的焊丝，一般采用水冷方式。常用的手枪式焊枪的结构示意如图 3－14 所示。自动焊焊枪的基本构造与半自动焊焊枪相似，但其载流容量较大，工作时间较长，一般都采用水冷。

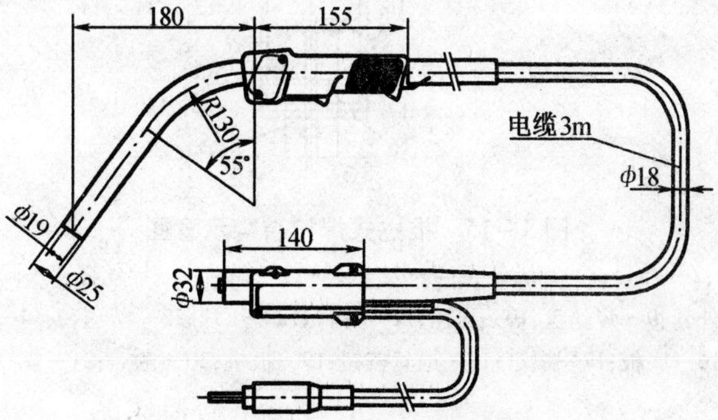

图 3－13　典型的鹅颈式焊枪示意图

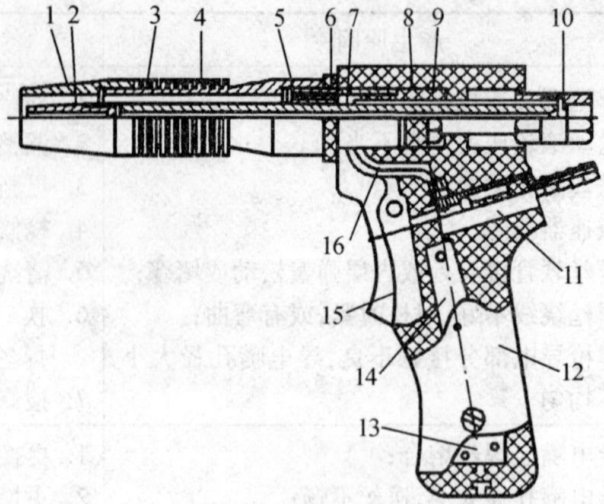

图 3-14 手枪式焊枪结构示意图

1—喷嘴;2—导电嘴;3—套筒;4—导电杆;5—分流环;
6—挡圈;7—气室;8—绝缘圈;9—紧固螺母;10—锁紧螺母;
11—球型气阀;12—枪把;13—退丝开关;14—焊丝;15—扳机;16—气管

除了推丝式焊枪外,有的焊枪装有小型送丝机构,通过送丝软管与焊丝盘相连。还有一种焊枪上不但装有小型送丝机构。还装有小型焊丝盘,质量约 5 kg,如图 3-15 所示。这种焊枪主要用于细丝焊和软焊丝(如铝焊丝)。由于推丝焊枪轻便、灵活,但难以长距离送丝,如果与拉丝焊枪结合起来,可以形成推拉式送丝方式。这样既保持了操作的灵活性,又有利于扩大工作范围。

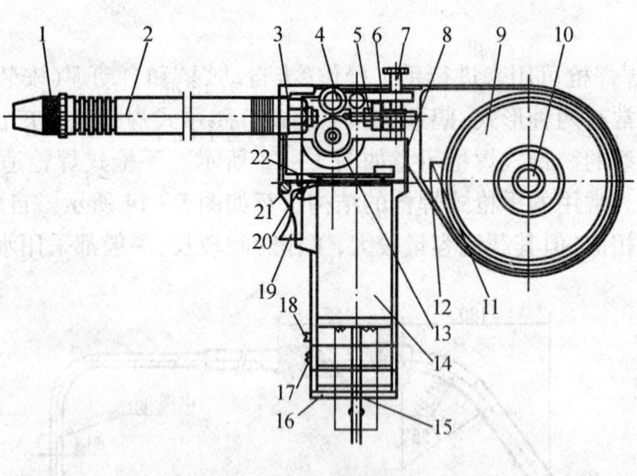

图 3-15 推拉式焊枪结构示意图

1—喷嘴;2—外套;3—绝缘外壳;4—送丝滚轮;5—螺母;6—导丝杆;7—调节螺杆;
8—绝缘外套;9—焊丝盘;10—压拴;11—螺钉;12—压片;13—减速箱;14—电动机;
15—螺钉;16—底板;17—螺钉;18—退丝按钮;19—扳机;20—触点;21—螺钉;22—螺钉

5. 气路系统

CO_2气体保护焊的供气系统和氩弧焊基本相同,除了一般气体保护焊气路系统中必须有的气瓶、减压阀、流量计、软管及气阀以外,CO_2气体保护的气路系统还需安装预热器及干燥器,如图3-16所示。

干燥器的选用根据CO_2气体纯度和对焊接质量的要求而定。一般情况下,只需安装高压干燥器。如果对焊缝质量的要求不高,也可不加干燥器。有的工厂将高干燥器和预热器做成一个整体,称为预热干燥器。

转子流量计一般用来测量CO_2气体的流量。

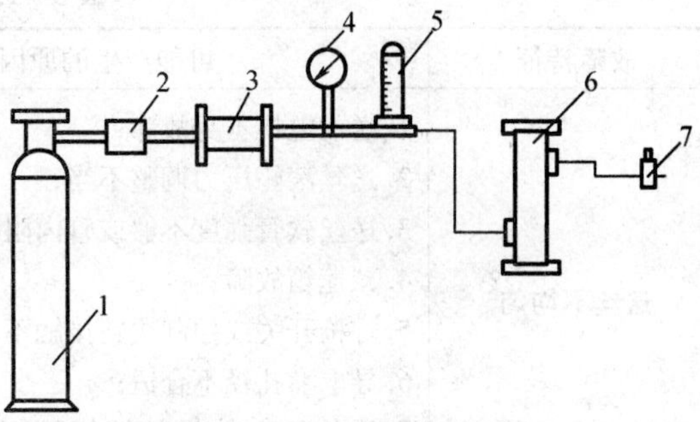

图3-16　气路系统示意图

1—气瓶;2—预热器;3—高压干燥器;4—气体减压阀;5—气体流量计;6—低压干燥器;7—气阀

6. 水路系统

水路系统通以冷却水,用于冷却焊炬及电缆。

四、气体保护焊机使用注意事项

(1)供电电源应连接可靠、网压正常稳定。

(2)综合线缆连接紧密可靠、盘绕有序、不打死弯。电缆线应选用足够截面积的铜制电缆。

(3)气瓶压力、气体流量应符合规范,加长综合电缆时最小气瓶压力、气体流量均应适当提高。

(4)注意保护焊枪,勿踩踏、防烧、防烫、保持枪体平顺。

(5)保证导电嘴完好,及时清理飞溅焊渣。

(6)加长综合线缆后,适当加大电弧力。

(7)加长综合线缆后,焊接电压在标准规范上适当增加。

(8)随综合线缆加长,最大输出电流应减小,暂载率应下降。

五、CO_2 气体保护焊焊机常见故障及其消除方法

CO_2气体保护焊焊机常见的故障及其消除方法见表3-15。

表3-15　CO_2 气体保护焊焊机常见的故障及其消除方法

故障特征	可能产生的原因	消除方法
当按启动开关时,送丝电动机不转	1. 电动机碳刷磨损; 2. 电动机电源变压器或自耦变压器损坏; 3. 电枢、激磁整流器损坏; 4. 控制继电器的触点烧损; 5. 调速电路故障; 6. 焊枪开关接触不良或控制线路断头; 7. 保险丝烧断	1. 换碳刷; 2. 检修或更换; 3. 换电枢、激磁整流器; 4. 换继电器或修理触点; 5. 检修; 6. 检修和接通线路; 7. 换熔断器

表 3-15(续)

故障特征	可能产生的原因	消除方法
送丝不均匀	1. 送丝电机本身故障; 2. 送丝滚轮压力调整不当; 3. 送丝软管强度不够或管内阻塞不畅; 4. 减速箱故障; 5. 焊枪开关或控制线路接触不良; 6. 导电嘴孔径不合适; 7. 焊丝盘上的焊丝缠绕不好,焊丝扭曲或变形	1. 检修电机; 2. 调整送丝压力; 3. 更换软管或清洗软管; 4. 检修; 5. 检修; 6. 更换孔径合适的导电嘴; 7. 一定要保证盘丝质量
焊丝在送丝辊轮和软管进口处卷曲或打结	1. 送丝辊轮离软管接头进口处太远; 2. 送丝辊轮压力太大,焊丝变形; 3. 送丝辊轮、软管接头和导丝接头不在一条直线上; 4. 导电嘴与焊丝粘住; 5. 导电嘴内孔太小; 6. 送丝软管内径小或堵塞	1. 加长接头,移近距离; 2. 调整压力; 3. 调直; 4. 更换导电嘴; 5. 更换导电嘴; 6. 清洗或更换软管
焊接过程不稳定,规范波动很大	1. 送丝不均匀,导电嘴磨损严重; 2. 送丝辊轮磨损; 3. 送丝软管弯曲太大; 4. 焊件和焊丝不清洁,接触不良; 5. 焊接规范选择不当; 6. 焊接电源直流回路元件接触不良	1. 检修调整,更换导电嘴; 2. 更换辊轮; 3. 尽量拉直软管; 4. 清理焊件和焊丝; 5. 调整规范; 6. 检修电路元件
焊接电压低	1. 网路电压低; 2. 三相电路相位接错; 3. 三相电源单相断路; 4. 三相变压器单相断路或短路; 5. 接触器单相不供电	1. 检查网路电压; 2. 调整相位顺序; 3. 检查保险丝和硅整流元件,更换; 4. 检修变压器; 5. 检修触点
焊接电流小	1. 二次电缆导线接触不良 2. 导电嘴间隙太大,导电不良 3. 送电机转速提不高	1. 清理接触面拧紧 2. 更换导电嘴 3. 检修电机及供电系统
气体保护不良	1. 气瓶内气体不足,甚至没气; 2. 预热器断电,造成减压阀冻结; 3. 电磁气阀故障; 4. 气管阻塞或漏气; 5. 喷嘴内被飞溅堵塞; 6. 保护气体被风吹偏; 7. 焊件上有油污; 8. 保护气体质量差	1. 更换新气瓶; 2. 检修预热器; 3. 检修; 4. 检修气路,紧固接头; 5. 清理喷嘴; 6. 设挡风屏障; 7. 清理焊件表面; 8. 更换气体

六、二氧化碳气体保护焊机日常保养

1. 日检项目(见表 3 - 16)

表 3 - 16　二氧化碳气体保护焊机日检项目

检查项目	检查内容
供电电源	连接可靠、网压正常稳定
导电嘴	无磨损、烧损现象
焊枪	无死弯、无破损、连接可靠
焊丝	无油污、无死弯、直径均匀
电缆连接	正、负极电缆连接可靠
保护气	气瓶压力正常、气体流量适当
焊接规范	电流/压匹配正确、电弧力适当

2. 周检项目(见表 3 - 17)

表 3 - 17　二氧化碳气体保护焊机周检项目

检查项目	检查内容
综合线缆	无破损、无漏气,放置平顺
导丝管	清洁完好,请用压缩空气及有机溶剂清洗
送丝机构	出口嘴及中间嘴完好、压紧装置完好、压丝轮无磨损、焊枪插座完好,请清洁灰尘及金属屑

3. 月检项目(见表 3 - 18)

表 3 - 18　二氧化碳气体保护焊机月检项目

检查项目	检查内容
焊机性能	对焊机及送丝机各部件用压缩空气及有机溶剂清洗根据说明书检查焊机各种性能是否完好

通过日检、周检、月检随时掌握焊机使用情况、提供备件采购计划、及时发现故障隐患。

七、故障检修(见表3－19)

表3－19　二氧化碳气体保护焊机故障项目

故障现象	检修措施
电流不稳	1. 调整焊接规范； 2. 保证电缆线、地线连接可靠； 3. 使用优质焊丝； 4. 更换导电嘴
堵丝	1. 使用优质焊丝； 2. 清理导丝管； 3. 更换导电嘴； 4. 送丝轮磨损； 5. 调整合理的焊接电流、电压
气孔	1. 防风措施是否到位； 2. 检查更换保护气； 3. 调整焊接规范； 4. 检修焊枪、气阀； 5. 加大气体流量

任务四　CO_2 半自动焊基本安全操作技术

CO_2 焊的安全操作技术有特定要求：

1. CO_2 焊时，电弧光辐射比手工电弧焊强，因此更应加强防护措施，采用较好的护目镜。

2. CO_2 焊时，飞溅较大，尤其是粗丝 CO_2 焊，更会产生大颗粒飞溅。因此，防护用具应完善，穿戴好工作服和手套，防止灼伤人体。

3. CO_2 气体在高温下会分解出对人体有害的气体，焊接时还会排出其他有害气体和金属烟尘。特别在狭小舱室或容器内施焊，更应加强通风，且要有人在外面监护。

4. CO_2 气体预热器所使用的电压不得高于36 V。

5. 在使用 CO_2 气瓶时，必须遵守“气瓶安全监察规程”的规定。

6. 大电流粗丝 CO_2 气体保护焊时，应防止焊枪水冷系统漏水破坏绝缘，发生触电事故。

项目五　钨极氩弧焊安全与防护技术

任务一　认知氩弧焊

一、氩弧焊原理

氩弧焊的焊接过程如图3－17所示。从焊枪喷嘴中喷出的氩气流，在焊接区形成厚而密的气体保护层而隔绝空气，同时，在电极（钨极或焊丝）与焊件之间燃烧产生的电弧热量使被焊处熔化，并填充焊丝将被焊金属连接在一起，获得牢固的焊接接头。

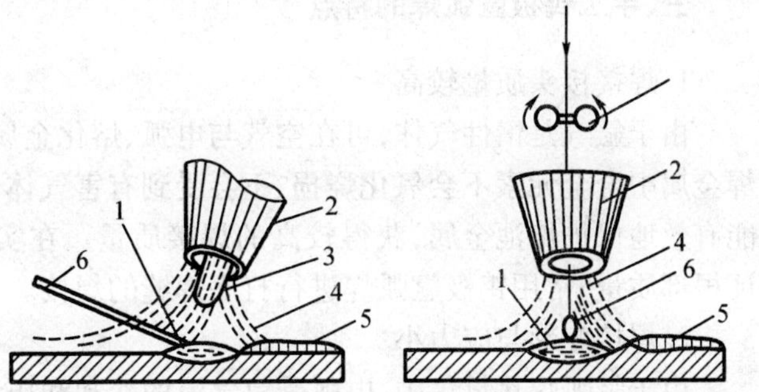

图3－17　氩弧焊示意图

（a）钨极氩弧焊；（b）熔化极氩弧焊

1—熔池；2—喷嘴；3—钨极；4—气体；5—焊缝；6—焊丝；7—送丝滚轮

二、氩弧焊的分类和适用范围

氩弧焊根据所用的电极材料，可分为钨极（不熔化极）氩弧焊和熔化极氩弧焊；按其操作方式可分为手工、半自动和自动氩弧焊；若在氩弧焊电源中加入脉冲装置则又可分为钨极脉冲氩弧焊和熔化极脉冲氩弧焊。

氩弧焊的分类如图3－18所示。

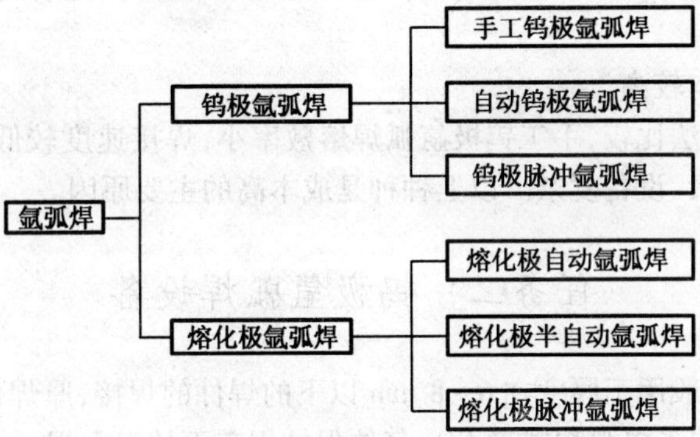

图3－18　氩弧焊的分类

各种氩弧焊方法适用范围见表3－20。

表3－20　氩弧焊的适用范围

被焊材料	焊件厚度/mm	焊接方法	电源种类和极性
钛及钛合金	0.5～3.0	钨极氩弧焊	直流正接
	>2.0	熔化极氩弧焊	直流反接
镁及镁合金	0.5～5.0	钨极氩弧焊	交流或直流反接
	>2.0	熔化极氩弧焊	直流反接
铝及铝合金	0.5～4.0	钨极氩弧焊	交流或直流反接
	>3.0	熔化极氩弧焊	直流反接
铜及铜合金	>0.5	钨极氩弧焊	直流正接
	>3.0	熔化极氩弧焊	直流反接
不锈钢、耐热钢	0.5～3.0	钨极氩弧焊	直流正接或交流
	>2.0	熔化极氩弧焊	直流反接

三、手工钨极氩弧焊的特点

1. 焊接接头质量较高

由于氩气是惰性气体,可在空气与电弧、熔化金属间形成稳定的隔绝层,保证高温下被焊金属中合金元素不会氧化烧损、不会受到有害气体侵袭,同时氩气不溶解于液态金属,故能有效地保护熔池金属,获得较高的焊接质量。在实际生产中,对于重要接头的焊缝为保证根部质量,常用钨极氩弧焊进行打底焊缝的焊接。

2. 焊接变形与应力小

由于氩弧焊热量集中,电弧受氩气流的冷却和压缩作用,使热影响区窄,焊接变形和应力小,特别适宜于薄板的焊接。

3. 可焊的范围广

几乎所有的金属材料都可进行氩弧焊。通常,多用于焊接不锈钢以及铝、镁、钛等有色金属及其合金。

4. 操作技术易于掌握

采用氩气保护无熔渣,且为明弧焊接,电弧、熔池可见性好;适合各种位置焊接,容易实现机械化和自动化。

5. 生产率低、成本较高

与其他电弧焊方法比较,手工钨极氩弧焊熔敷率小,焊接速度较低;焊前对焊件的清理要求高;惰性气体昂贵、设备复杂。以上种种是成本高的主要原因。

任务二 钨极氩弧焊设备

钨极氩弧焊机一般用于厚度在 6 ~ 8 mm 以下的焊件的焊接,厚焊件一般多采用钨极氩弧焊打底,其他诸如焊条电弧焊或者 CO_2 气体保护焊盖面的组合焊。

典型的手工钨极氩弧焊焊机,主要由焊接电源、控制系统、焊枪、供气及冷却系统等部分组成。

一、焊接设备

1. 焊接电源

钨极氩弧焊的电弧静特性曲线是水平的,故选用陡降外特性的焊接电源,可以电弧长度受到干扰变化时,焊接电流的变化较小,电弧燃烧稳定,如图 3 - 19 所示。

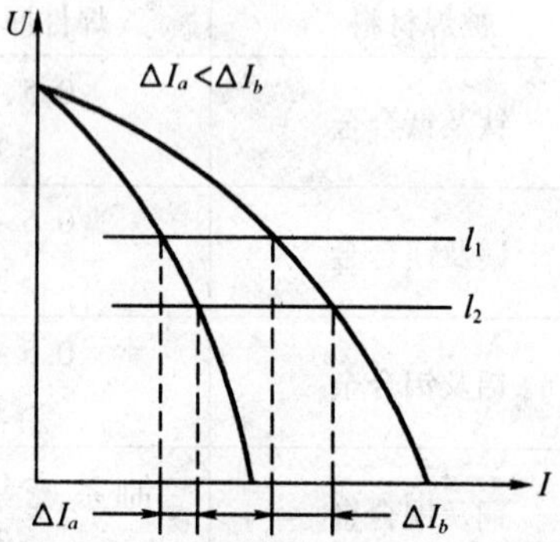

图 3 - 19 钨极氩弧焊电源外特性与电弧静特性的关系图

目前,手工钨极氩弧焊焊机的种类较多,有弧焊变压器、弧焊发电机、弧焊整流器、逆变焊机等,常可同时用于焊条电弧焊。一般输入电源电压为 380 V,两相或三相;小型焊机也用 220 V 供电。输出为直流或交流(也有交、直流交替输出的)。部分焊机还带有脉冲电输出功能。

具体输出特性,可通过面板上的开关及旋钮等进行调节。面板上只有电流表,可实时观察输出电流情况。

2. 控制系统

控制系统主要有引弧装置、稳弧装置、消除直流分量的措施以及对水电气路的控制等。其中电流衰减装置可以帮助收弧;提前送气、滞后停气可以确保焊接保护效果。

早期的控制系统安装在单独的控制箱内,目前使用的手工钨极氩弧焊焊机,焊接电源与控制系统一起放置在焊机内,已无独立的控制箱,这给使用、运输以及线路连接带来了方便。

3. 供气系统

供气系统包括氩气瓶、减压器、氩气流量调节器及电磁气阀等。通常把减压器和氩气流量调节器做成一体。

4. 冷却系统

用来冷却焊接电缆、焊枪和钨极。如果焊接电流小于 150 A 可以不用水冷却。使用的焊接电流超过 150 A 时,必须通水冷却,并以水压开关进行控制。

5. 焊枪

焊枪主要由枪体、钨极夹头、进气管、电缆、喷嘴、按钮开关等组成。焊枪的作用是传导电流、夹持钨极、输送氩气。

焊枪喷嘴是决定氩气保护性能优劣的重要部件,常见的喷嘴形状如图 3－20 所示。圆柱带锥形或圆柱带球形的喷嘴,保护效果最佳,氩气流速均匀,容易保持层流。圆锥形的喷嘴,因氩气流速变快,保护效果较差,但操作方便,熔池可见性好,也经常使用。

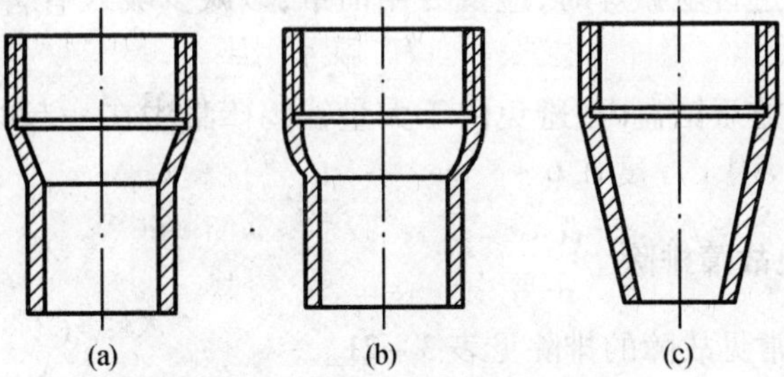

图 3－20　常见喷嘴形状示意图

(a)圆柱带锥形;(b)圆柱带球形;(c)圆锥形

手工钨极氩弧焊设备的焊接控制程序如图 3－21 所示。

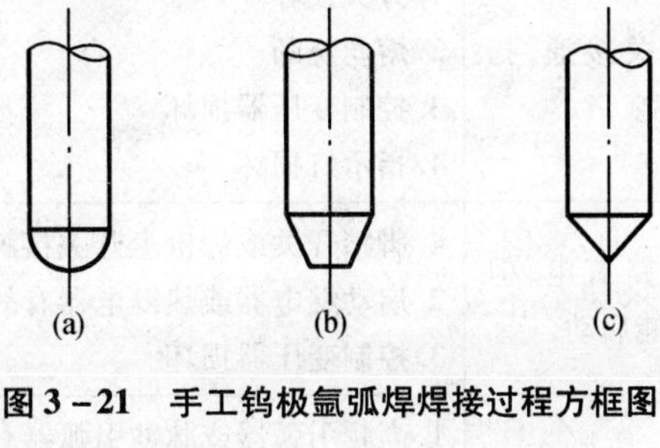

图 3－21　手工钨极氩弧焊焊接过程方框图

二、钨极氩弧焊机安全操作规程

(1)氩弧焊必须由专人操作开关。

(2)工作前检查设备、工具是否良好。

(3)检查焊接电源,控制系统是否有接地线,传动部分加润滑油。转动要正常,氩气、水源必须畅通。如有漏水现象,应立即通知修理。

(4)检查焊枪是否正常,地线是否可靠。

(5)检查高频引弧系统、焊接系统是否正常,导线、电缆接头是否可靠,对于自动丝及氩弧焊,还要检查调整机构、送丝机构是否完好。

(6)根据工件的材质选择极性,接好焊接回路,一般材质用直流正接,对铝及铝合金用反接法或交流电源。

(7)检查焊接坡口是否合格,坡口表面不得有油污、铁锈等,在焊缝两侧 200 mm 内要除油除锈。

(8)对于用胎具的要检查其可靠性,对焊件需预热的还要检查预热设备、测温仪器。

(9)氩弧焊操纵按钮不得远离电弧,以便在发生故障时可以随时关闭。

(10)采用高频引弧必须经常检查是否漏电。

(11)设备发生故障应停电检修,操作工人不得自行修理。

(12)在电弧附近不准赤身和裸暴其他部位,不准在电弧附近吸烟、进食,以免臭氧、烟尘吸入体内。

(13)磨钍钨极时必须戴口罩、手套,并遵守砂轮机操作规程。最好选用铈钨极(放射量小些)。砂轮机必须装抽风装置。

(14)操作工应随时佩戴静电防尘口罩。操作时尽量减少高频电作用时间。连续工作不得超过 6 小时。

(15)氩弧焊工作场地必须空气流通。工作中应开动通风排毒设备。通风装置失效时,应停止工作。

(16)氩气瓶不许撞砸,立放必须有支架,并远离明火 3 m 以上。

(17)在容器内部进行氩弧焊时,应戴专用面罩,以减少吸入有害烟气。容器外应设人监护和配合。

(18)钍钨棒应存放于铅盒内,避免由于大量钍钨棒集中在一起时,其放射性剂量超出安全规定而致伤人。

三、焊接设备常见故障排除

钨极氩弧焊焊机常见故障的排除见表 3-21。

表 3-21　钨极氩弧焊机常见故障分析及排除

故障特征	可能产生的原因	排除方法
电源开关接通,指示灯不亮	1. 开关损坏 2. 熔丝烧断 3. 控制变压器损坏 4. 指示灯损坏	1. 更换开关 2. 更换熔丝 3. 检修变压器 4. 换指示灯
控制线路有电,但焊机不能启动	4. 脚踏开关或焊枪上开关接触不良 2. 启动继电器或热继电器有故障 3. 控制变压器损坏	1. 检修开关 2. 检修继电器 3. 更换或检修控制变压器
无振荡或振荡微弱	1. 高频引弧器或脉冲引弧器有故障 2. 火花放电间隙不对 3. 放电盘云母烧坏 4. 放电盘电极烧坏	1. 检修引弧器 2. 调整放电间隙 3. 更换云母片 4. 清理、调整电极

表 3-21(续)

故障特征	可能产生的原因	排除方法
有振荡放电，但不起弧	1. 焊接回路接触器有故障 2. 控制线路断线 3. 焊件接触不良	1. 检修接触器 2. 检修控制线路 3. 清理焊件
焊接过程电流不稳定	1. 稳弧器有故障 2. 消除直流分量的元件有故障 3. 焊接电源故障	1. 检修稳弧器 2. 更换或检修元件 3. 检修焊接电源
焊机启动后，无氩气输出	1. 气路堵塞 2. 电磁气阀有故障 3. 控制线路有故障 4. 气体延迟线路故障	1. 清理气路 2. 检修电磁气阀 3. 检查故障处并修复 4. 检修延迟线路

任务三　钨极氩弧焊的焊接材料

一、氩气

氩气是一种理想的保护气体，一般是将空气液化后采用分馏法抽取，是制氧过程中的副产品。

氩气密度大(比空气重 25%)，可形成稳定的气流层，覆盖在电弧和熔池周围，对焊接区有良好的保护作用。氩气是惰性气体，在常温下不与其他物质发生化学反应，高温时也不溶于液态金属。因此用作焊接用保护气体，可获得优良的焊缝，特别是对活泼性较强的有色金属焊接，更能显示其优越性。

氩弧焊对氩气的纯度要求很高，按我国现行标准规定，其纯度应达到 99.99%。

焊接用氩气以瓶装供应，其外表涂成灰色，并且注有绿色“氩气”字样。氩气瓶的容积一般为 40 L，在环境温度为 20 ℃时满瓶压力为 14.7 MPa。

二、钨极材料

钨极氩弧焊对钨极材料的要求是耐高温、电流容量大、施焊损耗小，还应具有很强的电子发射能力，从而保证引弧容易、电弧稳定。

钨极的熔点高达 3 410 ℃，适合作为不熔化电极，常用的钨极材料有纯钨极、钍钨极、铈钨极和锆钨极。

1. 纯钨极

其牌号是 W1，W2，纯度在 99.85% 以上。纯钨极要求焊机空载电压较高，使用交流电时，承载电流能力较差，故目前很少采用。

2. 钍钨极

其牌号有 WTh-10，WTh-15，WTh-30 等，是在纯钨中加入 0.3%~2% 的氧化钍(ThO_2)而成。钍钨极电子发射率提高，增大了许用电流范围，降低了空载电压，改善了引弧和稳弧性能，但是具有微量放射性，使用时应注意安全。

3. 铈钨极

其牌号有 WCe－13，WCe－20 等，是在纯钨中加入 0.5%～2% 的氧化铈（CeO）而成。铈钨极比钍钨极更容易引弧，烧损率比后者低 5%～50%，使用寿命长，放射性低，是目前推荐使用的电极材料。

4. 锆钨极

其牌号有 WZr 等，是在纯钨中加入 0.15%～0.4% 的氧化锆（ZrO）而成。它的性能在纯钨极和钍钨极之间。用于交流电焊接时，具有纯钨极理想的稳定特性和钍钨极的载流量及引弧特性等综合性能。但目前应用不多。

钨极的规格按长度范围供给，在 76～610 mm 之间；常用的钨极直径为 0.5 mm，1.0 mm，1.6 mm，2.0 mm，2.5 mm，3.2 mm，4.0 mm，5.0 mm，6.3 mm，8.0 mm，10 mm 多种。

钨极端部的质量对焊接电弧稳定性及焊缝成形有很大的影响，因此使用前对钨极端部应进行磨削。使用交流电时，钨极端部应磨成球形，以减小极性变化对电极的损耗；使用直流电时，因多直流正接，为使电弧集中、燃烧稳定，钨极端部多磨成圆台形；用小电流施焊，可以磨成圆锥形。如图 3－21 所示。

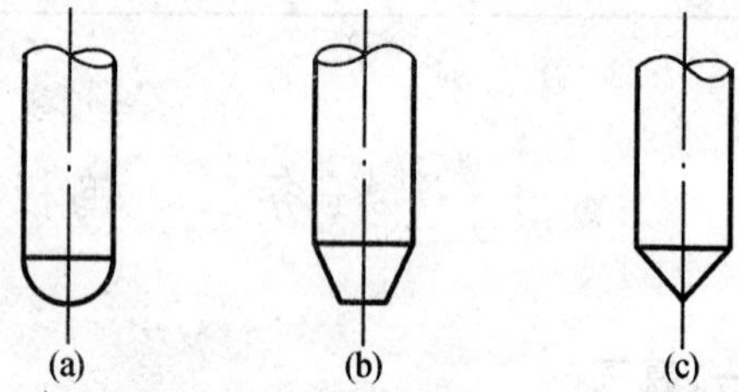

图 3－21 钨极端部的形状

（a）球形；（b）圆台形；（c）圆锥形

磨削钨极时，应采用密封式或抽风式砂轮机，焊工应戴口罩。磨削完毕，应洗净手脸。

任务四 钨极氩弧焊的工艺参数

手工钨极氩弧焊的主要工艺参数有钨极直径、焊接电流、电弧电压、焊接速度、电源种类和极性、氩气流量、喷嘴直径、喷嘴与焊件间的距离、钨极伸出长度等。

1. 钨极直径与焊接电流

焊接电流的大小通常根据焊件的材质、厚度以及焊接接头位置来选择。钨极直径应根据焊接电流大小而定。

如果钨极直径大而焊接电流小，钨极端部温度不够，电弧会在钨极端部不规则地飘移，电弧不稳定；反之，如果焊接电流超过钨极相应直径的许用电流时，钨极端部温度达到或超过钨极的熔点，会出现钨极端部熔化现象，破坏端部形状，会引起成形不良等问题，甚至导致焊缝产生夹钨缺陷。只有钨极直径与焊接电流选择匹配时，电弧才能稳定燃烧，才能保证焊接质量。

不锈钢、耐热钢和铝合金手工钨极氩弧焊的钨极直径和焊接电流选择分别见表 3－22 和表 3－23。

表 3-22　不锈钢和耐热钢手工钨极氩弧焊的焊接电流

材料厚度/mm	钨极直径/mm	焊丝直径/mm	焊接电流/A
1.0	2	1.6	40~70
1.5	2	1.6	50~85
2.0	2	2.0	80~130
3.0	2~3	2.0	120~160

表 3-23　铝合金手工钨极氩弧焊的焊接电流

材料厚度/mm	钨极直径/mm	焊丝直径/mm	焊接电流/A
1.5	2	2	70~80
2	2~3	2	90~120
3	3~4	2	120~130
4	3~4	2.5~3	120~140

2. 电弧电压

电弧电压主要由弧长决定。电弧长度增加，电弧电压增大，焊缝宽度增加熔深减小。但弧长太长，容易产生未焊透及咬边等缺陷，并使氩气保护效果变差。电弧太短则不易操作，既看不清熔池，又容易引起短路，加大钨极烧损，容易产生夹钨缺陷。因此应尽量控制电弧长度，一般弧长近似等于钨极直径，电弧电压约为 10~20 V。

3. 焊接速度

焊接速度通常是由焊工根据熔池的大小、形状和焊件熔合情况随时调节。焊接速度增加时，熔深和熔宽减小，速度太快，焊缝容易产生未焊透，两侧熔合不好，且焊缝高而窄，过快的焊接速度还会使气体保护氛围破坏，易引起气孔；焊接速度太慢时，焊缝容易烧穿和咬边。

4. 焊接电源的种类和极性

钨极氩弧焊可以采用交流或直流两种焊接电源，采用哪种电源与所焊金属或合金种类有关；采用直流电源时还要考虑极性的选择，见表 3-24。

表 3-24　电源种类和极性的选择

材料	直流		交流
	正极性	反极性	
铝及铝合金	×	○	△
铜及铜合金	△	×	○
铸铁	△	×	○
低碳钢、低合金钢	△	×	○
高合金钢、镍及镍合金、不锈钢	△	×	○
钛合金	△	×	○

注：△—最佳，○—可用，×—最差。

6. 氩气流量与喷嘴直径

喷嘴直径的大小，直接影响保护区的范围和氩气的消耗量，一般根据钨极直径来选择。可按下列经验公式确定：

$$D=2d+4$$

式中 D——喷嘴直径，mm；

d——钨极直径，mm。

通常焊枪选定之后，喷嘴直径很少改变，而是通过调整氩气流量来加强气体保护效果。流量合适时，熔池平稳，表面明亮无渣，无氧化痕迹，焊缝成形美观；流量不合适（过小、过大都影响保护效果），熔池表面有渣，焊缝表面发黑或有氧化皮。

氩气的合适流量可按下式计算：

$$q_v=(0.8\sim1.2)D$$

式中 q_v——氩气流量，L/min；

D——喷嘴直径，mm。

当 D 较小时，q_v 取下限；D 较大时，q_v 取上限。

具体选择氩气流量时，还考虑外界气流、焊接速度及接头形式等对气体保护效果的影响。

7. 喷嘴与焊件间的距离

喷嘴与工件间的距离指的是喷嘴端面与工件间的距离，距离过大，气体保护效果差；若距离过小，虽对气体保护有利，但能观察的范围和保护区域变小。喷嘴与焊件间的距离以 8 ~ 14 mm 为宜。

8. 钨极伸出长度

为了防止电弧热烧坏喷嘴，钨极端部应突出喷嘴以外，其伸出长度一般为 3 ~ 4 mm；焊接铜、铝时可再短些；角焊缝及管道打底焊焊接时，可增大到 7 mm 左右。伸出长度过小，焊工不便于观察熔化状况，对操作不利；伸出长度过大，气体保护效果会受到一定的影响。

任务五　焊前清理及安全防护

一、焊前清理

除工艺参数外，焊前清理工作是一个常被忽略、而又对钨极氩弧焊质量影响相当大的重要工艺环节。

钨极氩弧焊对焊件和填充金属表面的污染非常敏感，因此，焊前必须去除母材表面上的油脂、油漆、涂层、加工用的润滑剂及氧化膜等。

清理的方法因材料而异。主要有机械清理和化学清理或两者组合。

1. 机械清理

此法操作简单，而且效果较好，采用打磨、刮削和喷砂等方法，可以清理金属表面的氧化膜。对于不锈钢，可用砂布打磨；铝合金可用钢丝刷或电动钢丝轮（采用直径小于 0.15 mm的不锈钢丝或直径小于 0.1 mm 的钢丝刷），或用刮刀刮。用刮刀刮是清理铝合金表面氧化膜行之有效的方法，而用锉刀则不能彻底去除氧化膜。一般在机械清理后，用丙酮或酒精擦洗，以去除残留的脏物或油污。

2. 化学清理

用于脱脂去油及清除氧化膜的化学清理方法随材质不同而异。对于铝、镁、钛及其合金，在焊前需要化学清理。此方法对工件及填充丝都是合适的。

由于化学清理对大工件不太方便，因此，此法多用于清理填充丝和小工件。

清洗后的焊丝应戴着洁净无油的手套取用。清洗过的焊丝和工件，应在 8 h 内焊接和使用完。否则会生成新的氧化膜，要重新清理后才可使用。

二、安全防护措施

氩弧焊采用氩气作为保护气体，利用高频电引弧和稳弧，电弧温度高达 3 000 ℃以上，在焊接过程中具有放射线、高频电、紫外线、O_3、氮氧化合物等有害因素，危及焊接操作者的健康。

1. 放射线的防护

氩弧焊所使用的钍钨棒电极中，含钍量一般为 1%~2.5%，在焊接过程中产生具有放射线的钍及其衰变物粉末，这些有害粉末进入人体形成内辐射。长期遭受超容许剂量的放射性物质的外辐射，或者经常有少量放射性物质进入体内时，可引起慢性放射性疾病，表现为身体衰弱、体重减轻以及对传染病的抵抗能力明显下降等，严重者会患有白血病和再生不良性贫血等疾病。

防止氩弧焊放射性危害的措施主要有：

①钍钨极棒应采用固定的专用设备来储存，大储量的钍钨极应存放在封闭式铁箱里，并安装排气管道，将有害气体排出室外。

②采取综合性的防护措施，比如对施焊区域进行封闭，并采取机械操作；在焊接现场用薄金属板制作成密闭罩，将焊枪和焊件置于罩内，并在罩的一侧设观察防护镜，焊接过程中严禁打开罩体；手工作业时，戴送风防护头盔或采取其他防护措施。

③焊接场所的地面、墙壁上最好铺设瓷砖或水磨石，以利于清扫污物。

④采用专用砂轮来磨尖钍钨极棒，砂轮机要安装除尘设备；打磨钍钨极棒时，操作人员应将工作服的袖口扎紧，戴专用口罩、手套等；对于砂轮机附近地面上的磨屑，要经常进行湿式扫除并倒在指定的专用深井里，井底要封严，以免放射性物质顺地下水渗流扩散而污染水源。

⑤打磨钍钨极棒操作完毕后，不许穿工作服走出工作场所，下班时一定要洗澡，经常清洗工作服和手套等防护用品。

2. 高频电磁场的防护

在焊接操作过程中，由于电机内高频振荡器的作用，焊钳部分往往带有高频电，高频电磁场的强度约为 140 ~ 190 V/m。人体长时间受高频电磁场的作用后，使某些器官温度升高，出现植物神经功能失调的症状，如头昏、疲乏无力、记忆力减退、多梦和脱发等。

为了消除高频电磁场对人体的危害，应采取以下安全防护措施。

①降低振荡频率　高频电的频率越高，电磁场穿过空间和绝缘体的能力越强，对人体的影响越大，因此在保证电弧稳定性的基础上，尽量降低振荡频率。

②屏蔽焊钳线和导线　加设接地屏蔽装置能使高频电磁场局限在一定范围内，大大减小对人体的影响。屏蔽方法是采用细铜质金属丝编织成网状，套在电缆胶管外面(焊钳上装有开关线时须放在屏蔽线外面)，铜丝的一端接在焊钳上，一端接地。

③减小高频电的作用时间　采用振荡器引弧时,可采用延时继电器使在引弧后很快切断振荡器回路,减小高频电磁场作用的时间。

④降低作业现场的温度和湿度　焊接作业现场的环境温度和湿度与高频电磁辐高压对肌体的影响有直接的关系,应加强通风,控制作业现场的温度和湿度。温度越高,湿度越大,肌体所表现出来的症状越明显。

3. 臭氧的防护

采用氩弧焊,特别是在焊接铝、镁等有色金属时,产生的臭氧较多,当周围的臭氧浓度超标时,能使焊接操作者出现喉干、咳嗽、胸闷等呼吸道症状。防止氩弧焊臭氧等有害气体对焊接操作者的危害,目前采取的主要措施是对于焊接工艺自动化,对弧焊区实行焊接封闭,对周围环境采取良好的通风措施。对于焊接操作者的个体防护,有以下两种常用措施。

①戴静电口罩　静电口罩是在普通口罩的纱布之间夹上一层带负电荷的过氯乙烯纤维无纺薄膜,并用聚氯乙烯制成的支架来支撑,该口罩可防止带正电的有害气体和金属烟尘吸入人体。

②在焊接过程中,严禁在电弧附近吸烟、进食,以免有害烟尘进入人体内。设备发生故障时应停电检修,检修工作由专业维修人员操作。

③磨削钨极棒时应戴上口罩、手套,正确使用砂轮机;需要更换钍钨极、铈钨极时,应先切断电源。

④气瓶不能受到强烈的冲击和挤压,以免使气瓶损伤或内压升高而发生爆炸;瓶阀冻结时,严禁用火烤,最好用热水或蒸汽解冻,以免使瓶内的可燃气体着火或瓶阀密封材料被烤坏;气瓶不能靠近热源,与明火的距离一般不小于 10 m,以免瓶内气体受热膨胀而发生爆炸。

⑤瓶内气体保护不能用尽,必须保留一定的气体压力,一是便于防止空气进入气瓶,二是当气瓶上的漆色标志不明时,可以抽出剩余气体化验鉴别,以免充瓶时气体混装。

⑥焊接工作结束时,切断电源、关闭冷却水和气瓶阀门(断电、断水、断气),扑灭残余的火星后再离开作业现场。

三、安全操作规程

(1)焊接工作场地必须备有防火设备,如沙箱、灭火器、消防栓、水桶等。易燃物品距离焊接场所不得小于 5 m。若无法满足规定距离时,可用石棉板、石棉布等妥善覆盖,防止火星落入易燃物品。易爆物品距离焊接所不得小于 10 m。氩弧焊工作场地要有良好的自然通风和固定的机械通风装置,减少氩弧焊有害气体和金属粉尘的危害。

(2)手工钨极氩弧焊机应放置在干燥通风处,严格按照使用说明书操作。使用前应对焊机进行全面检查。确定没有隐患,再接通电源。空载运行正常后方可施焊。保证焊机接线正确,必须良好、牢固接地以保障安全。焊机电源的通、断由电源板上的开关控制,严禁负载扳动开关,以免形状触头烧损。

(3)应经常检查氩弧焊枪冷却水系统的工作情况,发现堵塞或泄漏时应即刻解决,防止烧坏焊枪和影响焊接质量。

(4)焊接人员离开工作场所或焊机不使用时,必须切断电源。若焊机发生故障,应由专业人员进行维修,检修时应作好防电击等安全措施。焊机应至少每年除尘清洁一次。

(5)钨极氩弧焊机高频振荡器产生的高频电磁场会使人产生一定的头晕、疲乏。因此焊接时应尽量减少高频电磁场作用的时间，引燃电弧后立即切断高频电源。焊枪和焊接电缆外应用软金属编织线屏蔽（软管一端接在焊枪上，另一端接地，外面不包绝缘）。如有条件，应尽量采用晶体脉冲引弧取代高频引弧。

(6)氩弧焊时，紫外线强度很大，易引起电光性眼炎、电弧灼伤，同时产生臭氧和氮氧化合物刺激呼吸道。因此，焊工操作时应穿白帆布工作服，戴好口罩、面罩及防护手套、脚盖等。为了防止触电，应在工作台附近地面覆盖绝缘橡皮，工作人员应穿绝缘胶鞋。

学习情境四　焊接用电安全

【一】知识目标

1. 能够了解电流对人体的作用及事故原因;
2. 能够掌握焊接设备、电缆的安全要求;
3. 能够运用触电急救的方法。

【二】能力目标

1. 能够分析焊接放生故障的原因;
2. 能够实际操作触电急救的方法。

【三】任务链接

1. 电流对人体的作用;
2. 安全电压;
3. 焊接发生事故的原因;
4. 焊接电缆的安全要求;
5. 焊接工具的安全要求;
6. 焊接的电气安全技术;
7. 解脱电源;
8. 救治;
9. 人工氧合——心肺复苏。

• 情境描述

在整个焊接过程中,焊工需要经常接触电气装置,如在更换焊条是焊工的手会直接接触焊条,同时,大量的时间会站在焊件上进行操作,而电焊机的空载电压一般都超过了安全电压,故触电的概率就会大大增加。更为危险的是,焊接电源与380 V或220 V的电网连接,一旦设备发生故障,或者高压部分的绝缘破坏,网路中的高压电就会直接输入到焊钳、焊件及焊机外壳上,造成焊工的触电伤害事故。所以,触电事故是焊接操作的最主要的危险的事故。特别是在容器、管道、船舱、锅炉内和钢结构架上的焊接操作,周围都是金属,触电的机会更多,危险更大。

项目一 电流对人体的作用及事故原因

任务一 电流对人体的作用

人体是电的导体之一,当人体与带电导体、漏电设备的外壳或其他带电的物体接触时,均可能导致对人体的伤害。电流可能对人体构成多种伤害。例如,电流通过人体,人体直接接受电流能量将遭到电击;电能转换为热能作用于人体,致使人体受到烧伤或灼伤;人在电磁场照射下,吸收电磁场的能量也会受到伤害等。诸多伤害中,电击的伤害是最基本的形式。

与其他一些伤害不同,电流对人体的伤害事先没有任何预兆。伤害往往发生在瞬息之间,而且伤害人体一旦遭受电击后,防卫能力迅速降低。这两个特点都增加了电流伤害的危险性。

1. 电击

电击是电流通过人体,机体组织受到刺激,肌肉不由自主地发生痉挛性收缩造成的伤害。严重的电击是指人的心脏、肺部神经系统的正常工作受到破坏,乃至危及生命的伤害,数十毫安的工频电流即可使人遭到致命的电击。电击致伤的部位主要在人体内部,而在人体外部不会留下明显痕迹。

50 mA(有效值)以上的工频交流电流通过人体,一般既可能引起心室颤动或心脏停止跳动,也可能导致呼吸中止。但是,前者的出现比后者早得多,即前者是主要的。

如果通过人体的电流只有 20 ~ 25 mA,一般不会直接引起心室颤动或心脏停止跳动。但如时间较长,仍可导致心脏停止跳动。这时,心室颤动或心脏停止跳动,主要是由于呼吸中止,导致机体缺氧引起的,但当通过人体的电流超过数安时,由于刺激强烈,也可能先使呼吸中止。数安的电流流过人体,还可能导致严重烧伤甚至死亡。

电休克是机体受到电流的强烈刺激,发生强烈的神经系统反射,使血液循环、呼吸及其他新陈代谢都发生障碍,以致神经系统受到抑制,出现血压急剧下降、脉搏减弱、呼吸衰竭、神志昏迷的现象。电休克状态可以延续数十分钟到数天。其后果可能是得到有效的治疗而痊愈,也可能由于重要生命机能完全丧失而死亡。

2. 电伤

电流转换为其他形式的能量作用于人体的伤害称为电伤。电伤是由电流的热效应、化学效应、机械效应等对人体造成的伤害。

(1)电灼伤。灼伤是电流的热效应造成的伤害,分为电流灼伤和电弧烧伤两种情况。电流灼伤是人体与带电体接触,电流通过人体由电能转换成热能造成的伤害。电弧烧伤是由弧光放电造成的烧伤,分为直接电弧烧伤和间接电弧烧伤两种情况。直接电弧烧伤是带电体与人体发生电弧,有电流流过人体的烧伤;间接电弧烧伤是电弧发生在人体附近对人体的烧伤,包括熔化了的炽热金属溅出造成的烫伤。

(2)点烙印。人体与带电体接触的部位留下的永久性斑痕,斑痕处皮肤失去弹性,表皮破坏死。

(3)皮肤金属化。由于电流的作用使熔化和蒸发了的金属微粒,渗入人体的皮肤,使皮肤坚硬和粗糙而呈现特殊的颜色。皮肤金属化多是在弧光放电时发生和形成的,在一般情况下，此种伤害是局部性的。

（4）机械性损伤。电流作用于人体，由于中枢神经反射和肌肉强烈收缩等作用导致的机体组织断裂、骨折等伤害。

（5）电光眼。是当发生弧光放电时，由红外线、可见光、紫外线对眼睛的伤害。电光眼表现为角膜炎或结膜炎。

3. 电磁场生理伤害

电磁场生理伤害是指在高频电磁场的作用下，使人呈现头晕、乏力、记忆力衰退、失眠、多梦等神经系统的症状。

电流对人体的危害程度与下列因素有关：流经人体的电流强度；电流作用于人体的时间；电流在人体内流通的途径；电流的频率；人体的健康状况。

（1）流经人体的电流强度。通过人体的电流越大，热的生理反应和病理反应越明显，引起心室颤动所需的时间越短，致命的危险性越大。按照人体呈现的状态，可将人体通过的电流分为三个级别。

a. 感知电流和感知阈值。在一定概率下，通过人体引起人有任何感觉的最小电流（有效值），称为该概率下的感知电流，感知电流等额最小值称为感知阈值。

感知电流的概率曲线如图 4－1 所示。概率为 50% 时，成年男性平均感知电流约为 1.1 mA，成年女性约为 0.7 mA。

b. 摆脱电流和摆脱阈值。当通过人体的电流超过感知电流时，肌肉收缩增加、刺痛感觉增强、感觉部位扩展。当电流增大到一定程度时。由于中枢神经反射和肌肉收缩、痉挛，触电人将不能自行摆脱带电体。在一定概率下，人触电后能自行摆脱带电体的最大电流，称为该概率下的摆脱电流，摆脱电流的最小值，称为摆脱阈值。

摆脱电流与人体生理特征、电极形状、电极尺寸等因素有关。

摆脱电流的概率曲线如图 4－2 所示。概率为 50% 时，成年男性的摆脱电流约为 15.5 mA，成年女性约为 10.5 mA；概率为 99.5% 时，成年男性约为 22.5 mA，成年女性约为 15 mA。

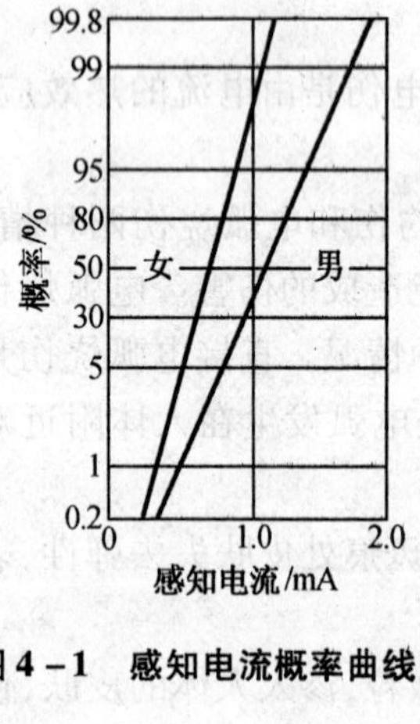

图 4－1 感知电流概率曲线图

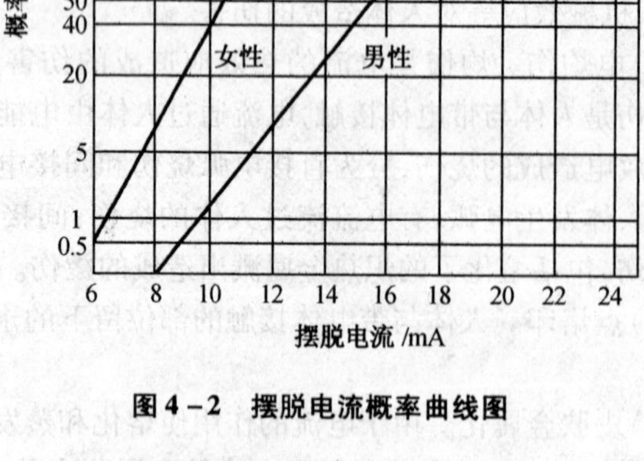

图 4－2 摆脱电流概率曲线图

c. 室颤电流与室颤阈值。通过人体引起心室发生纤维性颤动的最小电流称为室颤电流,室颤电流的最小值称为室颤阈值。室颤电流是短时间内使人致命的最小电流。室颤电流受电流持续时间、电流途径、电流种类、人体生理特征等因素的影响。

当电流持续时间超过心脏搏动周期时,人的室颤电流约为 50 mA;当电流持续时间短于心脏的搏动周期时,人的室颤电流约为数百毫安;当电流持续时间在 0.1 s 以下时,如电击发生在心脏易损期,500 mA 以上的电流可引起心室颤动。

对于从左手到双脚的电流途径,可按图 4－3 所示划分电流对人体的带域。

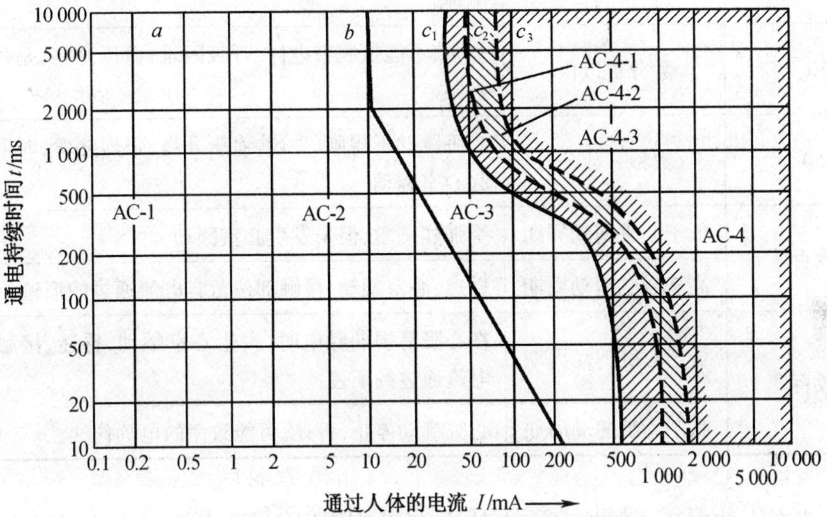

图 4－3　交流电流对人体作用的带域划分

如图 4－3 所示,a 线以左的 AC－1 区为无生理效应、没有感觉的带域。a 线和 b 线之间的 AC－2 区通常是有感觉、但无害的生理效应的带域。b 线与 c_1 线之间的 AC－3 区通常是没有机体损伤:不发生心室颤动,但可能引起肌肉收缩和呼吸困难,可能引起心脏组织和心脏脉冲传导障碍,还可能引起心房颤动,以及转变为心脏停止跳动可恢复性病理效应的带域。c_1 线以右的 AC－4 区里除 AC－3 区各项效应外,还有心室颤动危险的带域。c_1 线上 500 mA、100 ms 点相应于心室颤动的概率为 0.14%;c_2 线相应于心室颤动的概率为 5%;c_3 线相应于心室颤动的概率为 50%。相应于 AC－4 区内的电流和时间,还有可能引起呼吸中止、心脏停止跳动、严重烧伤等病理效应。图中 b 线不是摆脱阈值。c_1 线的特征是:当电击持续时间从 10 ms 增至 100 ms 时,室颤电流从 500 mA 降至 400 mA;当电击持续时间从 1 s增至 3 s 时,室颤电流从 50 mA 降至 40 mA;两段曲线之间另用平滑曲线连接起来。

(2)电流作用于人体的时间。电流在人体内作用的时间越长,电击危险性越大,主要原因如下。

a. 人体电阻减小。电击持续时间越长,人体电阻由于出汗、击穿、电解而下降,电击危险性越大。

b. 能量增加。电流持续时间越长,体内积累外界电能越多,伤害程度增高,表现为室颤电流减小。

c. 中枢神经反射增强。电击持续时间越长,中枢神经反射越强烈,电击危险性越大。

工频电流对人体的作用见表 4－1。当发现有人触电时，应当迅速使触电者摆脱带电体。

表 4－1　工频电流对人体的作用

电流/mA	电流持续时间	生理效应
0～0.5	连续通电	没有感觉
0.5～5	连续通电	开始有感觉，手指、手腕等处有麻感，没有痉挛，可以摆脱带电体
5～30	数分钟以内	痉挛，不能摆脱带电体，呼吸困难，血压升高，是可以忍受的极限
30～50	数秒～数分	心脏跳动不规则，昏迷，血压升高，强烈痉挛，时间过长即引起心室颤动
50～数百	低于心脏搏动周期	受强烈刺激，但未发生心室颤动
	高于心脏搏动周期	昏迷，心室颤动，接触部位留有电流通过的痕迹
超过数百	低于心脏搏动周期	在心脏易损期触电时，发生心室颤动，昏迷，接触部位留有电流通过的痕迹
	高于心脏搏动周期	心脏跳动停止，昏迷，可能致命的电灼伤

(3)电流在人体内流通的途径。人体在电流的作用下，没有绝对安全的途径。电流通过心脏会引起心室颤动乃至心脏停止跳动而导致死亡；电流体通过中枢神经及有关部位，会引起中枢神经强烈失调而导致死亡；电流通过头部，严重损伤大脑，也可能因昏迷不醒而死亡；电流通过脊髓会使人截瘫；电流通过人的局部肢体也可能引起中枢神经强烈反射而导致严重后果。

通过心脏的电流越多，电流路线越短的途径是电击危险性越大的途径。不能认为局部的触电是无危险的。

(4)人体的健康状况。人的健康状况和精神状态，对于触电的轻重程度也有极大的关系，患有心脏病、肺病、内分泌失常、中枢神经系统疾病及酒醉者等，其触电的危险性最大。所以，对于电气工作人员应当经常或定期进行严格的体格检查。

(5)电流种类的影响

a. 直流电流的作用。在接通和断开瞬间，直流感知阈值约为 2 mA。300 mA 以下的直流电流没有确定的摆脱阈值，300 mA 以上的直流电流将导致不能摆脱或数秒至数分钟以后才能摆脱带电体。电流持续时间超过心脏搏动周期时，直流室颤电流为交流的数倍；电流持续时间在 200 ms 以下时，直流室颤电流与交流大致相同。

b. 100 Hz 以上电流的作用。通常采用频率因数评价变频电流的危险性。频率因数是某一频率下，与工频有相应生理效应的电流阈值与工频电流阈值之比。

频率 100～1 000 Hz 电流的感知阈值和摆脱阈值如图 4－5 所示。

频率 1 kHz～10 kHz 电流的感知阈值和摆脱阈值如图 4－6 所示。

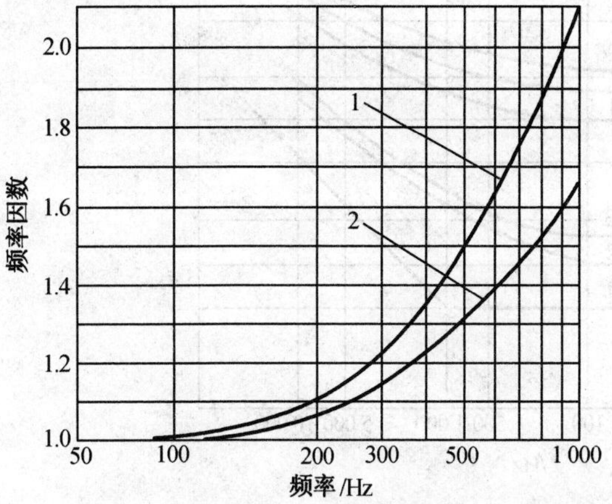

图 4－5　100～1 000 Hz 电流的感知阈值和摆脱阈值

1—感知阈值;2—摆脱阈值

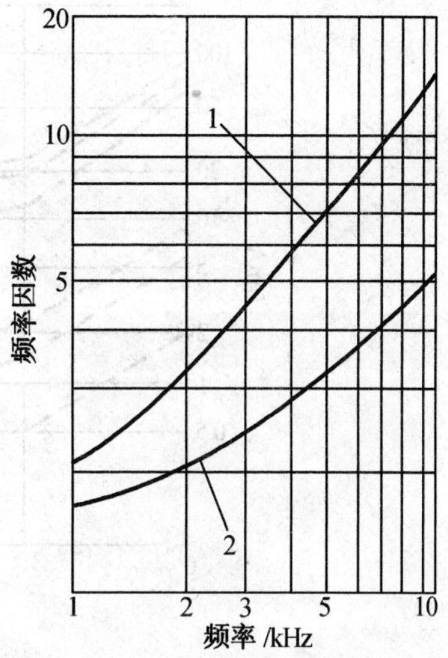

图 4－6　1 kHz～10 kHz 电流的感知阈值和摆脱阈值

1—感知阈值:2—摆脱阈值

频率从 10 kHz 增至 100 kHz 时,感知阈值约从 10 mA 增至 100 mA;频率 100 kHz 以上,数百毫安电流将引起人的灼热感。

频率 100～1 000 Hz,电击持续时间超过心脏搏动周期,从手至双脚的纵向电流的室颤阈值如图 4－7 所示。感知电流、摆脱电流与频率的关系曲线如图 4－8 所示。

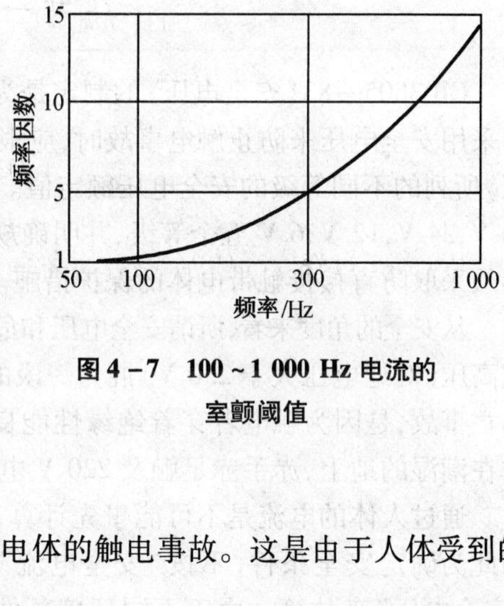

图 4－7　100～1 000 Hz 电流的室颤阈值

按照人体触及带电体的方式和电流通过人体的途径,电击可以分为下列几种情况。

(1)低压单相触电。人体在地面或其他接地导体上,人体的某一部位触及一相带电体的触电事故。

(2)低压两相触电。人体两处同时触及两相带电体的触电事故。这是由于人体受到的电压高达 220 V 或 380 V。所以危险性很大。

(3)跨步电压触电。当带电体接地有电流流入地下时,电流在接地周围土壤中产生电压降,人在接地点周围,两脚之间出现的电压称为跨步电压。由此引起的触电事故称为跨步电压触电。高压故障接地处或有大电流流过的接地装置附近,都可能出现较高的跨步电压。

(4)高压电击。对于 1 000 V 以上的高压电气设备,接近它时,高压电能将空气击穿使电流通过人体,此时还伴有高温电弧,能把人烧伤。

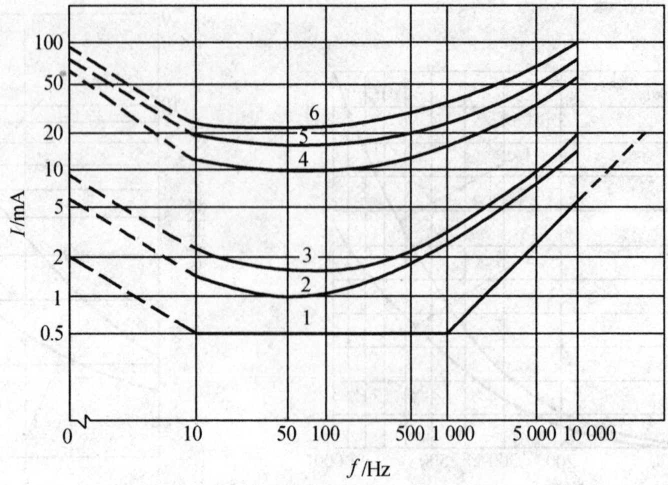

图4-8 感知电流、摆脱电流与频率的关系曲线

1—感知阈值;2—感知概率为50%;3—感知概率为99.5%;
4—摆脱概率为99.5%;5—摆脱概率为50%;6—摆脱概率为0.5%

任务二 安全电压

GB 3805—83《安全电压》的制定是为了防止触电而造成人身直接伤害。当电气设备需要采用安全电压来防止触电事故时,应根据使用环境、人员和使用方式等因素选用《安全电压》所列的不同等级的安全电压额定值。国家标准将“安全电压”额定值的等级分为42 V,36 V,24 V,12 V,6 V五个等级,并明确规定了当电气设备采用了超过42 V的安全电压时,必须采取防直接接触带电体的保护措施。

从安全的角度来看,所谓安全电压和危险电压是不能与普通的电压(对地电压小于250 V)或高压(对地电压大于250 V)混为一谈的。有时偶尔触及220 V的电源,之所以没有造成伤亡事故,是因为触电者穿着绝缘性能良好的鞋或站在干燥的地板上的缘故。否则,要是站在潮湿的地上,赤手赤足触及220 V电源,是必然会酿成严重的伤亡事故的。

通过人体的电流是不可能事先计算出来的。因此为确定安全条件,不按“安全电流”而是按“安全电压”来估算。由于不同环境条件下人体电阻相差很大,

而电对人体的作用以电流大小来衡量,使得不同环境条件下的安全电压各不相同,如图4-9所示。

对于比较干燥而触电危险较大的环境,人体电阻可按1 000~1 500 Ω考虑,通过人体的电流可按不引起心室颤动的最大电流30 mA考虑,则安全电压

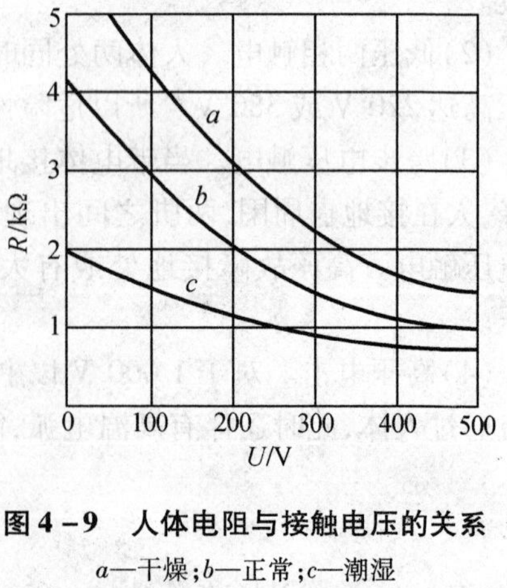

图4-9 人体电阻与接触电压的关系

a—干燥;b—正常;c—潮湿

$$V=30\times10\ \ -3\times(1\ 000\sim1\ 500)=30\sim45\ (V)$$

我国规定36 V为普通安全电压值，凡危险及特别危险环境里的局部照明灯、危险环境里的手提灯、危险环境里的携带式电动工具，均应采用36 V安全电压。

对于潮湿而又触及危险性较大的环境，人体电阻应按650 Ω考虑，通过人体的电流可按30 mA考虑，则安全电压

$$V=30\times10-3\times650=19,\ 5\ (V)$$

我国规定为12 V。凡特别危险环境里以及在金属容器、矿井、隧道里的手提灯，均应采用12 V安全电压。

任务三　焊接发生事故的原因

用于焊接的弧焊电源需要满足一定的技术要求，不同的焊接方法，对焊机空载电压、电流等参数的要求也有所不同，但总是希望空载电压越高越好；而过高的空载电压虽然有利于引弧，但对焊工的操作安全不利。所以手弧焊机空载电压限制在90 V以下，工作电压（电弧电压）为25～40 V；埋弧自动焊机的空载电压为70～90 V，气体保护焊机和等离子弧焊机空载电压为65 V；等离子切割电源的空载电压高达300～450 V。同时，我国焊机的输入电压为220 V/380 V，频率为50 Hz的工频，这些都超过了安全电压值，给安全生产带来了不利的影响。

触电是所有利用电能转化为热能的焊接工艺（如手工电弧焊、氩弧焊、二氧化碳焊、等离子弧焊等）共同的主要危险。焊接电流的热效应则有可能发生火灾、爆炸和灼烫等事故。

1. 焊接发生触电事故的原因

(1)焊接发生触电危险性分类。焊接作业需要在不同的工作环境操作，按触电危险性，并考虑到工作环境（如潮湿、粉尘、腐蚀性气体或蒸汽、高温等条件）不同，可分为以下三类。

①普通环境。这类环境触电危险性较小，一般应具备下列条件：干燥（相对湿度不超过75%）；无导电粉尘；有木料、沥青、瓷砖等非导电材料铺设的地面；金属占有系数，即金属物品所占面积与建筑物面积之比小于20%。

②危险环境。凡具有下列条件之一的均属危险环境：潮湿（相对湿度超过95%）；有导电粉尘；由泥、砖、湿木板、钢筋混凝土、金属或其他导电材料制成的地面；金属占有系数大于20%；炎热、高温（平均气温经常超过30 ℃）；人体能够同时在一方面接触接地导体和在一方面接触电器设备的金属外壳。

③特别危险环境。凡具有下列条件之一的均属特别危险环境：特别潮湿（相对湿度接近100%）；有腐蚀性气体、蒸气，煤气或游离物；同时还具有上述危险环境两个以上条件。

锅炉房、化工厂的大多数车间，机械厂的铸造、电镀车间和酸洗车间等，以及在容器管道内和金属构架上的焊接操作，均属于特别危险环境。

(2)焊接发生直接电击的主要原因

①在焊接操作中，手或身体某部位接触到焊条、电极、焊枪或焊钳的带电部分，两脚或身体其他部位对地和金属结构之间又无绝缘防护。在金属容器、管道、锅炉里及金属结构上的焊接，或阴雨天、潮湿地的焊接，比较容易发生这种触电事故。

②在接线或调节焊接电流时，手或身体碰触接线柱、极板等带电体。

③登高焊接作业触及或靠近高压网路引起的触电事故。

(3)焊接发生间接电击事故的主要原因

①人体接触漏电的焊机外壳或绝缘损坏的电缆。

②电焊变压器的一次绕组对二次绕组之间的绝缘损坏时,变压器反接或错接在高压电源时,手或身体某部位触及二次回路的裸导体。

③操作过程中触及绝缘破损的电路、胶木闸盒破损的开关等。

④由于利用厂房的金属结构、轨道、天车、吊钩或其他金属物体代替焊接电缆而发生的触电事故。

2. 焊接发生火灾爆炸事故的原因

(1)焊接前工作场地周围有易燃、易爆物品(如棉纱、油漆、汽油、煤油、木屑、乙炔发生器等),这些物品离焊接工作点在 5~10 m 之内。

(2)在高处焊接作业时金属火花飞溅而引起的火灾。

(3)在压力容器和管道上施焊,特别是化工厂中易燃、易爆、有毒的容器、管道上施焊。

(4)在进入容器内部工作时,将焊、割炬放在容器内而擅自离去,引起了混合气体燃烧和爆炸。

(5)焊条头及焊后的焊件随便乱扔,特别是扔在易燃、易爆品的附近,极有可能引起火灾。

(6)下班时未检查工作场地附近是否有引起火灾的隐患,未待焊完的焊件冷却后就离开了工地。

(7)露天作业时,风力超过 5 级还要进行焊接作业。

(8)焊接未经安全处理的燃料容器和管道,如油箱、煤气管道等。

项目二　焊接用电的安全要求

任务一　焊接设备的安全要求

1. 常用焊接电源型号及主要技术参数

常用焊接电源型号及主要技术参数见表 4-2 。

表 4-2　常用焊接电源型号及主要技术参数

技术参数	结构特征及型号			
	磁放大器式	动圈式	同体式	动圈式
	ZXG-300	ZXG1-250	BX2-100	BX3-300
额定焊接电流/A	300	250	1 000	300
电流调节范围/A	15~300	62~300	400~1 200	40~400
空载电压/V	70	72	69~78	60~75
额定工作电压/V	25~30	30	42	30
额定负载持续率/%	60	60	60	60

表 4－2(续)

技术参数		结构特征及型号			
		磁放大器式	动圈式	同体式	动圈式
		ZXG－300	ZXG1－250	BX2－100	BX3－300
初级电压/V		380	380	380	380
相数		3	3	1	1
额定输入容量/kW		21	17.8	76	20.5
额定触及电流/A		—	—	196	54
效率/%		—	—	90	83
功率因数		—	—	0.62	0.53
质量/kg		220	182	560	190
外形尺寸	长/mm	600	635	741	520
	宽/mm	440	330	950	525
	高/mm	940	1 029	1 220	800
用途		手弧焊电源，适于中等厚度钢板，用直径 2～7 mm 焊条	手弧焊电源，使用直径 2～5 mm 焊条	埋弧焊电源，有远距离调节电流装置	手弧焊电源，适于中等厚度钢板，用直径 2～7 mm 焊条

技术参数			结构及特征型号	
			裂极式	查复激式
			AX－320	AX1－500
弧焊发电机	发电机	额定焊接电流/A	320	500
		电流调节范围/A	45～320	120～600
		空载电压/V	50～80	60～90
		额定负载持续率/%	50	65
		额定输出功率/kW	9.6	20
	电动机	功率/kW	14	26
		电压/V	380	220/380
		电流/A	27.6	88.2/60.4
		频率/Hz	50	50
		转速/(r/min)	1450	1450
		功率因数	0.87	0.87
机组效率/%			53	54
质量/kg			530	960
外形尺寸		长/mm	1195	1300
		宽/mm	600	740
		高/mm	992	1100
用途			手弧焊电源，使用直径 2～7 mm 焊条	手弧焊、埋弧焊及碳弧气刨电源

2. 焊机维护检查

焊机安全使用原则

①焊机使用条件应与环境条件相适应。电焊机的工作条件为：温度 -25 ~ 40 ℃；相对湿度不大于90%（在25 ℃的环境温度时）。特殊环境下，如气温过低或过高、气压过低以及有腐蚀或爆炸危险的环境之中，应使用符合环境要求的特殊性能的焊机。

②焊机必须平稳安放在通风良好、干燥的地方。

③焊机的工作环境应防止剧烈振动和碰撞。

④在有腐蚀气体和导电性尘埃的场所，焊机必须作隔离维护。

⑤受潮的焊机应用人工干燥方法进行干燥，受潮严重时必须进行检修。

⑥焊机应半年进行一次例行维修保养，发现绝缘损坏、电刷磨损或损坏等及时检修。

⑦应当避免和减少焊机的超负荷运行。

焊机暂载率 =（在选定的工作时间内焊机负荷的时间/选定的工作时间周期）* 100%

我国有关标准规定，对于500 A以下的焊机选定的工作时间周期为5 min。计算暂载率时，在实际焊接工程中，每个5 min内测量出焊机输出焊接电流时间（即电弧燃烧时间），代入公式而得出暂载率。而且还规定手工电弧焊的暂载率为60%。标牌末规定的额定电流，是在额定暂载率负数状态下使用的焊机电流。

3. 焊接设备的安全要求

（1）焊机保护性接地（零）安全技术条件

①所有交流/旋转式直流电机和焊接整流器的内外壳，均必须装设保护性接地或接零装置。

②焊机的接地装置可用铜棒或无缝钢管作接地极打入地里深度不小于1m，接地电阻小于4欧。

③焊机的接地装置可以广泛利用自然接地极。如铺设于地下的属于本单位独立系统的自来水管或与大地有可能连接的建筑物的金属结构等。但氧气和乙炔管道以及其他可燃易燃用品的容器和管道，严禁走位自然接地。

④自然接地极电阻超过4欧时，应采用人工接地极

⑤弧变压器的二次线圈与焊件相接的一端也必须接地（接零）。但二次线圈一端接地或接零时，则焊件不应接地或接零。

⑥凡是在有接地或接零的装置的焊件上（如机床的部件）进行焊接时应将焊件的接地线或接零线暂时拆除，焊完后方可恢复。在焊接与大地紧密相连的焊件（如自来水管、房屋的金属立柱等）时，如果焊件的接地电阻小于4欧，则应将焊机二次线圈一端的接地线或接零线暂时解开，焊完后再恢复。总之，变压器二次端与焊件不应同时存在接地或接零装置。

⑦用于焊机接地或接零的导线，应当符合下列安全要求。

a. 要有足够的截面积。接地线截面积一般为相线截面积的1/2 ~ 1/3，接零线截面积的大小，应保证其容量（短路电流）大于离电焊机最近处的熔断器额定电流的2.5倍，或者大于相应的自动开关跳闸电流的1.2倍。采用铝线、铜线和钢丝的最小截面积，分别不小于6.4 mm^2 和12 mm^2。

b. 接地或接零线必须用整根的，中间不得有接头。与焊机及接地体的连接必须牢固，应用螺栓拧紧。在有震动的地方，应当采用弹簧垫圈、防松螺母等防松动措施。固定安装的电焊机，上述连接应采用焊接。

⑧所有电焊设备的接地(接零)线,不得串联接入接地体或零线干线。

⑨连接接地或接零线时,应当首先将导线接到接地体上或零线干线上,然后将另一端接到焊接设备外壳上,拆除接地或接零线的顺序则恰好相反,应先将接地(或接零)线先从设备外壳上拆下,然后再解除与接地体或接零干线的连接,不得颠倒顺序。

(2)焊机空载自动断电保护装置

①焊机一般都应装设空载自动断电保护装置;在高空、水下、容器管道内或局限性空间等处的电焊作业,焊机必须安装空载自动断电装置。

②为了安全与节电,焊机空载自动断电装置应满足以下基本要求:对焊机引弧无明显影响;保证焊机空载电压在安全电压以下;装置的最短断电延时为1 s±0.3 s;降低空载损耗不低于90%。

任务二　焊接电缆的安全要求

1. 焊接电缆

焊接电缆是焊机连接焊件、工作台、焊钳或焊枪等的绝缘导线,一般具备良好的导电能力和绝缘外皮、轻便柔软、耐油耐热、耐腐蚀和抗机械损伤能力强等性能。操作中人体与焊接电缆接触的机会较多,因此使用时应注意安全要求。

(1)长度适当。焊机电源与插座连接的电源线电压较高,触电危险性大,所以其长度越短越好,安全规则规定不得超过2~3 m。如确需较长电缆时,应架空布置,严禁将电缆线拖至工作现场地面上。

焊机与焊件和焊钳(或焊枪)连接的电缆长度,应根据工作时的具体情况确定,太长会增加电压降,太短不便操作,一般以20~30 m为宜。

(2)截面积适当电缆截面积应当根据焊接电流的大小和所需电缆长度进行选用(见表4-3),以保证电缆不得过热损坏绝缘外皮。应当说明,焊接电缆的过度超载是绝缘损坏的主要原因之一。

表4-3　焊接电缆截面积与焊接电流、电缆长度的关系

电流/A	电缆截面积/mm^2								
	电缆长度/m								
	20	30	40	50	60	70	80	90	100
100	25	25	25	25	25	25	25	28	35
150	35	35	35	35	50	50	60	70	70
200	35	35	35	50	60	70	70	70	70
300	35	50	60	60	70	70	70	85	85
400	35	50	60	70	85	85	85	95	95
500	50	60	70	85	95	95	95	120	120
600	60	70	85	85	95	95	95	120	120

(3)减少接头。为避免和减少接触电阻的热量,焊接电缆最好用整根,电缆中间不要有

接头。如需用短线接长时,接头不应超过2个。接头应用铜夹子做成,连接必须坚固可靠并保证绝缘良好。

(4)严禁利用厂房的金属结构、管道、轨道或其他与金属物体搭接起来作为电缆使用。也不能随便用其他不符合要求的电缆替换使用。

(5)不得将焊接电缆放置于电弧附近或炽热的金属旁,以免高温烫坏绝缘材料。

(6)焊接电缆应具有较好的抗机械性损伤能力和耐油耐热和耐腐蚀性能等,以适应焊工工作特点。

(7)焊接电缆还应具有良好的导电能力和绝缘外层。

任务三 焊接的电气安全技术

通过人体的电流大小,决定于线路中的电压和人体的电阻。人体的电阻除人的自身电阻外,还包括人身上所穿的衣服、鞋子等的电阻。干燥的衣服、鞋以及干燥的工作场所能使人体的电阻增大。通过人体的电流大小不同,对人体的伤害轻重程度也不同。当通过人体的电流超过0.05 A时,生命就有危险。通过0.1 A时,足以使人致命。人体的电阻由50 000 Ω可以降至800 Ω,根据欧姆定律,40 V的电压就对人体有触电的危险。而焊接工作场地所用的网络电压为380 V或220 V,焊机的空载电压一般都在60 V以上。因此,焊工在工作时必须注意防止触电,具体的焊接安全技术如下。

(1)弧焊设备的外壳必须接零或接地,而且接线应该牢固,以免由于漏电而造成触电事故。且绝对禁止在焊机开动情况下接地线。

(2)焊接设备的一次接线、修理和检查应有电工进行,焊工不可私自随便拆修。二次接线可由焊工进行连接。

(3)推拉电源刀开关或接触带电物体时,应带好干燥的皮手套,面部不要对着刀开关,以免推拉刀开关时,可能发生电弧火花而灼伤面部。并且必须单手进行。防止触电时电流通过人体心脏形成回路,造成触电者迅速死亡。

(4)焊钳应有可靠的绝缘。中断工作时,焊钳要放在安全的地方,防止焊钳与焊件之间产生短路而烧毁弧焊机。

(5)焊工的工作服、手套、绝缘鞋应保持干燥。

(6)在容器、船舱内或其他狭小工作场所施焊时,必须两人轮换操作,其中一人应留守在外面监护,一边发生意外时,立即切断电源,便于抢救。

(7)在潮湿的地方工作时,应用干燥的木板或橡胶皮等绝缘物做垫板。

(8)在光线暗的地方、容器内操作或夜间工作时,使用的工作照明灯的电压应视工作电压不得超过39 V或12 V。

(9)更换焊条时焊工不仅应带好手套,而且应避免身体与焊件接触。

(10)焊接电缆必须有完整的绝缘,不可将焊接电缆放在焊接电弧的附近或炽热得焊缝金属上,以避免高温而烧坏绝缘层;同时,也要避免碰撞磨损。焊接电缆如有破损应立即进行修理或调换。

(11)焊接地线电缆与焊件的连接必须可靠,严禁使用厂房的金属结构、管道、轨道或其他金属物体作为焊接回路导线。

(12)遇到焊工触电时,切不可赤手去拉触电者,应迅速先将电源切断。如果切断电源后触电者呈现昏迷状态,应立即实行人工呼吸,直至送到医院为止。

(13)焊工要熟悉和掌握有关电的基本知识、预防触电及触电后的急救方法等知识,严格遵守有关部门制定的安全规程,防止触电事故的发生。

项目三　触电急救

任务一　解脱电源

触电事故发生后,严重电击引起痉挛,使触电者有可能从线路上火带电的设备上摔落,但最多的是被“吸附”在带电体上,导致电流不断通过人体。因此,触电急救首先是使触电者脱离电源。

1. 低压触电者急救

(1)电源开关或插销在触电地点附近时,可立即拉开或拔出插头,断开电源。

(2)如果电源开关或插销距离较远时,可用有绝缘柄的电工钳等工具切断电线,从而断开电源,还可以用干木板等绝缘物插入触电者身下,以隔断电流的通道。

(3)弱电线落在触电者身下或被压在身下,可用干燥的绳索、木棒等绝缘物作为工具,拉开触电者或排开电线,是触电者脱离电源。

(4)如果触电者的衣服事干燥的,又没有紧捆在身上,可以用一只手抓住触电者的衣服,拉离电源。这是因触电者的身体是带电的,鞋的据热源也可能遭到破坏,所以救护人不得接触触电者的皮肤,也不能抓触电者的鞋。

2. 高压触电急救

(1)立即通知有关部门停电。

(2)戴上绝缘手套,穿上绝缘鞋,采用相应等级的绝缘工具拉开开关或切断电源。

(3)抛掷搭挂裸金属线使线路短路接地,迫使保护装置动作而断开电源。

上述触电者脱离电源的办法,应根据具体情况,以快速原则选择采用。在使触电者脱离电源的过程中,还要遵循下列注意事项。

(1)救护人员不可直接用手或金属及潮湿的物件作为救护工具,必须使用适当的绝缘工具。救护人员最好一只手操作,以防自身触电。

(2)防止触电者脱离电源后可能的摔伤,特别是触电者在高处时,应采取防坠落措施。即使触电者在平地,也要注意触电者倒下的方向,注意摔伤。

(3)如果事故发生在夜里,应迅速解决临时照明,以利抢救,避免事故扩大。

任务二　救　治

触电者脱离电源后,应尽量在现场抢救。先救后运,要根据情况即使进行相应的救治。

(1)如果触电者未失去知觉,仅在触电过程中曾一度昏迷,则应保持安静,继续观察,并请医生前来诊治或送医院。

(2)若触电者已失去知觉,但心脏跳动、呼吸还存在,应使触电者平卧,注意空气流通,解开衣服以利呼吸。还可以闻氨水、摩擦全身使之发热。如天气寒冷,还要注意保暖,同时速请医生诊治。如触电者发生呼吸困难,不是出现抽筋现象,应准备心脏停止跳动或呼吸停止后立即进行人工氧合。所谓人工氧合就是用人工方法恢复心脏跳动和呼吸互相联系的配合。

(3)如果触电者呼吸、脉搏、心脏跳动均已停止,应立即施行人工氧合进行紧急救护。

人工氧合是触电急救行之有效的科学方法。它包括人工呼吸和心脏按压(即心脏按摩)两种方法。根据触电者的具体情况,这两种方法可单独应用。人工呼吸有多种方法。其中口对口人工呼吸法效果最好,简单易学,容易掌握。心脏按压一般指的是胸外心脏按压。

任务三 心肺复苏

触电与因中毒、溺水或其他意外引起的猝死一样,必须立即抢救,使心肺复苏。心肺复苏技术有的称为“苏醒 ABCD 法”。

1. 保持呼吸道畅通

在触电者脱离电源后,或发生中毒等事故时,对神志不清的、呼吸停止的或呼吸困难的,要使其呼吸道保持畅通。只有在有毒等危险场所或无法进行抢救的场所,才可搬运。

(1)保持呼吸道畅通的方法。使猝死者仰卧,抢救者一手托住脖子,一手按住前额,使头向后仰,鼻孔朝上。

①因神志不清者仰卧时,舌和会咽松弛。堵住喉头入口,会窒息死亡。

②头向后仰,舌头离开喉头入口处,口自然张开,从而保持呼吸道畅通。

③头向后仰,下颏前伸,口张开。这是呼吸畅通的三个条件。为保持这一姿势,应在肩胛骨下垫一卷衣服、枕头或其他物件。

(2)保持呼吸畅通的注意事项

①松开触电者身上妨碍呼吸的衣物,如松开领子、解开衣扣、腰带、乳罩等。

②掏出口内的异物,如食物、假牙、血、黏液。清除血和黏液时,应将患者侧身,用自己的膝盖顶住患者的肩,然后用手帕或衣服缠到手指上擦抹口腔和咽喉。

③不能在肩胛骨下垫衣物时应用手托住患者的脖子,以保持呼吸道畅通。

④注意通风,保持空气新鲜,避免多人围观,天凉时注意保暖。

⑤以上工作应争取在 5 s 内完成,除掏出口腔异物外,其他工作也可在人工呼吸时进行。不应因这些工作而贻误抢救时机。这是因为人的心肺都停止工作时,只需延续 4 ~6 min,就可能造成脑组织死亡,即使心脏功能和体质很好的青年人,也很难超过 10 min。脑死亡的人不能复苏,即使复苏也只能是记忆丧失、四肢麻痹、痴呆的植物人,每分钟甚至每秒钟的抢救时间都是十分可贵的。

⑥触电者在电流通过胸部时,引起胸肌,肠肌,声道肌痉挛而阻碍呼吸,造成呼吸困难.甚至窒息。解脱电源后肌肉痉挛停止,如保持呼吸道畅通,有可能自行恢复呼吸。

⑦呼吸困难或停止呼吸的人,肺中蓄积大量碳酸气,极度缺氧。因此在保持呼吸道通后应立即进行口对口人工呼吸 4 次,以排除肺中的碳酸气。

2. 进行人工呼吸

人工呼吸以口对口人工呼吸最有效。它的优点:换气量大,比其他人工呼吸法大几倍;简单易学;便于和胸外心脏按压配合,不易疲劳;无禁忌。

(1)口对口人工呼吸法的做法

抢救者跪或蹲在患者一侧,手托住患者脖子(肩下已垫衣物的可不托)。一手捏紧患者的鼻孔,深吸一口气,再对患者的口吹气,然后松口,先靠患者胸腔回缩呼气,再吹气,再呼气,反复进行。吹气用 2 s,患者呼气用 3 s。一般以抢救者的自然速度即可。

(2)口对口人工呼吸注意事项

①观察患者,胸腹部随着吹气扩张,松口后回缩,证明有效。否则可能是吹气时没捏住鼻子或口没对严漏气。

②吹气量以感到患者抵抗力时停止为适度,如果患者肺部已经胀满还用力吹,空气就进入胃里了。

③如果吹气量过大或吹气过猛,剑突下方脐部周围,在肋缘下鼓胀起来。松口时胃内容物可能逆流出来,这时应将患者脸转向一侧。将口腔擦拭干净,勿使逆流物进入气管。

④用两手指轻压喉结,通过有弹性的气管将食道压瘪,有利于预防将空气吹入胃内。如果患者打嗝儿,表明空气已进入胃内,引起轻度胃膨胀。

⑤吹气顺利表明呼吸道畅通。如果吹不进气去,表明呼吸道被异物堵住,可从背后搂住患者胸部或腹部。两臂用力收缩,用压出的气流将气管中的异物冲出,使患者头朝下效果更好些。

⑥对于患者口不能张开的;抢救者口小,口对口不严漏气的;患者口有外伤的;无法进行口对口吹气时,可用手托住患者的下巴,使之嘴唇紧闭,对鼻子吹气。

总而言之,对意识丧失、停止呼吸的,应立即口对口吹气次。同时(吹气 4 次后),摸颈动脉,如无搏动,应立即进行胸外心脏按压。

摸颈动脉宜用食指和中指紧贴喉结处顺气管向侧下方平压。用手指腹侧平衡而大面积地轻压查找颈动脉,手指不可竖起。

摸颈动脉宜在脖子中下段,不能靠近下颌角。因颈总动脉在下颌角内侧颈内动脉起始膨胀大处有颈动脉窦,是压力感受器,按压此处有可能发生危险。

3. 胸外心脏按压

胸外心脏按压的原理是:按压胸骨,使位于胸骨和脊椎骨之间的心脏收缩,压出血液,放松时胸廓和心脏舒张,使来自静脉的血液充满心脏,达到维持患者血液循环,使心脏恢复正常、自然收缩的目的。

(1)胸外心脏按压疗法。先确定按压点,胸骨下部 1/3 处,即剑突(心口窝上方的尖状软骨)上二横指处。

然后两手扣住用掌根向下按压,压下 3 ~ 4 cm 即放松,反复进行,每秒 1 次。

按压时摸颈动脉,如果有搏动,表明挤压正确有效,如无搏动应改正挤压方法 q 按压时血压可达 80 ~ 100 mmHg(10 ~ 13 kPa),是可以摸到的。

应配合人工呼吸连续挤压,直至复苏。复苏的征兆有:恢复呼吸,瞳孔回缩,手脚晃动,睫毛恢复反射,有动作,面色从苍白转红,肌张力恢复等。如果出现一些上述征兆,但仍无脉搏时,表明发生心室纤维颤动,必须继续进行胸外心脏按压。

(2)配合人工呼吸的做法。1 人抢救时先吹气 2 次,再按压。15 次;2 人一起抢救时,每按压 5 次吹气 1 次,吹气时不可按压。在按压人数到第 3 次时做人工呼吸的人吸气,做到第 5 次时吹气,按压稍停,在吹气人松口时继续按压。

(3)胸外心脏按压注意事项

①只能按压胸骨下部,这里弹性大,不要按压胸骨上部或下部肋骨,以免造成骨折。不要按压腹部,以免伤害内胺,尤其肝脏可能破裂,用力过大、过猛也可能造成骨折。

②按压时双臂伸直,借助于身体前倾的力量向下按压。按压之后,手的姿势不变,不动地方,伸腰使手放松,但不要离开胸骨,掌根用力,不要手掌用力。按压应有节奏,并利用弹性作用促使心脏产生收缩和舒张。

③确认心脏是否已经停止跳动的根据为是否意识丧失和颈动脉是否搏动。心跳停止后,一般 1 min 瞳孔放大强直,对光反应消失。

④胸外心脏按压不应在软床或厚泡沫塑料垫上进行,以免影响效果。

⑤为增强抢救效果,可将患者双腿抬高,以利于下肢静脉血液流回心脏。

⑥抢救必须坚持,许多触电者是在抢救 3 ~4 h 后复苏的,也有 10 ~12 h 后才复苏的。只有患者出现尸体僵硬时,才可停止抢救。尸斑是在重力作用下血液淤滞在皮肤下面形成的青色和红色斑块。

⑦对于发生触电或其他意外时立即抢救的,不论延误了多长时间,都应该积极抢救。若心跳停止 6 min 可能引起脑死亡。但延误的时间不等于心脏停止跳动的时间,除非出现尸斑、尸体僵硬或医生认为无抢救价值的才可以放弃抢教。

抢救中交医生或改用苏生器时,人工呼吸和胸外心脏按压应尽量不中断。

学习情境五　特殊焊接作业安全

【一】知识目标

1. 能掌握燃料容器检修焊补安全知识；
2. 能掌握高处焊接作业安全知识；
3. 能掌握局限空间内焊接作业安全知识。

【二】能力目标

1. 掌握置换动火的安全措施；
2. 掌握高处焊接作业中个人防护措施；
3. 能分析局限空间焊接作业危险性。

【三】任务链接

1. 燃料容器检修焊补安全；
2. 高处焊接作业安全；
3. 局限空间内焊接作业安全。

• 情境描述

在某些行业中，如化工、石油、建筑、造船、铁路、沿海大陆架的开发和海上打捞工程等，对焊接与切割作业安全有不同的要求。本学习情境着重介绍特殊焊接作业安全，如燃料容器焊补安全，水下焊接与切割安全，高处焊接作业安全，局部空间内焊接作业安全等。

项目一　燃料容器检修焊补安全

工厂企业的各种燃料容器（桶、箱、槽、柜、罐和塔等）与管道，在工作中因承受内部介质的压力、温度、化学与电化学腐蚀的作用，或由于结构、材料及焊接工艺的缺陷（如夹渣、气孔、咬边、错口、熔化不良和焊缝的延迟裂纹等），在使用过程中可能产生裂缝和穿孔。因此，在生产过程中的检修和定期检修时，有时会遇到盛装可燃易爆物质的容器与管道需要动火焊补。这类焊接操作往往在易燃易爆、易中毒的情况下进行。而且是任务急、时间紧，经常处于易燃易爆和有中毒危险情况下工作，稍有忽略可能发生严重的事故。

1. 发生火灾和爆炸事故的原因

（1）在置换和清理过程中，产生静电火花或因其他明火引起爆炸性混合物的爆炸着火。

（2）焊接动火前，取样化验和检测数据不准确，或取样的部位不恰当，使得置换不彻底，在容器内存在有爆炸性混合气体。

（3）在补焊操作过程中，动火条件发生变化，虽然动火前进行仔细清洗，检测也合格，但是随着动火补焊的进行,夹藏在保温材料中的可燃物随着温度的升高而逸出,遇到明火仍可引起爆炸事故。

(4)焊补检修容器未与生产系统隔绝,致使可燃气体或蒸气相互串通,进入动火区段,或是一面动火,一面生产,互不联系,在放料排气时遇到火花。

(5)在尚具有着火和爆炸危险的车间仓库等仓室内进行检修补焊。

(6)补焊未经置换处理的容器,或无孔洞的密封容器。比如用水置换时,水位放的较高,在开口的顶部被水封闭成一个密闭的空间,极易发生爆炸。

2. 动火补焊的安全技术措施

一般采用置换动火的方法,就是通过清洗,用惰性介质置换,将残存的可燃物排除,使其在室内的含量低于爆炸极限的下限,从而保证补焊操作的安全,具体要求如下:

(1)隔离。在易燃易爆的设备上需要补焊的工件,凡是可拆卸的,可移动的都必须拆下来移到固定的动火区进行补焊。固定的动火区要符合下列的条件要求。

应采用盲板将与之连接的进出管路截断,使之与生产的部分完全隔离。盲板的密封性要好,并且要有足够的强度,以承受燃料供应系统管路的压力。与可燃物生产现场,车间要隔开,不准有门、窗、地沟、管道相通。生产车间有可燃物正常放空,或发生事故时,可燃气体不能扩散到动火区。准备好足够数量的有效的灭火器材。周围划定界限,并有“动火区”的标志。

(2)严格进行清理、置换。常用的置换气体有氮气、二氧化碳、水蒸气、水。置换后是否符合要求,不能用置换次数来衡量,必须以化验分析的结果为依据。可燃物的浓度小于0.5%,才认为合格。没有经过化验分析的容器不准补焊。清洗时可用热的碱水或水蒸气煮沸,时间不小于2 h。

(3)取样分析和检视。置换清洗后,必须从容器内外不同地点抽取混合气样品,进行化验分析,合格后方可补焊。在动火过程中,还要用仪表监视,以免动火条件变化。当发现可燃物浓度上升到危险指标时,应立即停止补焊,再次清洗合格为止。

(4)安全组织工作。在检修动火前,应制订计划,施工作业程序,安全措施,动火前还要与生产人员、救护人员联系,必要时通知厂内消防队。工作地点周围10 m内应停止其他用火工作。补焊前,把容器的所有人孔、手孔、清扫孔盖打开。现场需要照明时,应用防爆手提灯,电源使用12 V以下的安全电压。

任务一　置换动火的安全措施

置换动火就是在焊补前实行严格的惰性介质置换,将原有的可燃物排出,使容器内的可燃物含量不能形成爆炸性混合物的条件,保证焊补操作的安全。根据现行安全规则的规定,燃料容器的检修焊补,必须采用置换动火的办法。

为了有效防止爆炸着火事故,置换动火必须采取下列安全技术措施。

(1)燃料容器与管道停工后,通常采用盲板将与之连接的出入管路截断,使焊补的容器管道与生产的部分完全隔离。为了有效防止爆炸事故的发生,盲板除必须保证严密不漏气外,还应保证能耐管路的工作压力,避免盲板受压破裂。为此,在盲板与阀门之间应加设放空管或压力表,并派专人看守。否则应将管路拆卸一节。有些短时间的检修工作可用水封切断气源,但须有专人在现场看守水封溢流管的溢流情况,防止水封失效。

(2)焊补前,可采用蒸汽蒸煮,接着用置换介质吹净等方法将容器内部的可燃物质和有毒性物质置换出来。在置换过程中要不断取样分析,严格控制容器的可燃物含量。可燃容器内部的可燃物含量不得超过爆炸下限的1/5。如果需进入容器内操作,除保证可燃物不得超过上述的含量外,还要保证含氧量为18%~21%,毒物含量应符合卫生标准的规定。

(3)常用的置换介质有氮气、二氧化碳、水蒸气或水等。以气体作为置换介质时,其需用量不能以超过被置换介质容积的几倍来计算,而必须以气体成分化验分析合格为准。以取作为置换介质时,将容器灌满即可。

(4)未经置换处理,或虽已置换但尚未分析化验气体成分为合格的可燃容器,均不得随意动火焊补。

(5)置换作业后,容器的里外都必须仔细清洗,特别应当注意有些可燃易爆物质被吸附在容器内表面的积垢或外表面的保温材料中,由于温差和压力变化的影响,置换后还能陆续散发出来,导致焊补操作中容器内可燃气浓度发生变化,形成爆炸性混合物而发生爆炸和着火事故。

(6)在无法清洗的特殊情况下,在容器外焊补动火时应尽量多灌装清水,以缩小容器内可能形成爆炸性混合物的空间。容器顶部须留出与大气相通的孔口,以防止容器内压力的上升。并且应当在动火时保证不间断地进行机械通风换气,稀释可燃气体和空气混合物。

(7)动火焊补时,应打开容器的人孔、手孔、清扫孔和放散管等。严禁焊补未开孔洞的密封容器。

(8)进入容器内采用气焊动火时,点燃和熄灭焊枪的操作均应在容器外部进行,防止过多的乙炔气聚集在容器内。

(9)在工作地点周围10 m内应停止其他用火工作,并将易燃物品移到安全场所。电焊机二次回路及气焊设备、乙炔皮管要远离易燃物,防止操作时因线路发生火花或乙炔皮管漏气而起火。

⑩检修动火前除应准备必要的材料、工具外,还必须准备好消防器材。在黑暗处或夜间工作,应有足够的照明,并准备好带有防护罩的手提低压(12 V)行灯等。

项目二　高处焊接作业安全

凡在坠落高度基准面2 m以上(含2 m)有可能坠落的高度进行的作业,均称为高处作业。由于在高处操作,往往活动范围狭窄,发现事故征兆很难紧急回避,发生事故的可能性比较大,而且事故严重程度高,因此,必须加以特殊注意。高处焊接与切割作业易发生的事故有触电、坠落、火灾和物体打击等。

任务一　个人防护措施

凡进入高空作业区和登高进行焊割操作,必须戴好安全帽。使用耐热性能好的安全带,穿胶底鞋,不得使用尼龙安全带等耐热性差的材料。安全带应紧固牢靠,安全绳长度必须小于2 m。应使用符合安全要求的梯子。梯脚需包扎橡皮防滑垫,梯子与地面夹角不得大于60°。使用人字梯时应用限跨铁钩挂住单梯,使其夹角为40°。不准二人在同一梯子(或人字梯的同梯子的最顶档工作。正确穿戴工作服、绝缘鞋、防护手套、耳塞等,绝缘鞋应满足抗热、不易燃和防滑的要求。为防止焊工皮肤不受电弧伤害,焊工宜穿浅色或白色帆布工作服,工作服袖口应扎紧,扣好领口,皮肤不外露。

脚手板要事先经过检查,不得使用腐木混合板。板面需打防滑条,并装设扶手,脚手板单程人行道宽度不少于 0.6 m,于 1.2 m。

安全网需张挺,不得留缺口,而且应层层翻高,应经常检查安全网的质量,发现有损坏时必须立即更换。安全网的架设应外高里低,铺设平整,不留缝隙,随时清理网上杂物,安全网应随作业点升高而提升。发现安全网破损应按要求更换。

任务二 防火措施

登高焊割作业点周围及下方地面上,火星飞落所及范围内的可燃易爆物品应彻底清除。在作业点下方地面上 10 m 范围内,应设栏杆挡隔。应派专人看火,并设置接火盘接火。焊工不得将胶管缠绕在身上操作。每次工作结束后,必须检查是否留下火种,确认安全后才能离开现场。具体做到:

(1)在规定的禁火区内,严禁进行焊接作业。若需要焊接时,应把工件拆除,移到指定的动火区内或在安全区内进行。

(2)高处焊接作业之前应首先清除作业点周围及下方地面火星飞落所及范围内可燃易爆物品。

(3)高处焊接作业应采取防火花飞溅措施,在焊接点下方放置接火盆或铺设防火毯,焊接点下方地面设置警戒区进行隔离。

(4)乙炔气瓶(禁止卧放)、氧气瓶相距 5 m,并与火源距离不得少于 10 m。

(5)焊接作业现场应配备足够的灭火器,以备需要时可立即使用。

(6)工作结束后清理动火现场,不留火种,确认安全后才能离开现场。

任务三 用电安全要求

(1)电焊机的使用坚持“一机一箱一闸一漏”的原则。即每台电焊机必须配备一个独立的电源控制箱,控制箱内有自动空气开关和漏电保护器。

(2)高处作业位置距离高压线、裸导线或低压线小于 2 m 时,必须停电方可进行焊接作业。电源切断后,应挂“有人工作,严禁合闸”标识牌。

(3)电焊机外壳要有良好的接地,且接地电阻值不超过 4 Ω。

(4)焊钳和二次电缆线必须绝缘良好,不能有破损、裸露或漏电现象。

(5)电焊机回路线应接在焊件上,把线不能与其他设备搭接。严禁使用构件、轨道、管道、脚手架或其他金属物搭接起来代替焊接电缆使用。

(6)焊接用的气体胶管和电缆应妥善固定。禁止将气体胶管、电缆线搭在肩上或缠在腰间。

任务四 预防物体打击的安全措施

(1)高处焊接作业点下方应设置围栏或遮拦,不准人员通过,并悬挂警告标志。在高层上下层同时作业时，中间应搭设严密牢固的防护隔离设施，以防落物伤人。

(2)焊条、工具和零件等必须装在专用的工具袋内。严禁上下投掷材料、工具，焊条头、边角料和杂物放到垃圾桶中，不得随意往下抛掷。

(3)高处作业时电焊的物件不得移动，工件、材料等放置在牢靠的地方或用铁丝扣牢，并有防坠落措施；焊工常用的手锤、渣铲、钢丝刷等工具应连接固定。

(4)各种工具及材料可采用绳子吊运，大型零件和材料应用起重工具设备吊运。

(5)工作中及工作结束，应随时将作业点周围的一切物品清理干净，以防落下伤人。

任务五　其他安全措施

下列气象条件禁止登高焊割作业：6 级以上大风、雨天、大雪、雾天等。

登高焊割人员应经过健康检查合格，患有高血压、心脏病和癫痫病等，以及医生证明不能登高作业者，一律不得登高焊割操作。

项目三　局限空间内焊接作业安全

所谓“局限空间”，一般是指容积小、自然通风差的空间，也指那些不需要经常进入其间进行保养、维修或清扫的空间，即平时无人进入工作的封闭空间。故有人也称其为“有限空间”“密闭空间”或“设备内”等。广义上也包括不具备一般工作场所固有的安全特点（如照明、通风、换气、通道）的任何一种空间环境。

美国联邦法规 1910·146. J《审批性局限空间》，给出“局限空间”的定义是指具备下述条件的空间：

(1)空间足够大，雇员身体可全部进入并可在其中进行指定的作业。

(2)进入该空间的方式受限（如塔储罐、储槽、筒仓、储藏间、地坑等都是进出方式受限的空间）。

(3)该空间不是雇员常设工作地点：

审批性局限空间是指具备下述一个或几个条件的局限空间：

①会有有毒大气或可能产生有害大气；

②会有可能淹、埋进入者的物质；

③内部有能把进入者夹住或窒息的结构，如向内咬合的凸（齿）轮、向下倾斜的工作面或收缩口较小的罐形装置等；

④有任何其他已知严重危害安全和健康的因素。

任务一　局限空间焊接作业危险性分析

局限空间焊接作业的危险性，不仅取决于系统清洗、置换处理程度、容器内部结构，还与施工进度、难度、劳动组织协调等密切相关，其危险性有以下几方面。

1. 环境危险

(1)缺氧危险。系统经退料、蒸煮、清洗、置换等处理后容器（空间）因通风不畅，氧含量小于18%，有时施工用火内部耗氧量大，氧含量达不到18%。

(2)易燃、可燃物。系统处理不干净，容器(空间)内存在死角，相连物料管线未隔离物料内漏、互串，施工用易燃、可燃物料泄漏，运行设备发生跑、冒、滴、漏等。

(3)有毒有害物。系统处理不干净，存在残留H_2S、瓦斯、CO等。填料吸附有毒有害物系统未隔离，开工过程中系统阀门关不严，内漏惰性气体。值得注意的是：在一般作业环境中"有毒"和"无毒"的界限和概念是非常清楚的。但将这两个概念引用到局限空间作业环境时，就都是相对的。如在一间2 m×1.5 m×2.7 m(总容积8.1 m^3)的标准卫生间中洗浴，当用管道煤气热水器时，燃烧1 m^3煤气将生成同体积的CO_2并消耗0.5 m^3的氧。此时，如卫生间是密不通风的，空气中CO_2浓度将达到8%以上，同时因空气中的氧分在阵低，氧含量将低于16%。两者均已达到可使人瞬间昏迷的浓度，若抢救不及时，死亡在所难免。

(4)局限空间内有转动构件。系统停工处理后，转动构件动力源(电源、气源等)未隔离，误送电或误操作、接线错误，施工不协调，启动转动构件。

2. 施工危险

(1)触电危险。施工照明，设备用电，未使用安全电压和漏电保护装置，电源线破损，工具、设备漏电，违章作业。

(2)脚手架及其使用隐患。容器内搭设高脚手架不规范，稳定性差，跳板滑动，材料不合格。使用时超载、脚手架下塌或翻倒、坠落和物体打击伤害。

(3)防护器材及其使用缺陷。气体防护器材、安全带、安全帽使用不正确；气体防护器材缺陷；氧气源不足，药剂失效，输送软管漏气、脱落、未定期检验，监测仪器不准确。

(4)施工机具缺陷。施工用卷扬机、起重机、手持电动工具未能安全检查，出现卷扬机刹车不灵、钢丝绳断、手持电动工具漏电等。

(5)焊接粉尘、高温危害等。

任务二　局限空间作业主要危险

局限空间作业主要危险是缺氧、窒息和着火爆炸。

一、缺氧的原因和事例

缺氧的原因和事例见表5-1。

表5-1　缺氧的原因和事例

项目	原因	事　例
空气中氧被消耗	氧化物氧化	(1)罐槽内壁材料，由于存在水分而引起氧化 (2)储存运输过程中氧被消耗
	谷物、水果、蔬菜等的呼吸作用	(1)贮藏库内谷物、水果、蔬菜等呼吸作用耗O_2产生CO_2 (2)原木、木屑的呼吸作用和发酵作用
	有机物的腐蚀	粪、尿、污水等有机物腐败，消耗氧而产生H_2S，CO_2
	密闭小室	小型冷藏库、冷冻室等，储存物耗氧而产生窒息性气体

表 5－1(续)

项目	原因	事　例
含氧量少的空气喷逸	逆流	建筑物的基础工程和地下铁路工程沙砾层间的空气,由于二价铁盐的氧化作用而耗氧,当工程减压时,发生逆流
	渗流	缺氧空气从基础工程渗流到基础坑、地下室、井等
	地层内空气喷出	残存的缺氧空气,向附近基础坑、地下室、井等喷出
	减压时涌处	用水气工程法压出、沙砾层内的空气减压时涌出
惰性气体	槽内充入氧气	容易引起火灾,极易氧化物质的处理工程有时需要充 N_2
	采用 N_2 稀释冲洗	用 N_2 冲洗易燃易爆的反应罐、贮槽
	用 CO_2 保险	水果蔬菜保鲜贮藏,需充以 CO_2
	干冰的应用	使用干冰的场所,而产生 CO_2
	发酵作用	酿酒、制造抗生物质等工程发酵槽、贮槽内 CO_2 浓度高
	甲烷涌出	(1)沼泽地区、污浊港湾渗涌出甲烷发生缺氧 (2)石岩层的隧道工程产生甲烷,发生缺氧
	CO_2 喷出	(1)换气不畅的狭窄场所在使用 CO_2 灭火器时造成缺氧 (2)焊接时用 CO_2 保护,因换气不良,CO_2 浓度大,发生缺氧
其他	长期未使用水井	由于有机物腐败耗氧而缺氧
	地下水沟	排入暗沟,由于低铁化合物侵入而发生缺氧
	设备管道内	只用惰性气置换了易燃易爆,有毒物质,未用空气置换惰性气体
	缺氧的症状	21%,正常空气成分 18%,安全界限 16%,头痛、恶心、呼吸和脉搏增加 12%,呼吸扰乱、疲乏、判断错误、感情混乱 10%,呕吐、丧失知觉 8%,昏睡丧失知觉,8 min 内死亡 6%,呼吸停止,甚至死亡

二、发生着火爆炸事故的原因

(1)焊接动火前对容器内的可燃物置换不彻底,或取样化验和检测数值不准确,或取样部位不适当,结果在局限空间内或动火点周围存在着爆炸混合物。

(2)在焊补操作过程中,动火条件发生了变化。

(3)动火检修的容器未与生产系统隔绝,致使易爆气体或蒸汽互相串通,进入动火区段;或是一面动火,一面生产,互不联系。在放料排气时遇到火花。

(4)在尚具有燃爆危险的车间、仓库等室内进行爆炸检修。

(5)对未经安全处理或未开孔洞的密封容器进行气割或焊接。

三、局限空间焊接作业安全措施

1. 实行隔离

(1)采用盲板使焊补的容器管道与生产的部分完全隔离。盲板除必须保证严密不漏气外,还应保证能耐管路的工作压力。电气系统挂警告牌,进行断开处理。

(2)为避免盲板受压被裂,在盲板与阀门间应加设放空管或压力表,并派专人看守。

(3)凡可拆卸并有条件移动到固定动火区焊割的物件,移至固定动火区焊补。

2. 彻底置换

(1)通常采用蒸汽蒸煮,接着用置换介质吹净等方法,将容器内部的可燃易燃和有毒物质置换排出。常用置换介质有氮气、二氧化碳、蒸汽或水等。

(2)在可燃物容器外焊割,操作者不进入容器内,其内部可燃物含量不得超过爆炸下限的1/3~1/4;若需进入容器内焊补,除可燃物不得超过上述含量外,还应保证含氧量在18%~21%,毒物含量应符合《工业企业设计卫生标准》(GBZ 1-2002)的规定。

(3)置换作业必须以气体成分化验分析合格为准。

(4)只置换易燃易爆有毒物质。若操作者需进入容器作业,还需用空气置换惰性气体。条件许可,可机械通风,使容器内空气处于对流状态。

(5)未经置换处理,或虽已置换但尚未分析化验气体成分为合格的可燃物容器,均不得随意动火焊补。

3. 清洗

(1)焊补前,可燃易燃易爆容器管道内必须仔细清洗干净。

(2)有保温材料的容器管道,其里外必须清洗,应将动火点周围1 m的保温材料拆除,焊补完后恢复。

4. 气体分析和监测

(1)检修动火开始前0.5 h内,必须从容器内外的不同地点取混合气样品进行化验、分析,化验分析合格后方可动火焊补。

(2)焊补过程中需要继续用仪表监测,发现可燃易燃气浓度上升,立即暂停火,每次置换情况化验分析合格后方可再开始动火焊补。

(3)动火焊补时,应打开容器的人孔、手孔、清扫孔和放空管,严禁焊补未开孔洞的密闭容器。

5. 安全管理

(1)检修动火前,必须按HG23011—1999《厂区动火作业安全规程》规定办理《动火作业证书》,明确动火程序,落实安全措施,并应通知厂内消防队。

(2)在工作地点周围10 m内应停止其他用火工作,并将易燃易爆物品移至安全场所。

(3)必须准备好消防器材,在黑暗处或夜间工作,应有足够的照明,并准备好带用防护罩的手提行灯(12 V)等。

学习情境六　焊接有害因素与防护

【一】知识目标

1. 能简单叙述焊接过程中的有害因素及其危害；
2. 能正确的描述焊接过程中的基本防护措施。

【二】能力目标

1. 能够分析某一焊接作业条件下存在的焊接有害因素；
2. 能够在焊接作业中采取正确的防护措施。

【三】任务链接

1. 焊接烟尘；
2. 焊接的有害气体；
3. 电焊烟尘和有毒气体卫生标准；
4. 弧光辐射；
5. 焊接烟尘和有害气体的防护；
6. 个人防护措施；
7. 高频电磁场防护；
8. 噪声防护措施；
9. 射线防护。

• 情境描述

焊接过程产生的影响人体健康的有害因素，可分为物理有害因素与化学有害因素两大类。接环境中可能存在的物理有害因素有电焊弧光、高频电磁波、热辐射、噪声及放射线等。可能存在的化学有害因素有焊接烟尘、有害气体等。

焊接作业虽然存在此有害因素，但是，只要采取正确防护措施，无论是已知的危害，还是新出现的有害因素，都能有效地加以预防，从而保护焊接作业人员的安全健康。

项目一　焊接有害因素及对人体的危害

任务一　焊 接 烟 尘

焊接烟尘也称之为金属烟尘，在焊接过程中各种影响人体健康的有害因素中，由于接触金属烟尘的人数最多，因此，金属焊接烟尘是影响面最大的有害因素。

1. 焊接烟尘的产生

焊接作业在焊接过程中会产生大量的金属粉尘，称为焊接烟尘。焊接烟尘包括烟气和粉尘。焊接烟尘的来源：

(1)焊缝过程中金属元素的蒸发和氧化；

(2)焊条药皮的蒸发和氧化；

(3)金属表面的涂料及污垢；

(4)焊接工艺特性及设备影响。

气电焊和等离子弧焊使用光焊条，不像厚药皮焊条那样烟雾弥漫，不过在焊接过程中仍然会产生较高浓度的烟尘。氩弧焊烟尘的产生主要来源于焊接时的金属氧化物，空气中粉尘浓度及成分取决于焊材种类及焊接规范，如焊接铝时可产生铝粉尘，焊接铜时可产生铜和氧化锌粉尘。焊接电流强度越大产生的粉尘浓度越高，反之则小。焊接铝及铝镁合金时，工作地点空气中粉尘浓度可达 100 mg/m^3，其成分为 $Al^2O^3$50%~95%，MgO 15%，MnO O5% o 焊接镁铝合金时粉尘浓度可达 250 mg/m^3。焊接铜合金时，粉尘浓度可达 80~390 mg/m^3。据测定采用 CO^2 气体保护焊焊接碳钢或 16 号锰钢时，锰尘的浓度分别达到 5.33 mg/m^3 和 410 mg/m^3，已超过卫生标准十多倍。

等离子焊操作过程中所存在的金属及其氧化物烟尘的种类与所使用的金属材料的成分密切相关，而浓度则受工艺特性、设备功率、等离子焰流的喷出速度和有无防护措施，特别是受有无抽风排尘装置等因素的影响。由于等离子弧的温度远较其他电弧为高，而且等离子弧有一定的冲击力，所以产生的烟尘浓度亦较高，例如等离子焊接不锈钢，在无局部机械排风条件下，烟尘浓度可达 24.5~31.3 mg/m^3。

2. 焊接烟尘的危害

(1)焊工尘肺

尘肺是指由于长期吸入超过规定浓度的、能引起肺组织弥漫性纤维化的粉尘所致的疾病。尘肺的发病比较缓慢，一般在接触焊接烟尘后 10 年甚至更长时间。主要表现为呼吸系统症状有气短、咳嗽、咳痰、胸闷和胸痛，部分尘肺患者可呈现无力、食欲减退、体重减轻以及神经衰弱症候群(如头痛、头晕、失眠、嗜睡、多梦、记忆力减退等)。

(2)锰中毒

锰蒸气在空气中能很快地氧化成一氧化锰及四氧化三锰烟雾，长期吸入超过允许浓度的锰及其化合物的微粒和蒸气，可能造成锰中毒。进人体内的锰及其化合物，大部分随肝脏胆汁和大便排出，小部分随小便排走，余量则在血液循环中与蛋白质相结合，以难溶的盐类形式积蓄在脑、肝、肾、骨骼、淋巴结及毛发等处。锰及其化合物主要作用于末梢神经系统和中枢神经系统，能引起严重的器质性改变。锰中毒发病很慢，大多数在接触 3~5 年后，甚至可长达 20 年才逐渐发病。

慢性锰中毒的早期表现为疲劳乏力，时常有头痛头晕、失眠、记忆力减退等症状，以及植物神经功能紊乱，如舌、眼睑和手指的细微震颤等。中毒较重时，神经症状均更为明显，而且转弯、跨越、下蹲等都较困难，走路时左右摇摆或前冲后倒，书写时震颤不清等。

(3)焊工金属热

焊接金属烟尘中的氧化铁、氧化锰微粒和氟化物等物质容易通过上呼吸道进入末梢细支气管和肺泡，再进入体内，引起焊工金属烟热反应。手工电弧焊时，碱性焊条比酸性焊条容易产生金属烟热反应。其主要症状是工作后寒战，继之发烧、倦怠、口内金属味、恶心、喉痒、呼吸困难、胸痛、食欲不振等。在密闭罐、船舱内使用碱性焊条焊接的焊工,当通风措施和个人防护不力时,容易造成金属烟热病。

任务二 焊接的有害气体

1. 有害气体的种类

在焊接电弧的强烈紫外线作用下,在弧区周围可形成多种有毒有害气体,其中主要有臭氧、氮氧化物、一氧化碳和氟化氢等。

(1)臭氧 空气中的氧,在短波紫外线的激发下,被大量地破坏而生成臭氧。臭氧是一种淡蓝色的有毒气体,具有刺激性气味。明弧焊可产生臭氧,氩弧焊和等离子弧焊更为突出。

臭氧浓度与焊接材料、焊接规范、保护气体等有关。一般情况下,手工弧焊时的臭氧浓度较低。我国将臭氧浓度卫生标准规定为 0.3 mg/m^3。

(2)氮氧化物 焊接过程中的氮氧化物是由于电弧高温作用,引起空气中氮氧分子离解,重新结合而形成的。尤其是手工钨极氩弧焊、等离子弧焊接铝硅合金、铸铝、铜合金时,氮氧化物浓度极高。

氮氧化物也属于具有刺激性的有毒气体,但它比臭氧的毒性小。氮氧化物的种类很多,除二氧化氮外均不稳定,遇光、湿或热即变成二氧化氮及一氧化氮,一氧化氮在常温下又迅速氧化成二氧化氮。所以,在明弧焊中常见的氮氧化物为二氧化氮,其次为一氧化氮和四氧化二氮。常以测定二氧化氮的浓度来表示氮氧化物的存在情况。

在焊接操作中,氮氧化物单一存在的可能性很小,通常是臭氧和氮氧化物同时存在,联合作用,因此,它们的毒性更大。影响产生氮氧化物的浓度因素与臭氧相似。

我国规定氮氧化物(换算为二氧化氮)的卫生标准为 5 mg/m^3。

(3)一氧化碳 各种明弧焊都产生一氧化碳有害气体,但其中以二氧化碳保护焊产生的一氧化碳浓度最高,它是二氧化碳气体在电弧高温作用下分解形成的,同时,二氧化碳和分解后的氧还会与金属中的铁、硅、锰元素发生氧化反应,产生一氧化碳及氧化物。

一氧化碳为无色、无臭、无刺激性的窒息性气体。在罐、舱等通风不良的密闭容器内手工电弧焊接,其烟气中的一氧化碳含量较高,但通风良好的焊接现场含量很低。

我国规定,一氧化碳的卫生标准为 30 mg/m^3。

(4)氟化氢 氟化氢主要产生于手工电弧焊。焊条药皮中,通常含有萤石和石英石,在电弧高温作用下形成氟化氢气体。

氟及其化合物均有刺激作用,其中以氟化氢作用更为明显。氟化氢为无色气体,极易溶于水形成氢氟酸。二者的腐蚀性均强,毒性剧烈。

我国卫生标准规定,氟化氢气体的最高允许浓度(换算成氟)为 1 mg/m^3。

还需指出的是,烟尘与有毒气体存在着一定的内在联系。烟尘越多,电弧辐射越弱,有害气体浓度越低。反之,烟尘少时,电弧辐射就强,有害气体浓度就越高。

2. 有害气体的危害

(1)臭氧的危害 臭氧主要对人体的呼吸道及肺有强烈刺激作用。臭氧浓度超过一定限度,特别是在密闭容器内焊接而通风不良时,可引起支气管炎、咳嗽、胸闷、食欲不振、全身疼痛等症状。臭氧对人体的作用是可逆的,脱离接触后可得到恢复。

(2)氮氧化物危害　氮氧化物对人体的危害主要是对肺有刺激作用。氮氧化物中毒多是以呼吸系统急性损害为主的全身性疾病。慢性氮氧化物中毒时的主要症状是神经衰弱,如失眠、头痛、食欲不振、体重下降。此外,还可以引起慢性支气管炎及皮肤过敏和牙齿酸蚀症等。重度中毒时,咳嗽加剧,可发生肺水肿、呼吸困难、虚脱等症状。

(3)一氧化碳中毒　一氧化碳是一种窒息性气体,它对人体的毒性作用是由于经呼吸道吸入的一氧化碳,使氧在体内的输送或组织吸收氧的功能发生障碍,造成组织内缺氧,出现一系列缺氧的症状和体征。一氧化碳进入体内,与血红蛋白结合成碳氧血红蛋白,减弱了血液携氧的能力,使人体组织因缺氧而坏死。一氧化碳能使人窒息致死,但在电焊时一般不会发生。焊接时,一氧化碳主要表现为对人的慢性影响,长期吸入低浓度的一氧化碳,可出现头痛、头晕、面色苍白、四肢无力、体重下降、全身不适等神经衰弱综合征。

(4)氟化氢中毒　吸入较高浓度的氟及氟化氢气体或蒸气,可立即产生眼、鼻和呼吸道黏膜的刺激症状,引起鼻腔和黏膜充血、干燥及鼻腔溃疡,严重时可发生支气管炎及肺炎。长期接触氟化氢可发生骨质病变,表现为骨质增厚(即骨硬化),以脊柱、骨盆等最为显著。

任务三　电焊烟尘和有毒气体卫生标准

焊接烟尘和有毒气体卫生标准见表6-1所示。

表6-1　焊接烟尘和有毒气体卫生标准

项目		国内标准①/(mg/m^3)
烟雾(粉尘)	锰	0.15(MnO_2)②
	铬	0.05
	铅烟	0.03
	氟化物	2(HF)
	氧化锌③	3
	氧化镉③	0.01(Cd)
	氧化铝	4
	氧化铁	—
	镍	1
	丙烯醛③	0.3④
	甲醛③	0.5④
	其他粉尘⑤	8
有毒气体	二氧化碳	9 000
	臭氧	0.3
	一氧化碳(非高原)	20

注:①国内标准取自GBZ 2.1—2007《工作场所有害因素职业接触限值化学有害因素》。

②表中括号内化合物表示换算成该化合物计算。

③焊接涂层钢板产生的烟雾成分。

④最高容许浓度(MAC)。

⑤其他粉尘系指游离二氧化硅含量10%以下,不含石棉和有毒物质,而尚未制定容许浓度的粉尘。

任务四　弧光辐射

电弧放电时,一方面产生高热,同时还会产生弧光辐射。焊接弧光辐射主要包括可见光线、红外线和紫外线。弧光辐射作用到人体上,被体内组织吸收,引起组织的热作用、光化学作用或电离作用,造成人体组织急性或慢性的损伤。

1.紫外线

紫外线的过度照射引起眼睛急性角膜炎,称为电光性眼炎。主要症状为失明、流泪、异物感、刺痛、眼睑红肿等。皮肤受强烈紫外线作用时,可引起皮炎、慢性红斑和小水泡。焊接电弧的紫外线辐射对纤维的破坏能力很强,其中以棉织品为甚。由于电化学作用的结果,可使棉布工作服氧化变质而破碎,尤其是氩弧焊等操作时更为明显。

2.红外线

红外线对人体的危害主要是引起组织的热作用。焊接过程中,眼部受到强烈的红外线辐射,立即会感到强烈的灼伤和灼痛,发生闪光幻觉,长期接触还可能造成红外线白内障,视力减退,严重时能导致失明。此外,还可能造成视网膜灼伤。

3.可见光线

焊接电弧的可见光线的光度,比肉眼正常承受的光度要大到10 000倍以上。受到照射时,眼睛有疼痛感,一时看不清东西,通常叫电焊晃眼,在短时间内失去劳动能力,但不久即可恢复。

4.高频电磁场

(1)焊接作业中高频电磁场的来源

①在钨极氩弧焊与等离子弧焊接时为了实现非接触引弧,必须采用高频振荡器(通常频率为50 kHz~260 kHz,电压为2 000~3 000 V),但此种情况下高频的作业时间仅在引弧的1~2 s,高频存在的时间较短,所以高频电磁场对人体的影响较小。

②当用较小交流电流焊接时,采用高频稳弧器不但可以使电弧稳定燃烧,而且可以使空载电压较低的焊接变压器进行焊接,其焊接质量不亚于直流电源,不过这种情况高频电磁场的作用始终贯穿在整个焊接过程中,危害较大。

③采用高频电源进行焊接,如工业上有缝钢管的生产就是利用高频电源的集肤效应,使缝向截面焊接起来,在锅炉制造上还用来进行管子的对接焊。此外,高频焊还可以实现对极性高分子塑料的焊接。此种情况高频电磁场对焊工的影响远较前两者大。

(2)高频电磁场的危害

①由于振荡高频电流的作用,在振荡器和电源传输线路附近的空间必然会形成高频电磁场。高频电磁场的允许强度为20 V/m。研究证明,电焊振荡器所产生的高频电磁场对人体有一定影响,但危害不大。

②长期接触场强较大的高频电磁场的工人会由于个体差异而出现不同程度的头晕、头痛、疲乏无力、记忆力减退、心悸、胸闷和消瘦等神经衰弱和植物神经功能紊乱;血压早期有波动,严重者血压下降或上升;白细胞总数减少或增多并出现窦性心律不齐、轻度贫血等。

③在不停电更换焊条时,高频电会使焊工产生麻电现象,这在高处施焊是非常危险的,所以高处作业不准使用高频振荡器进行焊接。

5. 放射性物质

自然界中某些元素不需外界的任何作用，它们的原子核就能自行放出不可见的，摸不到的，具有一定穿透能力的射线，这种性质称为“放射性”。具有放射性的元素称为“放射性元素”。

氩弧焊和等离子弧焊使用的钍钨极含有1%~3.5%的ThO，钍为天然放射性物质，能放出α，β，γ三种射线，其中α射线占90%，β射线占90%，γ射线占1%。应用钍钨棒施焊时，有放射性气溶胶存在，并扩散到操作现场的空气中。通常通过测量现场空气中α射线气溶胶浓度和各种物件表面α射线沾污情况来评价放射性物质对操作人员的危害程度。人体若长期受到超容许剂量的射线照射，会引起体内病变，造成中枢神经系统造血器官和消化系统等的疾病。

放射性物质以两种形式作用于人体：一是体外照射，二是通过呼吸系统和消化系统进入人体内发生体内照射。当人体受到的辐射剂量不超过允许值时，射线不会对人体产生危害。

根据对氩弧焊和等离子弧焊的放射性测定，一般都低于最高允许剂量，但是有两种情况必须注意：一是在容器内施焊时，产生放射性气溶胶，二是在磨削钍钨棒及存有钍钨棒的地点，放射性气溶胶和放射性粉尘的浓度可能超过国家卫生标准。

6. 噪声

噪声是指各种不同频率和强度的声音无规律的杂乱组合，波形呈无规则的变化，听起来使人厌烦的声音。焊接时的噪声源主要有：

①在等离子喷焊、喷涂和切割等工艺过程中，由于工作气体与保护气体以一定的速度流动，经压缩的等离子焰流以10 km/min的流速从喷枪口高速喷出，工作气体和保护性气体的不同流速的流层之间、气流与静止的固定介质面之间、气流与空气之间等都在互相作用。这种作用可以产生周期性的压力起伏和振动及摩擦，从而产生了噪声。

②碳弧气刨时压缩空气喷射熔化铁水产生的噪声。

③旋转式直流焊机工作时，由于直流发电机高速旋转，与空气摩擦也会产生一定的噪声。

④交流弧焊变压器由于磁场脉动、硅钢片固定螺钉松动而产生的振动声。

⑤铆工装配焊件时，敲击钢板也发出噪声。其他还有各类通风除尘装置的风机转动时产生的振动声等。

噪声的危害：

(1)突发性的强烈噪声，能使听觉器官突然遭受极大的声压而导致严重损伤，出现眩晕、耳鸣、耳痛、鼓膜内凹、充血等，严重者造成耳聋。

(2)噪声性耳聋

长期连续的噪声可引起两种听力损伤：一种是听觉疲劳，在噪声作用下听觉变得迟钝，敏感度降低等；另一种是职业性耳聋，自觉症状为耳鸣、耳聋、头晕、头痛，也出现头胀、失眠、神经过敏、幻听等症状。

(3)对神经、血管的危害

噪声作用于中枢神经，可使神经紧张、恶心、烦躁、疲倦；作用于血管系统，可使血管紧张、血压增高，心跳及脉搏改变等。

7. 高温

焊接过程是应用高温热源把金属加热到熔化状态后进行连接的，所以在施焊过程中有大量的热能以辐射的形式向焊接作业环境区中扩散，形成热辐射。

电弧热量的20%~30%要扩散到施焊环境中去，因而可以认为焊接弧区是热源的主体。焊接过程中产生大量的热辐射线，虽然不能直接加热空气，但当它被空气媒介、人体或周围物体吸收后，这种辐射就转化为热能。

有些材料的焊接，要求施焊前必须对焊件预热。预热温度可达150~700 ℃，并且要求保温。所以预热的焊件要不断向周围环境热辐射，形成一个比较强大的热辐射源。

焊接作业场所由于焊接电弧、焊件预热以及焊条烘干等热源的存在，致使空气温度升高，其升高程度主要取决于热源所散发的热量及环境的热条件。热源辐射使作业场所的空气加热，空气则通过对流而传递热量。当在窄小空间或舱室内焊接时，由于对流散热不良。将会形成热量的蓄积，空气对机体产生加热作用。另外，在某一作业区若有多台焊机同时施焊，由于热源增多，被加热的空气温度就较高，因此，对机体的加热作用就更加强了。

研究认为，当焊接作业环境温度低于15 ℃，人体的代谢就增强，当气温在15~25 ℃时，人的代谢基本保持水平，当气温高于25 ℃时，人体的代谢稍有下降，当气温超过38.5 ℃时，人的代谢将变得强烈。焊接环境的高温，可导致作业人员代谢机能的显著变化，可以引起作业人员身体大量地出汗，导致人体内的水盐比例失调，出现不适应症状，同时还会增加人体触电的危险。总的来看，在焊接作业区，影响人体代谢变化的主要因素有气温、气流速度、空气的温度和周围物体的平均辐射温度。在我国南方地区，环境空间气温在夏季本来就高，且多雨，湿度大，要特别注意因焊接而加热局部环境的问题。

项目二　卫生有害因素的防护

任务一　焊接烟尘和有害气体的防护

电气焊接过程中只要采取完善的防护措施，就能保证电气焊工只会吸入微量的烟尘和有毒气体。通过人体的解毒作用和排泄作用，就能把毒害减到最低程度，从而避免发生焊接烟尘和有毒气体中毒现象。

通风技术措施是消除焊接粉尘和有毒气体、改善劳动条件的有力措施。

一、通风措施的种类和适应范围

按通风范围，通风措施可分为全面通风和局部通风。由于全面通风费用高，不能立即降低局部区域的烟雾浓度，且排烟效果不理想，因此除大型焊接车间外，一般情况下多采用局部通风措施。

二、机械通风措施

机械通风指利用通风机械送风和排风进行换气和排毒。

焊接所采用的机械排气通风措施，以局部机械排气应用最广泛，使用效果好、方便、设备费用较少。

局部机械排气装置有固定、移动和随机式三种。

1. 固定式通风装置

(1)全面通风在专门的焊接车间或焊接量大、焊机集中的工作地点,应考虑全面机械通风,可集中安装数台轴流式风机向外排风,使车间内经常更换新鲜空气。

全面机械通风排烟的方法主要有三种,各有不同特点,见表6-2。

表6-2 三种全面通风方法的比较

方法	上抽排烟	下抽排烟	横向排烟
简图	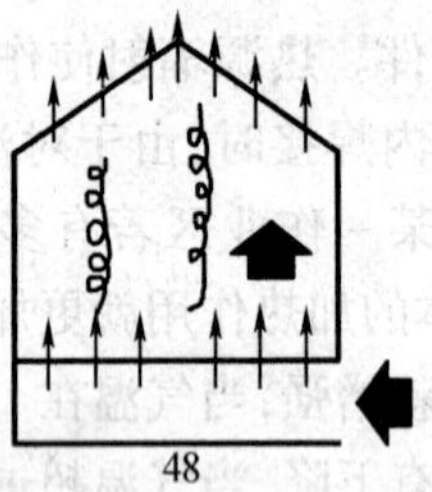	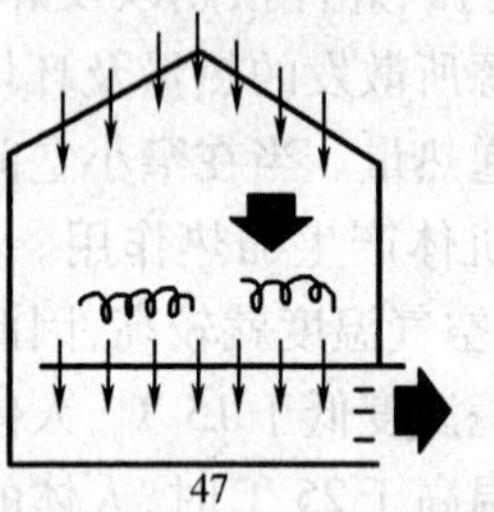	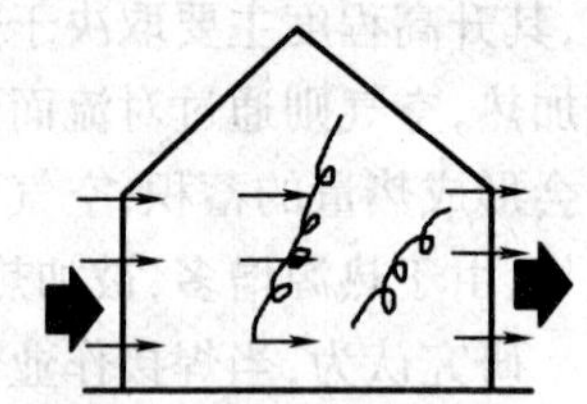
说明	对作业空间仍有污染,适用于新建车间	对作为空间污染最小,但需考虑采暖问题。适用于新车间	对作业空间仍有污染。适用于老厂房改造

(2)局部通风分为送风和排气两种。局部送风只是暂时地将焊接区域附近作业地带的有害物质吹走,虽对作业地带的空气起到一定的稀释作用,但可能污染整个车间,起不到排除粉尘与有毒气体的目的。局部排气是目前采用的通风措施中,使用效果良好,方便灵活,设备费用较少的有效措施。其具体型式如图6-1所示。

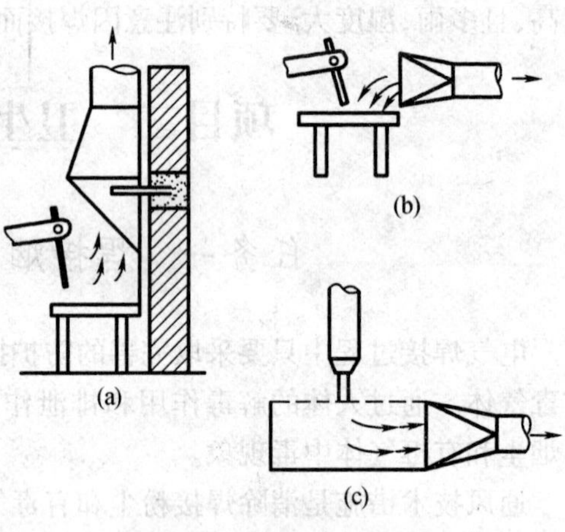

图6-1 固定式排烟罩

(a)上轴;(b)侧轴;(c)下轴

固定式排烟罩适用于焊接地点固定、工件较小的情况。设置这种通风装置时,应符合以下要求:使排气途径合理,即有毒气体、粉尘等不经过操作者的呼吸地带,排出口的风速以1 m/s为宜;风量应该自行调节;排出管的出口高度必须高出作业厂房顶部1~2 m。

2. 移动式排烟罩

它具有可以根据焊接地点的操作、位置的需要随意移动的特点。因而在密闭船舱、化工容器和管道内施焊,或在大作业厂房非定点焊时,采用移动式排烟罩具有良好效果。

使用这种装置时,将吸头置于电弧附近,开动风机即能有效地把烟尘和毒气吸走。

移动式排烟罩的排烟系统是由小型离心风机、通风软管、过滤器和排烟罩组成。目前,应用较多、效果良好的型式有净化器固定吸头移动型、风机及吸头移动型和轴流风机烟罩。

净化器固定吸头移动型,如图6-2所示。这种排烟罩用于大作业厂房非定点施焊比较适宜。吸风头1可随焊接操作地点移动。风机及吸头移动型,可调节吸风头与焊接电弧的距离从而改变抽风效果，如图 6－3 所示。

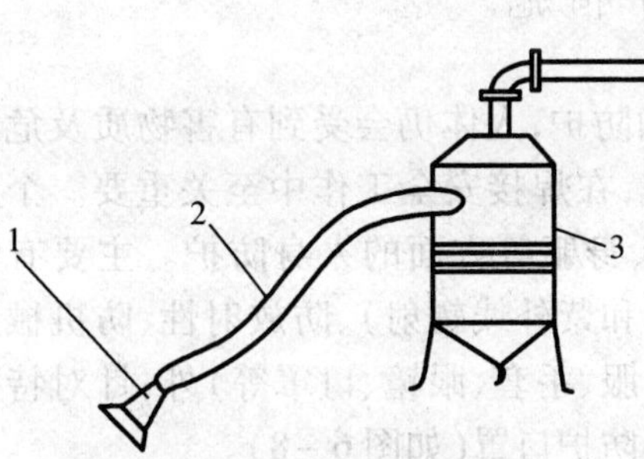

图 6－2　净化器固定吸头移动式排烟系统

1—吸风头；2—软管；3—过滤；4—风机

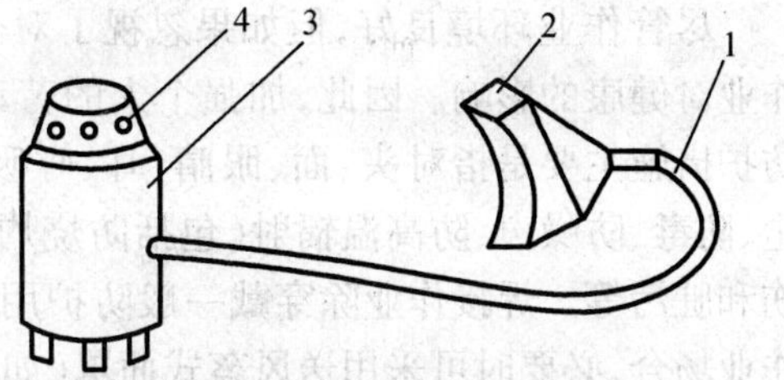

图 6－3　风机和吸头移动式排烟系统

1—软管；2—吸风头；3—净化器；4—出气孔

轴流风机排烟罩，如图 6－4 所示。这种装置带有活动支撑脚，移动方便省力。

3. 随机式排烟罩

特点是固定在自动焊机头上或其附近，排风效果显著。一般使用微型风机或气力引射子为风源，它又分近弧和隐弧排烟罩两种型式，如图 6－5 所示。隐弧罩的排风效果最佳。

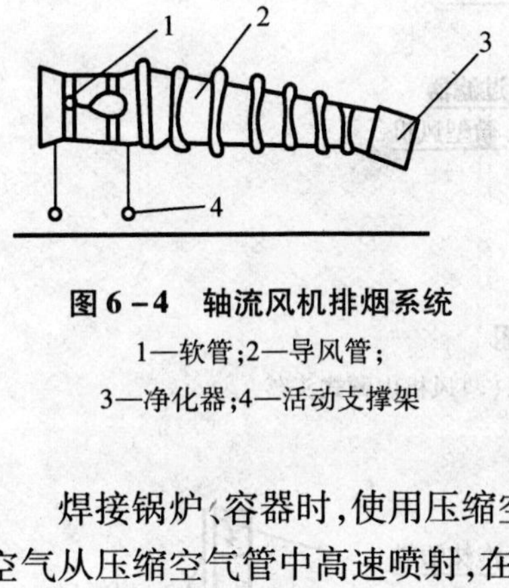

图 6－4　轴流风机排烟系统

1—软管；2—导风管；
3—净化器；4—活动支撑架

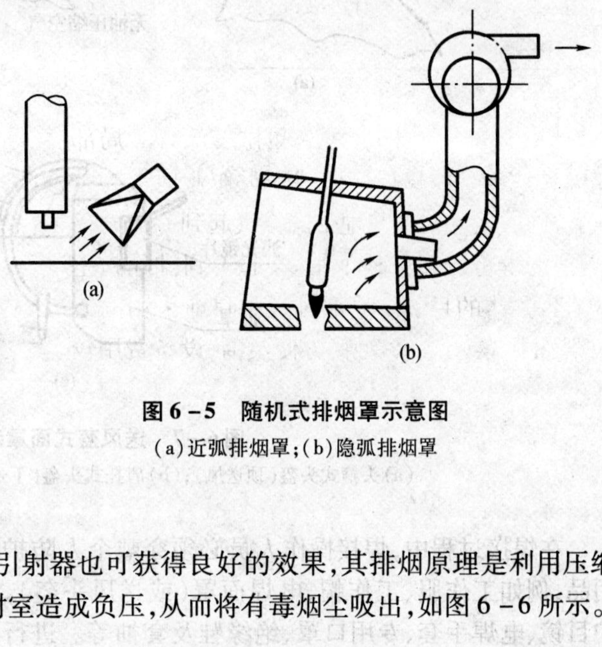

图 6－5　随机式排烟罩示意图

(a)近弧排烟罩；(b)隐弧排烟罩

焊接锅炉、容器时，使用压缩空气引射器也可获得良好的效果，其排烟原理是利用压缩空气从压缩空气管中高速喷射，在引射室造成负压，从而将有毒烟尘吸出，如图 6－6 所示。

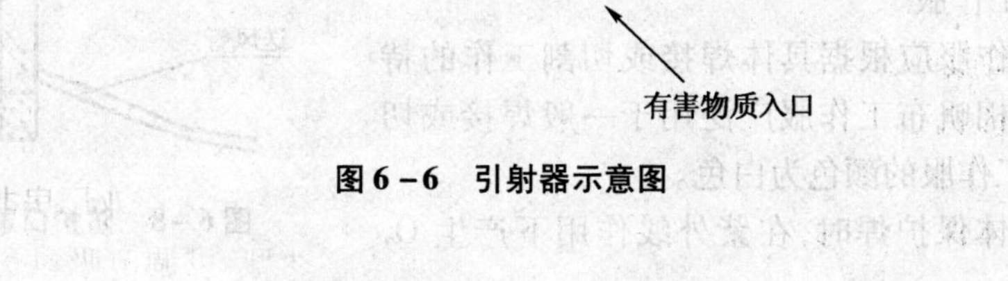

图 6－6　引射器示意图

任务二 个人防护措施

尽管作业环境良好,但如果忽视了对个人的劳动防护,人体仍会受到有害物质及危险作业对健康的影响。因此,加强个人的劳动防护措施,在焊接安全工作中至关重要。个人防护措施主要是指对头、面、眼睛、耳、呼吸道、手、脚、身躯等方面的人身防护。主要有防尘、防毒、防噪声、防高温辐射(包括防烧灼、防红外线和紫外线辐射)、防放射性、防机械外伤和脏污等。焊接作业除穿戴一般防护用品(如工作服、手套、眼镜、口罩等)外,针对特殊作业场合,必要时可采用送风盔式面罩(如图6-7)及防护口罩(如图6-8)。

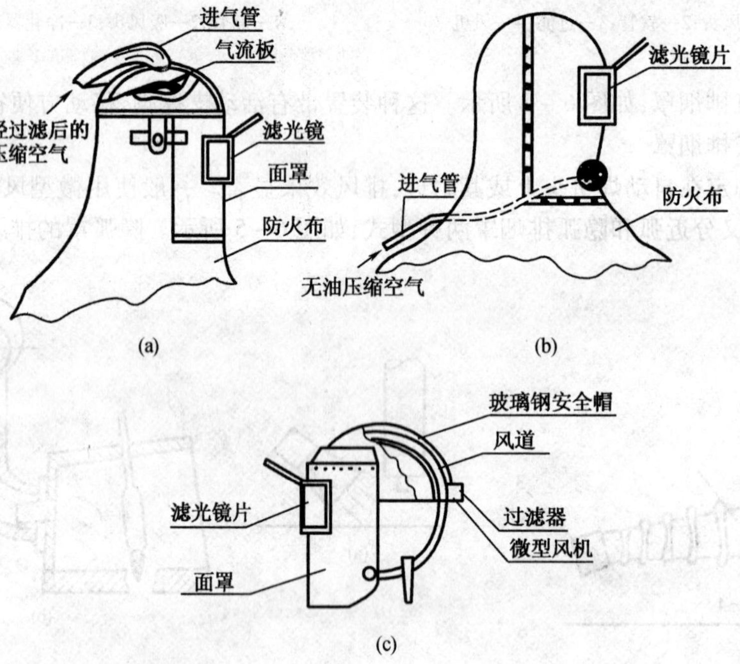

图6-7 送风盔式面罩示意图

(a)头箍式头盔(顶送风);(b)肩托式头盔(下送风);(c)风机内藏式头盔

在焊接过程中,焊接操作人员必须穿戴个人防护用品,例如工作服、工作帽、电焊面罩(或送风头盔)、护目镜、电焊手套、专用口罩、绝缘鞋及套袖等。进行高空焊接作业时,还需戴安全帽、安全带等。所有的安全防护用品必须符合国家标准,焊接操作者要正确使用这些防护用品,不得随意穿戴。

(1)焊接工作服

①焊接工作服应根据具体焊接或切割工作的特点合理选用。棉帆布工作服广泛用于一般焊接或切割工作,并且工作服的颜色为白色。

②进行气体保护焊时,在紫外线作用下产生 O_3

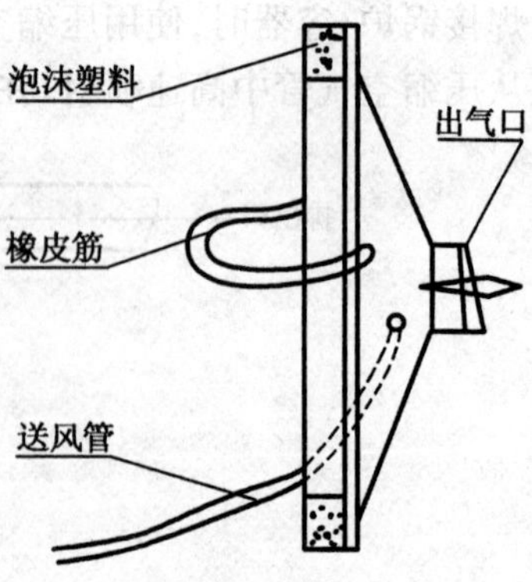

图6-8 防护口罩示意图

等有害气体,应选用粗毛呢工皮革等面料制成的工作服,防止在焊接操作时被烫伤或热量辐射。

③进行全位置焊接时,最好选用皮革制成的工作服。

④在仰焊或切割时,为了防止火星、熔渣从高处溅落到头部和肩上,操作者应在颈围上毛巾,并穿上用防火材制成的护肩、长套袖、围裙和鞋盖等。

⑤焊接工作服应保持干燥,并且口袋上应有袋盖,上衣应遮住腰部,裤长应遮住鞋面。工作服上不应有破损、孔洞、缝隙和油脂。

⑥焊接或切割用的工作服,不得用一般的合成纤维织物制作,应采用具有防火防辐射等作用的材料制作而成。

(2)护目镜和面罩

①应按照标准合理选择适合作业条件的遮光镜片,防止弧光和火花对眼睛的危害。

②焊接用面罩有手持式和头戴式两种,面罩和头盔的壳体应选用耐火且对皮肤无刺激的绝缘材料制成。面罩体应遮住面部和耳部,并且经结构可靠,不漏光。

③头戴式面罩或气割时,应根据工件的厚度选用相应型号的护目镜片。

④进行气焊接或切割的清理工作时,例如打磨坡口、清除焊渣等,应选用不易破碎成片状的防渣镜片。

(3)防护手套

①焊接时采用的防护手套是由耐磨、耐热辐射的皮革或棉帆布等材料制作而成,长度不应小于 300 mm,并且要缝制结实。

②在可能导电的部位或场所进行焊接时,应选用具有绝缘性能的手套,并且需经 5 000 V 耐压试验合格后才可使用。

(4)防护鞋

①焊接所有物防护鞋应具有绝缘、耐热、耐火、耐磨损及防滑等性能。

②防护鞋上的橡胶鞋底需经 5 000 V 耐压试验合格后才可使用,并且在易燃、易爆场合进行焊接时,鞋底不应有鞋钉,以免在行走过程中摩擦而产生火星。

③在有积水的地面上进行焊接或切割时,操作者应穿经过 6 000 V 耐试验合格后的防水橡皮胶鞋。

任务三　高频电磁场防护

高频电磁场防护措施:

1. 降低振荡频率

脉冲高频电的频率越高,通过空间和绝缘体的能力越强,对人体的影响越大。因此,降低频率能使情况有所改善。

2. 屏蔽把线及导线

因脉冲高频电通过空间和手把的电容耦合到人体上,加装接地屏蔽能使高频电场局限在屏蔽内,从而大大减少对人体的影响。其方法是采用细铜质金属编织软线,套在电缆胶管外面,一端接于焊把,另一端接地,如图 6 - 9 所示。此外,焊把至焊机的电缆线外也要套上细铜质金属编织软线。

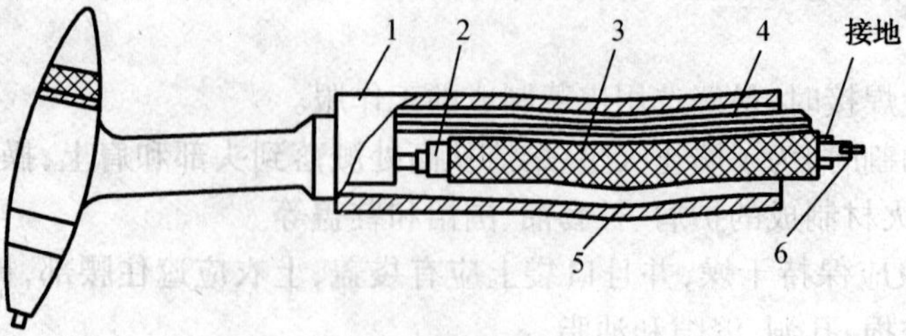

图6-9 金属编织高频屏蔽焊把

1—把柄;2—电缆外胶管;3—金属编织线;

4—水管;5—铝箔屏蔽层;6—电缆线

3. 采用分离式把柄

将现有的普通焊枪,用有机玻璃或电木等绝缘材料另接出一个把柄。也有屏蔽高频电的作用,但效果不如屏蔽把线及导线理想。

4. 工件良好接地

施焊工件的地线做到良好接地,能大大降低高频电流。接地点距工件越近,情况越能得到改善,这是因为焊把对地的脉冲高频电位得到降低的缘故。

5. 高频回路及高压导线良好绝缘

在焊接时为保障带电工作的安全,同样要对高频回路及高电压导线加以良好绝缘,绝缘应有足够的阻抗强度,不能漏电。

6. 减少高频电的作用时间

若用振荡器引弧,则可在引弧后立即切断振荡器线路。方法是用延长时间继电器,在起弧的几秒内,使振荡器停止工作,等同于安装引弧后能自动切断高频电的装置。

7. 降低作业现场的温度、湿度

作业现场的环境温度和湿度与射频辐射对肌体的不良影响具有直接的关系,温度越高,肌体所表现的症状越突出;湿度越大越不利于人体的散热,也不利于作业人员的身体健康。所以加强通风降温,控制作业场所的温度和湿度,是减少射频电磁场对肌体影响的一个重要手段。

任务四　噪声防护措施

根据国家有关标准规定,工业企业噪声不应超过 85 dB,如果企业经过努力暂时还达不到标准则可适当放宽,但不能超过 90 dB。

(1)等离子弧焊接工艺产生的噪声强度与工作气体的种类、气体流量以及电压、电流等参数有关,故应在保证工艺正常进行、保证焊接质量的前提下选择低噪声的工作参数。

(2)在房屋结构、设备等部分采用吸声或隔音材料。采用密闭罩施焊时,在屏蔽上衬用石棉等消音材料也有效果。

(3)操作者佩戴隔音耳罩或隔音耳塞等。耳罩的隔音效果比耳塞好,但体积大,使用稍有不便。

(4)经常对车间进行噪声监测,定期对工人进行健康检查,检查听力。

任务五　射线防护

焊接的放射线防护主要是防止含钍的气溶胶和粉尘等进人体内，危害身体。其防护措施有：

(1)严格执行《放射性防护规定》国家标准，保证作业地点的放射性污染严格地控制在安全标准限值以内。

(2)选用不含放射性元素的材料作电极材料。目前有许多单位在工艺质量允许的前提下，采用铈钨、锆钨等不含钍的电极材料。经测量，铈钨电极比钍钨电极低2个数量级。

(3)屏蔽。对放射性防护的有力手段是实行屏蔽。金属材料铅对于抑制放射性元素的辐射，防止其穿透效果最好。

(4)制定合理的操作规范。为了防止过量的放射性污染与辐射，应当对氩弧焊、等离子电子束焊接等工艺操作规范进行研究，以便制定合理的工艺规程，防止非正常作业。例如：

①防止因电流参数选择得过大而造成钍钨极的过量烧损；

②施焊时，对于密闭室操，密闭罩不应打开；

③对于手工操作，必要时需戴送风防护头盔；

④对于施焊的工作地点，应定期湿式清扫；

⑤凡清扫的放射性粉尘，必须在工作后及时清除，集中深埋处理；

⑥接触钍钨棒后应以流动水和肥皂洗手，并经常清洗工作服和手套等；

⑦焊接地点应设有单独的操作室，钍钨棒储存地点要固定在地下封闭箱内，储箱务必用铅或铁等金属材料制作，储箱的适应部位须安装有排气管，以便及时将氡、钍等放射性气体排出室外；

⑧打磨钍钨棒时操作人员应穿专用工作服，并戴专用口罩、手套等；

⑨作业人员应定期体检。

学习情境七　焊接安全管理

【一】知识目标

1. 能够正确地叙述焊接主要设施的安全管理；
2. 能够简单地叙述焊接作业的安全组织管理。

【二】能力目标

1. 能够对厂区内的焊接设施进行安全管理；
2. 能够对焊接工作场所进行安全管理；
3. 能够在焊接作业中，采取正确的预防措施。

【三】任务链接

1. 气瓶库；
2. 厂区乙炔管道和氧气管道；
3. 焊接工作场所安全管理；
4. 焊接灭火措施；
5. 预防焊接急性中毒及急救措施；
6. 预防焊接灼烫及急救措施；
7. 预防焊接机械伤害及急救措施；
8. 过程安全控制。

● 情境描述

焊接操作不仅在特殊的作业环境（如登高、水下）和局限空间（如塔、罐、地沟、下水道和燃气管道等）中进行，且加工对象内具有易燃易爆有毒等特殊危险性物料。焊接过程本身还会产生有毒气体、有毒粉尘、弧光辐射、高频电磁场、噪声和射线等。因此，必须采取严密的安全管理措施，厂房、设备、工具和操作地点环境等还必须有综合性的安全与卫生防护措施，才能防止火灾、爆炸、中毒、触电、高处坠落和物体打击等工伤事故的发生。

项目一　焊接设施安全管理

任务一　气　瓶　库

1. 压缩与液化气瓶库

气瓶库应为一层建筑，其耐火等级不低于二级（一般是指承重，墙、柱、尾面均为非燃烧物质的建筑物）。

储存气体的爆炸下限 <10% 时，气瓶库房应设置泄压装置（易掀开的轻质屋顶盖、易于泄压的门，窗和墙等），其泄压面积与库房容积之比一般应达到 0.14 m^2/m^3，如配制有困难时可适当缩小，但不应小于 0.1 m^2/m^3。泄压装置应靠近爆炸部位，不得面对人员集中的地方和主要交通道路。作为泄压用的窗不应采用双层玻璃。

气瓶的门窗均应向外开启。库房应有直通室外，或通过带防火门的走道通向室外的出入口。出入口应位于事故发生时能迅速疏散的地方。

气瓶库和相邻的生产厂房、公用和居住建筑以及铁路、公路之间的距离应符合表 7－1 的规定。

表 7－1　装有压缩或液化气体的气瓶仓库与建筑物等的间距表

仓库容量（换算为 40 L 的气瓶数）	距离对象	间距/m 不少于
≤500 瓶	装有其他气体的气瓶仓库及生产厂房	20
>500 至≤1 500 瓶	同上	25
>1 500 瓶	同上	30
无论仓库容量多大	住宅	50
无论仓库容量多大	公共建筑物	100
无论仓库容量多大	铁路干线	50
无论仓库容量多大	场内铁路	10
无论仓库容量多大	公用公路	15
无论仓库容量多大	场内公路	5

库内温度不得超过 35 ℃，可燃易燃气瓶库严禁明火采暖。地板应采用不产生火花的材料（如沥青混凝土），库房高度自地板至垛口不得少于 7.5 m。

气瓶仓库的最大容量不应超过 3 000 瓶，并用耐火墙分隔成若干小间，每间限储存可燃气体 500 瓶，氧气及不燃气体 1 000 瓶。两个小间的中间可开门洞，每间应有单独的出口。

互相接触后有可能引起燃烧爆炸的气瓶（如氢气，液化石油气）及油质类物品，不得与氧气瓶一起存放。如需在同一建筑物内存放时，应以无门、窗、洞的防火墙隔开。

存放可燃和易燃气体气瓶的库房，按照电力装置的火灾和爆炸危险场所划分，属 0～2 级（即在正常情况下不能形成而在不正常情况下能形成爆炸性混合物的场所）。因此，安装于库内的照明灯具、开关等电器装置，应采用防爆安全型。

2. 乙炔瓶库

乙炔瓶库与建筑物和屋外变电站的防火间距，不应小于表 7－2 的规定。

表 7－2　乙炔气瓶与其他建筑物的防火措施

乙炔实瓶储量/个	其他建筑 耐火等级			民用建筑，屋外变、配电站
	一、二级	三级	四级	
≤1 500	12	15	20	25
>1 500	15	20	25	30

注：乙炔的生产场所存量与储存区存量分别为 1t 和 10 t 以上将构成重大危险源。

乙炔瓶库的气瓶总储量(实瓶或实瓶,空瓶储量)不应超过 3 000 个,并且应以防火墙分隔,每个隔间的气瓶储量不应超过 1 000 个。乙炔瓶库严禁明火采暖。集中采暖时其热管道和散热器表面温度不得超过 130 ℃,库房的采暖温度应不高于 10 ℃。

当气瓶与散热器之间的距离小于 1 m 时,应采取隔热措施,设置遮热板以防止气瓶局部受热。遮热板与气瓶之间,和遮热板与散热器之间的距离均不得小于 100 mm。

乙炔瓶库可与氧气瓶库布置在同一座建筑物内,但应以无门、窗、洞的防火墙隔开。

3. 电石库

根据储存物品的火灾危险和爆炸性分类,电石库属甲类物品库房(指存放受到水气中冰蒸气的作用,能产生爆炸下限 <10% 的可燃气体的固定物质),它在厂区的布设应符合下列安全要求:

(1)电石库房的地势要高且干燥,不得布置在易被水淹的低洼地方;

(2)严禁以地下室或半地下室作为电石库房;

(3)电石库不应布置在人员密集区域和主要交通要道处;

(4)企业设有乙炔站时,电石库宜布置在乙炔站的区域内。

(5)电石库的总面积不应超过 750 m^2,并应以防火墙隔成数间,每间的面积不应超过 250 m^2。

(6)电石库应是单层不带闷顶的一、二级耐火建筑。库房泄压装置及泄压面积的要求与气瓶库相同。

(7)电石库可与氧气瓶库、可燃和易燃物品仓库布置在同一座建筑物内,但应以无门、窗、洞的防火墙隔开。

电石库与其他建构筑物的防火间距,不应小于表 7-3 的规定。

表 7-3　电石库的防火间距表

名称			防火间距/m	
			≤1.0 t 储量	>1.0 t 储量
明火、散发火花的地点			30	30
居住、公共建筑			25	30
其他建筑物	耐火等级	一、二级	12	15
		三级	15	20
		四级	20	25
室外变电站、配电站			30	30
其他甲类物品库房			20	20

注:①距人员密集的居住区和正要的公共建筑不宜小于 50 m;

②两座库房(或电石库与厂房)相邻两面的外墙为非燃烧体且无门、窗、洞口和外露的燃烧体屋檐,其防火间距可拄按本表减少 25%;

③电石库与相邻企业的建筑物的防火间距应按本表规定适当增加。

在乙炔站区内的电石库,当与制气站房相邻较高一面的外墙为防火墙时,其防火间距可适当缩小,但不应小于 6 m。

4. 乙炔站

用管道直接供应本企业各气焊加工场所的气态乙炔站,其安全检查要点是它在厂区的位置以及站区的具有爆炸危险的生产间，即发生器间、储气罐间、中间电石库、乙炔汇流排间等是否符合防爆与防火安全要求。

乙炔站与建、构筑物的防火间距不应小于表7－4的规定。

表7－4　乙炔站与建、构筑物的防火间距表

名称＼防火间距/m＼乙炔站		耐火等级	
		一、二级	三级(原有)
其他建筑物耐火等级	一、二级	12	14
	三级	14	16
	四级	16	18
明火或散发火花地点		30	30
居住、公用建筑		25	25
室外变电站，配电站		30	30

乙炔站、电石库、水槽式储气罐与铁路、道路等防火间距不应小于表7－5的规定。

表7－5　乙炔站、电石库、水槽式储气罐与铁路、道路等最小防火间距

名称	乙炔站(包括渣坑)	电石库、乙炔瓶库	水槽式乙炔储气罐
厂外铁路中心线	30	40	25
厂内铁路中心线	20	30	20
电力牵引厂内外铁路中心线	20	20	20
厂外道路路边	15	20	15
厂内主要道路路边	15	10	10
厂内次要道路路边	5	5	5
架空电力线水平距离	不应小于电杆高度的1.5倍		

根据乙炔生产和储存物品的火灾危险与爆炸性分类，乙炔站属甲类(使用或产生爆炸下限<10%的可燃气体)。它在厂区的布设应符合下列安全要求：

(1)严禁布置在易被水淹没的地方。

(2)不应布置在人员密集区和主要交通要道处。

(3)宜靠近主要用户处。

(4)应有良好的自然通风。

(5)同一企业有氧气站时，乙炔站应布置在空分设备的吸风口全年最小的频率风向的上风侧。

(6)乙炔站应布置在工厂区域内有明火地点(指室内外有外露火焰和赤热表面的固定地点)，或散发火花地点(指有飞火的烟囱和室外的砂轮、电焊、气焊和电气开关等固定地点)的全年主导风向上风侧。

乙炔站与架空电力线的防火间距应符合下列规定：

(1)架空电力线的辅线与外墙上无门窗的乙炔站和渣坑的外边缘的水平距离,不应小于电杆高度的1.5倍,并加1 m。

(2)架空电力线的轴线与外墙上有门窗的乙炔站的水平距离不应小于电杆高度的1.5倍。

(3)在特殊情况下,对架空电力线采取有效防护措施后,可适当减小距离。

(4)气态乙炔站的总安装量不超过10 m^3/h时,其制气站房可与耐火等级不低于二级的其他生产厂房毗连建造,但应符合下列要求:

①毗连的墙应为无门、窗、洞的防火墙,在靠近制气站房的生产厂房外墙上的门窗、洞,与制气站房有门、窗、洞的外墙、渣坑的边缘和室外乙炔设备的外壁的距离,不应小于4 m。

②制气站房与生产厂房毗连的防火墙上,严禁穿过任何管线。

(5)同一企业有氧气站时,乙炔站及电石渣堆与空气设备吸风口的间距不应小于表7-6的规定。当不能满足表7-6的要求时,则应符合表7-7的规定。

表7-6　乙炔站及电石渣坑与空分设备吸风口之间的距离道路等最小防火间距

单位:m

乙炔发生器型式	乙炔站的安装容量/(m^3/h)	制氧工艺种类	
		空分塔具有乙炔净化措施,且制氧流程内具有硅胶、铝胶吸附干燥装置	制氧流程内具有分子筛吸附净化装置
		最小水平间隔/m	
水入电石式	≤10	100	50
	>10至<30	200	
	≥30	300	
电石入水式	≤30	100	50
	>30至<90	200	
	≥	300	

注:水平距离应按吸风口与乙炔站或电石渣堆相邻面外壁或边缘的最近距离计算。

表7-7　空分设备吸风口处空气内乙炔的允许极限含量

吸风口处空气内乙炔的允许极限含量(标准状态)/(mg/m^3)	
空分塔具有乙炔净化措施且制氧流程内具有硅胶、铝胶吸附干燥装置	制氧流程内具有分子筛吸附净化装置
0.5	5

乙炔站与道路的间距应不小于下列规定:

(1)厂外铁路线(中心线)30 m,厂内铁路线(中心线)20 m;

(2)厂外道路(路边)15 m,厂内主要道路(路边)10 m,厂内次要道路(路过)5 m。

(3)电力牵引机车的厂外铁路线的防火间距可减为20 m。

乙炔站应设围墙或栅栏。围墙或栅栏至乙炔站有爆炸危险的建筑物、渣坑的边缘和室外乙炔设备的净距,不应小于下列规定。

(1)实体围墙(高度不低于2.5 m)3.5 m。

(2)空花围墙或栅栏5 m。

乙炔站在以下部位应禁设回火防止器:

(1)由数台乙炔发生器共同供气时,在汇气管与每台发生器之间,必须装设回火防止器,防止一台发生器事故影响其他发生器;

(2)站内乙炔管道在通往厂区管道前应设置回火防止器,防止厂区管道网发生事故影响乙炔站。

检查发生器间时,应注意下列安全规定。

(1)乙炔发生器间地面至屋架下弦的高度,应根据操作乙炔发生器和装电石等生产工艺设定,并由非燃烧材料制成操作平台层或为多层建筑。发生器操作平台应铺设不发生火花的材料。

(2)发生器间地面至屋架下弦的高度应根据发生器的高度、发生器维护检修的方式、发生器加料装置的结构形式等因素确定,但不应小于4 m。

(3)厂房的建筑物耐火等级、设置泄压装置及泄压面积的要求同电石库的要求一样。

(4)发生器间严禁存放电石。

(5)发生器间的每台发生器及其附属设备的乙炔放散管,应单独通向室外,并应高出乙炔站屋脊1 m以上。乙炔设备的排污管也应接至室外。

每台发生器不同部位的事故排放管(装在泄压膜上)应分别通至室外,排放管口距室外地坪高度不应小于3.6 m。

(6)发生器间的给水总管上,应装设压力表。在每台发生器的给水管上,应装设止回阀。

(7)发生器间的排渣宜采用排渣管或有盖板的排渣沟。

(8)发生器间严禁明火采暖,集中采暖时,厂房的采暖温度应≤15 ℃。

(9)发生器间电力装置的安全要求同电石库的要求一样。

中间电石库与发生器间之间可门、洞相通。中间电石库的电石储存量应符合下列规定。

(1)总生产能力不超过20 m^3/h的乙炔站,一般不超过三昼夜的电石消耗量。

(2)总生产能力超过20 m^3/h的乙炔站,不应超过一昼夜的电石消耗量。

(3)电石库位于乙炔站区域内时,中间电石库应减少电石储存量或不设置中间电石库。

检查乙炔储气罐时,应注意下列安全规定。

(1)乙炔储气缸应布置在室外。如总容积不超过5 m^3的固定容积式储气缸或总容积不超过20 m^3的水槽式储气缸,可布置在乙炔站房内单独的房间里,在寒冷地区,储气缸的水槽和排水管,应采取防冻措施。

(2)气缸间严禁明火采暖。集中采暖时的室内温度应≤5 ℃。

(3)露天设置的水槽式储气缸必须接地。

(4)容量小于500 m^3的水槽式乙炔储气缸与建、构筑物的防火间距不应小于表7-8的规定。

表 7-8　水槽式乙炔储气罐的防火间距

名称			防火间距
明火或散发火花的地点，居住、公共建筑、易燃、可燃液体贮罐，易燃材料堆场，甲类物品库房			25
建筑物	耐火等级	一、二级	12
		三级	15
		四级	20
室外变电站、配电站			25

(5)干式乙炔储存气罐与建筑物的防火间距应按表 7-8 的规定增加 25%。

(6)容积不超过 20 m^3 的乙炔储气罐与乙炔站之间的防火间距可不执行表 7-6 的规定，但必须考虑储气罐的安装和检修方便，以及不影响乙炔站的通风和采光的要求。

(7)乙炔储气罐之间的防火间距应符合下列规定：水槽式乙炔储气罐之间的防火间距不应小于相邻大贮罐的半径，干式乙炔储气罐间距不应小于相邻较大贮罐直径的 2/3。

(8)乙炔储气罐间应装设事故排放管（装在泄压膜上），不同设备的排放管应分别通至室外，排气管口距室外地坪的高度不应小于 3.6 m。

乙炔站设备布置应紧凑合理，应便于安装维护和操作。设备与设备或与墙之间的净距规定如下。

(1)发生器的主要通道净宽不宜小于 2 m。

(2)设备与设备的净距不宜小于 1.5 m，设备与墙之间的净距不宜小于 1 m，但小设备（水泵、水封等）的布置间距可适当缩小。

(3)灌瓶乙炔压缩机双排布置时，两排之间的通道净宽不宜小于 2 m。

电石渣坑应是敞开的，不应有板覆盖。电石渣应综合利用，严禁排入江、河、湖、海、农田、工厂区和城市排水管沟。澄清水应尽量循环使用。澄清水经综合治理达到《工业“三废”排放标准》要求时，不能排出厂外。电石渣坑严禁做成渗坑。

任务二　厂区乙炔管道和氧气管道

安全检查的要点是管道的布设、安全间距及防爆和防火措施是否符合安全要求。

(1)乙炔和氧气管道应有导除静电的接地装置。

(2)乙炔和氧气管道不得穿过生活间、办公室。也不应穿过不使用乙炔和氧气的建筑物的房间。

(3)乙炔和氧气管道的连接应采用焊接。但与设备、阀门和附件的连接处，可采用法兰和螺纹连接。

(4)厂区及车间架空氧气、乙炔管道与其他管线之间的净距应符合表 7-9 的要求。在分层布置时，乙炔管道应布置在最上层，其固定支架不应固定在其他管道上，氧气管应布置在外侧。

表 7-9　车间架空氧气、乙炔管道与其他管线之间的净距

序号	其他管道名称	平行敷设/m		交叉敷设/m	
		氧气管	乙炔管	氧气管	乙炔管
1	给排水管	0.25	0.25	0.1	0.25
2	热力管	0.25	0.25	0.1	0.25
3	煤气管	0.25	0.25	0.1	0.25
4	非燃烧气体管	0.25	0.25	0.1	0.25
5	通风管	0.25	0.25	0.1	0.25
6	滑处线	1.5	3.0	1.0	1.0
7	裸母线	1.0	2.0	1.0	1.0
8	绝缘电线及电缆	0.5	1.0	0.3	0.5
9	电线管	0.5	1.0	0.3	0.5
10	插接式母线,悬挂式干线	1.5	3.0	0.5	1.0
11	开关、插座、配电箱等	1.5	3.0	1.5	3.0
12	焊接钢管配线	0.1	0.25	0.1	0.25

注:当电气设备与乙炔和氧气的引出口不能保持上述距离时,允许二者安装在同一柱子的相对侧面。若柱子为空腹柱时,应在柱子上局部装设隔板。

⑤厂区架空乙炔、氧气管道与建、构筑物的水平净距应符合表 7-10 的要求。乙炔和氧气管道不应与导电线路敷设在同一支架上。

表 7-10　厂区架空乙炔、氧气管道与建、构筑物的水平净距

序号	建、构筑物名称	最小水平净距/m	
		乙炔管	氧气管
1	一、二级耐火等级丁戊类车间	允许沿外墙	允许沿外墙
2	一、二级耐火等级车间(有爆炸危险的车间除外)	2	允许沿外墙
3	三、四级耐火等级车间	3	3
4	有爆炸危险的车间	4	4
5	铁路中心线	3.8	3.8
6	道路路面边缘、边沟边缘或路堤坡脚	1.0	1.0
7	架空电线外侧边缘 1 kV 以下 1~20 kV 35 kV	1.5 3 4	1.5 3 4

⑥架空氧气、乙炔管道与铁路、道路电线之间的支叉垂直净距应符合表 7-11 的要求。

表7-11 架空氧气、乙炔管道与铁路、道路电线之间的交叉垂直净距

序号	铁路、道路和电线名称	最小交叉净距/m
1	非电气化铁路轨顶	6.0
2	电气化铁路轨顶	6.2
3	道路路面	4.5
4	人行道路面	2.2
5	架空电线 1 kV 一下:电线在上面 (1)管道上有人通过 (2)管道上无人通过 1~20 kV;电线在上面 35 kV;电线在上面	 2.5 1.0 3.0 4.0

项目二 焊接安全组织管理

焊接操作现场应保持必要的通道,一旦发生事故时,便于撤离现场,便于救护人员的进出,车辆通道的宽度不得小于3 m,人行通道不得小于1.5 m。

焊接设备、工具和材料应排列整齐,不得乱堆乱放。操作现场的所有气焊设备、焊接电缆线等,不得互相缠绕。可燃气瓶和氧气瓶应分别存放,用毕的气体瓶应及时移出工作场地,不得随便横躺卧放。

室外焊接作业应避免可燃易燃气体(或蒸汽)的滞留积聚,车辆运输等,应相互密切配合,秩序井然而不得杂乱无章,互相干扰。

焊工作业面积不应小于4 m^2,地面应基本干燥。工作地点应有良好的天然采光或局部照明,并保证工作面照度达到50~100 lx 的要求。多点焊割作业或有其他工种混合作业时,各工位间应设防护屏。

在地沟、坑道、检查井、管段和密封地段等处,以及焊工进入油漆未干的室内、油舱等焊接时,应先判明其中有无爆炸和中毒的危险。必须用仪器(如测爆仪、有毒气体分析仪等)进行检测分析,禁止用火柴、燃着,的纸张及其他不安全的方法进行检查。对作业地点附近的敞开孔洞、地沟、缸罐和管道,应用石棉板或其他耐热材料盖严,防止火花进入。

焊割作业点周围10 m范围内,如有不能撤离的可燃易爆物品如木柴堆、化工原料等,应采取可靠的安全措施,如用水喷湿、覆盖石棉布或湿麻袋等,以隔绝火星,然后才能开始焊割作业。

布设在焊接现场附近的、有可燃性隔热保温材料的设备和工程结构,也应预先采取隔绝火星的安全措施,防止在其中隐藏火种,酿成火灾。

任务一 焊接工作场所安全管理

电焊设备着火时,应首先拉闸断电,然后再扑救。在未断电之前,不准用水或泡沫灭火器救火,否则容易触电伤人。应当用干粉灭火器、二氧化碳灭火器、四氯化碳灭火器或1211

灭火器扑救。干粉灭火器不宜用于旋转式直流焊机的救火。

电石桶、电石库房等着火时，不能用水或泡沫灭火器救火，也不能用四氯化碳灭火器扑救。应当用干砂、干粉灭火器和二氧化碳灭火器扑救。

乙炔发生器着火时，应先关闭出气阀门，停止供气，并使电石与水脱离接触。可用二氧化碳灭火器和干粉灭火器扑救，禁止用四氯化碳灭火器、泡沫灭火器或水进行扑救。采用四氯化碳灭火器扑救乙炔的着火，不仅有乙炔与氯气混合气爆炸的危险，而且还会产生剧毒气体。

液化石油气瓶在使用和储运过程中，如果瓶阀漏气而又无法制止时，应立即把瓶体移至室外安全地带，让其逸出，直至瓶内气体排尽为止。同时，在气态石油气扩散所及的范围内，禁止出现任何火源。

如果瓶阀漏气着火，应立即关闭瓶阀。若无法靠近时，应立即用大量冷水喷注，使气瓶降温，抑制瓶内升压和蒸发，然后关闭瓶阀，切断气源灭火。

氧气瓶着火时，应迅速关闭氧气阀门，停止供氧，使火自行熄灭。如邻近建筑物或可燃物着火，应尽快将氧气瓶搬出，转移到安全地点，防止受火场高热影响而爆炸。

任务二　预防焊接急性中毒及急救措施

1. 预防焊接急性中毒的措施

焊接经过脱脂处理或涂层的材料时，应预先清除焊缝周围的涂料和溶剂，并在操作地点装设局部排烟装置。

焊接操作室的高度少于 3.5 ~ 4 m，每个焊工的工作间容积小于 200 m^3，焊接工作间（舱、室和柜等）内部有影响空气流动的结构，而使操作点的烟尘及有毒气体超过规定的允许浓度时，均应采取全面通风换气措施。全面通风换气量应保持每个焊工有 57 m^3/min 的通风量。

采用置换作业焊补容器时，在焊工进入容器内之前，应用空气进行置换，并取样化验器内的含氧量和有毒物质是否符合安全要求。

焊工进入容器或地沟里施焊时，应设专人监护，还应在焊工身上系一条牢靠的安全绳，另一端系铜铃并固定在容器或地沟外。焊工在操作中一旦发生急性中毒症状或其他紧急情况，既可以响铃为信号，又可以利用绳子作为救出焊工的工具。

2. 焊接急性中毒应急处理

发生中毒，如 CO 中毒，轻者头昏脑涨，恶心呕吐；严重者出现四肢无力，昏迷不醒，口吐白沫；再严重者可能导致呼吸中枢、循环中枢等重要中枢神经受到侵害，甚至导致死亡。对中毒者的抢救必须争分夺秒，具体方法是：

（1）如果中毒地点 CO 浓度很大，救护人员要带上防毒面具和氧气呼吸器，同时切记不要带火种进入现场，避免一切引起火星的行动，如不要穿钉子鞋在硬地面行走，防止摩擦生出火星导致爆燃，也不要穿化纤类易产生静电的衣服施救。

（2）立即关闭阀门，把现场的门窗打开，迅速将中毒者移出现场，转移到空气新鲜处，解开衣扣，保持呼吸畅通，有条件的可直接给中毒者吸氧。在中毒现场附近若有焊接用的氧气瓶，可在中毒者附近排放氧气。

（3）注意给中毒者保温。如果中毒者受冷会消耗其体内的大量热量，对抢救不利。

(4)若中毒者的呼吸、心跳已停止,应及时进行人工呼吸和心脏按压。

轻度中毒者,在空气新鲜处休息2~3h后可基本恢复正常。中、重度中毒者经上述紧急处理后,应及时送医院治疗,途中可注射强心剂并进行补氧处理。

任务三 预防焊接灼烫及急救措施

1. 预防焊接灼烫的措施

焊接预热的焊件时,为避免灼伤和热辐射的伤害,焊件的烧热部分应用石棉布遮盖,只露出焊接部位。

焊工必须穿戴完好的工作服和其他防护用具。为了避免飞溅金属熔滴的伤害,焊工应注意不可将上衣塞在裤子里,裤脚口(或鞋盖)应罩住工作鞋,工作服的口袋应盖好。焊工应戴隔热性能好、并具有一定的绝缘性能的干燥手套,避免灼伤手臂。为防护清渣时灼伤眼睛,焊工应戴透视度较好的防护眼镜。

操纵焊机开关时,应当在焊接线路完全断开、没有焊接电流的情况下进行,防止发生飞弧灼伤。旋转式直流弧焊机应当用磁力启动器启动,禁止直接用闸刀开关启动。

2. 焊接灼烫急救措施

灼伤主要指火焰的高温对人体组织的一种损伤,常由于火灾时的燃烧物、炉火、房子失火、易燃物爆炸等引起。严重的烧伤会毁坏人体的皮肤,使体液外溢。血液浓缩,不仅会发生难以忍受的疼痛,而且容易导致休克、感染,甚至死亡。烧伤的急救要点如下:

(1)首先要勇敢而迅速地使其脱离烧伤现场,去除烧伤源;

(2)立即脱去着火的衣服或用水浇灭燃烧的衣服,如有水坑、溪河等,亦可入水灭火,也可以迅速卧倒滚动全身而灭火;

(3)灭火后,对烧伤伤口可按烫伤的处理方法进行适当处理,再用干净的纱布、手帕包扎伤口,防止感染;

(4)若灼伤处没起水泡,应尽快地泡入凉水,既可以止痛,减轻肿胀,又可防止起泡,灼伤处还可以放在淡盐水里浸泡,还可在灼伤处涂些香油、生蛋清、植物油、獾油、烫伤膏、蜂蜜等物,可以减轻伤势;

(5)若灼伤处有水泡,则不能浸入水中,也不要弄破水泡,救护员严禁用手触摸受伤处,以免感染;如要脱去被烧伤黏住的衣裤等,千万不要硬撕强扯,应用剪刀剪开黏住部分慢慢脱去;脱去衣物后可先用75%的酒精消毒后再把水泡刺破,流出水液后再用75%的酒精浸湿的布包扎患处,可防止感染;

(6)被烧伤者往往有不同程度的疼痛,可给予止痛剂和镇静剂,疼痛剧烈者可视情况注射杜冷丁或吗啡,防止因疼痛造成休克;

(7)严重烧伤者应使之静卧,保持呼吸道畅通,如呼吸固难、循环衰竭者,可给予注射强心剂、呼吸兴奋剂,有休克应进行抗休克治疗;若呼吸停止应立即进行人工呼吸和胸外心脏按压,有外出血应给予止血;

(8)经上述处理后,根据烧伤的程度决定是否转送医院处理。转送途中应注意防暑或防寒,尽量减少颠簸。

任务四　预防焊接机械伤害及急救措施

1. 预防焊接机械伤害的措施

焊件必须放置平稳，尤其是躺卧在构件底下的仰焊作业更需注意。焊接前应选用或制作合适的夹具，使焊件固定牢靠。不得在天车吊转的焊件上施焊，焊接转动的机械传动部分应设置防护罩。

凡是在已停止转动的机器和设备里面进行焊接时，必须切断设备和机器的主机、辅机和运转机构的电源和气源，锁住启动开关，以防由于误动作而发生碾压挤伤等严重事故。

在天车轨道上焊接时，应预先与司机取得联系，并设防护装在点火机车上焊接时，应注意听取呼唤信号，以免在试闸动车发生轧挤、摔伤事故。

2. 焊接机械伤害急救措施

因摔伤、电伤和高处坠落造成局部外伤，其现场急救处理要点如下：

一般性的外伤表面，可用无菌生理食盐水或清洁的温开水冲洗后，再用消毒纱布、防腐绷带或干净的布类包扎，经现场救护后送医院处理。

伤口出血以动、静脉出血危险性最大。动脉出血，血色鲜红且状如泉涌，静脉出血血色暗红且持续溢出。人体的总血量约为 4 ~ 5 L，如果出血超过 1 L，可能引起心脏跳动停止而死亡。因此，要立即设法止血。

压迫止血法是动、静脉出血最迅速的临时止血法，即用手指、手掌或止血橡皮带在出血处供血端将血管压瘪在骨骼上而止血，同时迅速送医院处理。

如果伤口出血不严重可用消毒纱布或干净的布类叠几层在伤口处压紧止血。

高压触电时，可能会造成大面积严重的电弧灼伤，往往深达骨骼，处理十分复杂，现场可用无菌生理盐水或清洁的温开水冲洗，再用酒精全面涂擦，然后用消毒被单或干净的布类包裹送医院处理。

对于因触电摔伤四肢骨折的触电者，应首先止血、包扎，然后用木板、竹竿、木棍等物品，临时将骨折肢体固定并送医院处理。

任务五　安全教育和安全操作规程

1. 安全教育

安全生产教育是劳动保护工作的一项重要内容。其重要意义首先在于它能提高企业各级领导和广大职工搞好焊接安全卫生工作的责任感和自觉性；其次是使广大职工掌握安全生产科学知识，提高焊接安全操作技术水平，使焊工认识和掌握工伤事故和职业危害的原因和规律，以便充分发挥人的主观能动性，严格遵守安全操作规程，这样才能使各项安全防护技术设施更加行之有效。

焊接操作属于特殊工种，容易发生重大事故，危险性较大。并且，一旦发生事故对整个企业安全生产有较大影响。所以，对焊工应掌握的安全技术知识必须严格要求，规定必须经过安全操作考试合格才能独立操作。例如为避免触电事故，应经常对电焊工进行电气安全技术教育，电焊工应懂得电的基本知识、了解电焊机的结构和性能、熟悉电焊工艺和安全操作规程、了解用电安全要求和安全装置（如保护接地装置等）的原理、会做触电急救等；又如为避免发生爆炸火灾事故，应当通过安全教育使焊工懂得有关燃烧和爆炸的基本知识、了解焊接发生爆炸火灾的原因和防爆防火安全措施、熟练掌握和严格遵守安全操作规程、学会扑灭火灾的方法等；通过安全教育使企业的干部和广大职工明确认识焊接存在的有害因素，以及可能造成的职业危害，了解和学会防治职业危害的办法，这对发动群众采取积极的态度，改善劳动条件，更加有效地利用各种卫生防护设施，消除职业危害，保障焊工的健康，促进生产，都具有重要的意义。

焊工刚入厂时，要接受厂、车间和生产小组的三级安全教育。同时，安全生产教育需要坚持经常性和多样化，例如广播、图片、标语、报告、安全训练班等都是可以采用的宣传教育方式。实践证明，这些都是行之有效的办法，起到了积极的作用，应予坚持。

2. 焊接安全操作规程

焊接安全操作规程是人们在长期从事焊接操作的实践中，为了保障焊工的安全和健康、促进企业的安全生产，根据焊接工艺过程的客观规律和生产斗争经验作出的科学总结。分析焊接发生工伤事故与职业危害的原因和总结焊接安全卫生工作的经验教训表明，焊接设备和工具（包括安全防护装置）的缺陷以及操作有误（例如违反或缺少合理的安全操作规程）是主要的原因。因此，建立和贯彻执行焊接安全操作规程是安全技术工作的重要内容。实践证明，必要而合理的安全操作规程是保障焊工安全健康、促进生产的有效手段。

应当根据焊接的不同工种，建立各种安全操作规程。如气焊与气割安全操作规程、手工电弧焊安全操作规程、电渣焊安全操作规程等等。还应当根据不同的焊接操作环境，制订相应的安全操作规程。如高空作业焊接安全操作规程、水下焊接和切割安全操作规程等。对于某些危险性比较大的操作，要制定专门的安全操作规程，例如化工企业设备管道的检修焊补安全操作规程等。

安全技术操作规程必须随着焊接工艺过程的改变而修订。规程的内容和文字要简明确切通俗易懂，避免有些规程存在的条史复杂、文字繁多、难懂难记，使工人很难接受和掌握，从而使安全操作规程的贯彻执行受到一定的影响。

任务六　过程安全控制

在企业检修中，会大量运用焊接技术。要求大中修项目上施工方案，小检修项目上规程（特种作业安全技术规程）。不管是哪类检修项目都要由专责工程师进行现场工艺技术交底，进行作业过程安全分析，讲明各项安全技术与组织措施，并指定现场安全负责人。

特殊焊割作业，必须按照化工作业标准 HG/T 23011—18—1999《化工企业厂区作业安全规定》执行。焊、割作业属于动火作业，必须实行安全票证管理制度，在“动火作业票证”中，将企业各级领导、有关职能部门和有关工程技术人员以及动火区所在单位负责人、当班班长、岗位操作工、焊接监护人等的安全责任都集约在安全票证上和焊、割作业现场，增加管理密度，实行精细管理。焊、割作业项目安全负责人应经常检查焊、割作业安全措施和焊、割作业的安全规程落实情况，跟踪控制整改作业过程，确保整个焊、割作业的安全。

学习情境八　焊接安全案例

【一】知识目标

1. 能够掌握船舶焊接作业一些安全事故的发生原因；
2. 能够了解船舶焊接安全与防护的重要性。

【二】能力目标

1. 能够分析焊接作业中存在的安全隐患，并采取正确的预防措施；
2. 能够将焊接安全与防护的知识用在实际焊接作业中，保护自己和他人的安全。

【三】任务链接

1. 艏尖舱爆燃事故；
2. 多用途货轮爆燃事故；
3. 燃油舱爆燃事故；
4. 某货轮爆燃事故；
5. 工具箱爆炸事故；
6. 管隧道舱爆燃事故；
7. 串油火灾事故；
8. 某艘油轮1死4伤的火灾事故；
9. 三菱重工“钻石公主号”火灾事；
10. 棉工作服燃烧死亡事故；
11. 深油舱火灾事故；
12. 焊接火花引燃机油特大火灾事故；
13. 脚踩纵骨打滑高处坠落事故；
14. 斜底板倾斜高处坠落事故；
15. 分段高处坠落事故；
16. 手持物品下直梯高处坠落事故；
17. 横杆松动高处坠落事故；
18. 脚手板坠落打击事故；
19. 保护管飞落打击事故；
20. 起重机械挤压伤害事故；
21. 门座吊车碾压伤害事故；
22. 照明灯线破损触电事故；
23. 电焊电缆漏电触电事故；
24. 手抓焊钳嘴触电事故；
25. 焊条触及身体触电事故；

26. 电焊钳绝缘破损触电事故;
27. 简易焊钳裸露触电事故;
28. 作业现场照明不足触电事故;
29. 导电铜体裸露触电事故;
30. 拖拉电焊电缆触电事故;
31. 作业方式不正确触电事故。

• 情境描述

船舶工业是一个劳动密集、技术密集、资金密集型的高风险综合性行业。造修船作业,取材纷繁,工种和工序多样和复杂,涉及面广,属于事故高发行业,在国际上被称为“3D”企业,即:险、脏、难企业。

之所以形成这样的印象,与造船业的生产性质是分不开的。船舶生产的产品规模大,产品结构多样、复杂,船厂内既要进行室内加工,又要进行室外营建,由于独特的产品特性和复杂的生产方式,造船既不能像石化和钢铁工业那样实现连续自动生产,也不能进行大批量流水线生产,尤其是后期船台总装和码头舾装阶段,很难实现生产自动化,并且劳动条件差,危险性大;造船生产周期长,生产管理十分复杂,所涉及的技术和工艺规范数目繁多,而且产品的技术特点和工艺特点不断变化,作业现场不可避免地形成了船舶生产特有的作业环境,这就是:高处作业、起重作业、立体交叉作业、狭小舱室作业、明火作业多,作业危险程度很高,尘毒、噪声危害严重。

尽管近10多年全国造修船企业普遍进行了大规模现代化改造,造船业“脏、累、险”的形象有了较大改变,但总体而言,造船仍然是生产安全事故出现较多、安全风险相对较高的行业之一。虽然发生突发性特大生产安全事故的可能性不大,但出现各种中、小生产安全事故的几率并不低。综观近些年来各国造修船业中出现的各种生产安全事故,从爆燃、火灾、水淹、沉船、触电,到物体打击、高处坠落等应有尽有。其生产安全事故种类之多,是其他行业中少见的。

为了揭示船舶生产劳动过程中的危险因素和管理缺陷,为生产、设计、科研工作提供借鉴素材,为制订安全生产规章制度提供必要的依据,教育员工吸取事故教训,避免重复事故的发生,保护生产员工的健康安全,编者利用多年来在船舶工业行业从事安全生产管理工作的方便条件,收集了部分典型的事故案例,编著了这本书,希望能为船舶工业的发展,提高安全生产,加强安全管理与决策贡献微薄的力量。

我国船舶工业是具有较强国际竞争力和综合发展优势显著的产业。未来十年是我国船舶工业发展的关键时期。近年来,党和国家领导同志对船舶工业给予了高度重视。对于加快我国船舶工业结构调整和产业升级,使之成为带动相关产业全面参与国际竞争的强势产业,推进我国创建世界造船大国、强国具有重大意义。“十五”以来,我国船舶工业获得了长足的发展,按照国家《船舶工业中长期发展规划》,2020年我国不仅要成为世界造船大国,还应树雄心、立壮志,使我国成为世界造船强国。

我国造船业的快速发展,使生产安全事故率上升的危险也在增高。这不仅是由于造船规模的扩大,出现事故的数量也有可能随之增加,重要的还在于,一一批新建造船企业,特别是一些管理基础薄弱、安全措施不到位的中小造船企业的出现,将大大增加发生生产安全事故的可能性;而大量非熟练工人及缺乏必要培训的外来生产人员涌入造船业,将使安全生产的形势变得更加严峻,我们必须对船舶制造业的高危特性保持清醒的认识。

项目一　爆燃事故

在船舶工业中,各类爆燃事故,约占事故总数的3.5%。爆燃物质是工业燃气混合气体、油漆混合气体及其他化学品、油气混合气体等。爆燃事故发生的场所主要是狭小、密闭舱室及相对密闭、通风不良的空间。易发生爆燃事故的作业活动主要是焊接、气割、气刨、除锈打磨等明火作业,油漆涂装等作业。造成爆燃事故的原因,多数是由于违反操作规程或劳动纪律造成的。

在船舶建造、修理作业活动中,使用易燃易爆物品较多,特别是涂装作业中使用的各种油漆溶剂在挥发、固化过程中会形成一定量的可燃性气体;加上船舶建造,修理和钢结构制造工程中,许多作业场所狭小甚至密闭,通风条件不良,如防范处理不当,积聚的可燃性气体很容易达到爆炸极限。如果一旦遇到明火、电气火花、静电火花、金属摩擦或碰撞火花、高温等,就会引起爆燃。

爆燃事故在船舶工业各类事故中占的比率虽然不高,但危害和经济损失都是十分巨大的,往往造成群死群伤,因此,防范爆燃事故是船舶工业安全生产工作的重点。

任务一　艏尖舱爆燃事故

1.事故概况

2002年3月14日,某船厂电装分厂强电工段四组曹某、陈某两同志在该厂所建造的某型船艏尖舱的计程仪舱,利用气割、电焊研配,安装电缆托架、电缆走线板条马脚。上午11:10左右作业完毕后,曹某未将使用的焊炬、氧乙炔胶管等拖出舱外,便下班回家吃饭。下午上班后,约13:30左右,两同志下舱后便叫人将氧乙炔胶管拉出舱外,在艏尖舱作业的黄某和王某两人将氧乙炔胶管拉出,放置在艏尖舱的甲板上。14:00左右,曹某便点焊马脚板条,瞬间引起氧、乙炔混合气爆燃,陈某攀抓直梯逃出,爬出舱外时下肢等部位烧伤。曹某被救出后,送往医院抢救。终因大面积烫伤,呼吸道衰竭死亡。

2.事故原因分析

操作者在舱内气割作业工作完毕后未将气带拉出舱外,对氧和乙炔胶管、焊割炬检查不到位,致使破损的氧、乙炔胶管没有及时地更换,导致氧、乙炔气泄漏舱内,舱内可燃性气体浓度达到了爆炸极限浓度。乙炔气是这次事故的主要致因物质。

曹某在用电焊焊接马脚板条时,电焊火花引燃了氧、乙炔混合气,造成这起爆燃事故的发生。电焊火花是事故的致害物。

任务二　多用途货轮爆燃事故

1.事故概况

2005年5月26日,某船舶公司正在建造的某型4 250 t集装箱多用途货轮停靠在公司码头,船体长约80多米,高约10 m,于5月13日下水,事发时正在进行下水后的安装、油漆等工程。

15:50左右,突然前舱传来一声巨大的爆炸声,三四秒钟之后又响起第二、第三声爆炸,最后一声震耳欲聋。前舱两块七八米长、三四米宽、六吨重的舱板都被炸飞,又重重砸在甲板上。船前深板(钢质)被炸出三个直径10 cm左右的洞。当时在船舱内有十多名员工在从事刷油漆和电焊等作业,没等员工反应过来,强烈的冲击波就将员工暴震伤和烧伤。3人当场死亡,2人送医院后抢救无效死亡,还有6人受伤。

当时氧气瓶还在燃烧,舱里还有十多个氧气瓶和乙炔瓶,人们都吓坏了,担心再次发生爆炸。70多名工友争先恐后往后舱跑,谁都不敢去救火。也有十多个工友拿起灭火器跑到前舱去救火,但在甲板上喷了几分钟后也不敢再停留了,实在太恐怖了。大约20 min后消防部门赶到现场,还派出吊车将被炸飞的舱板吊开,并确保没人被压在下面。

2. 事故原因分析

在刷油漆时因为舱内通风情况不良,致使可燃气体积聚在舱内,达到了爆炸极限。可燃气体在舱内的蔓延,扩大了爆燃的范围。事故中可燃气体是致因物。

同时在船舱内作业的还有氧、乙炔焊割作业,氧、乙炔焊割作业产生的明火点燃了达到爆炸极限的可燃气体,可燃气体爆燃过程中又引爆了气瓶,又引燃了油漆、氧气瓶等物。明火是致害物。

任务三　燃油舱爆燃事故

1. 事故概况

1978年6月23日晚上,某厂某油漆班在某型船18# ~3#肋骨隔壁底部的六个燃油舱内,加班涂装有机富锌油漆。油漆工作结束后,把油舱舱口盖盖上,致使油舱内的有机溶剂挥发出的大量可燃性混合气体积聚在舱内,无法排放。

6月24日上午,与油舱-壁之隔的23# ~5#肋骨之间的前机舱内,钳工和电工等多人在作业。约11时,轮机车间电焊工张某等人到18#肋骨隔壁前壁装仪器支架,焊条刚点焊到舱壁上,就引起燃油舱剧烈爆炸。爆炸造成:燃油舱完全毁坏;燃油舱上一层的居住舱、驾驶室、前机舱等其他舱室均受到不同程度的损坏,船体严重变形;在前机舱和隔壁舱下作业的张某(男,30岁)、林某(男,30岁)、李某(男,26岁)、吴某(男,42岁)等4人当场死亡,覃某(女)1人重伤;姜某等9人轻伤。该船经数次返修后一直延至1986年才交船。

2. 事故原因分析

油舱内涂装作业结束后,作业人员未按规定把舱口盖打开和用通风机通风,使涂好的油漆加快挥发、固化并排出舱内可燃气体,相反却将舱盖盖死,致使可燃性气体长时间积聚在油舱内。可燃性气体是这起事故的主要起因物质。

电焊工张某等人在不了解现场周围及隔壁舱室情况时贸然动火,在毗邻燃油舱的舱壁上点焊,由于船的舱壁材料很薄,点焊钢板的高温传导,引燃隔壁油舱内已经达到了爆炸极限的可燃气体。因此,毗邻舱内电焊火花是致害物。

任务四　某货轮爆燃事故

1. 事故概况

2004 年 4 月 22 日 14:15 分左右，广州某船厂水域码头，一艘两万余吨的土耳其籍货轮“威乐”号两个货仓间的一个船舱内突然传来一声爆炸的巨响，接着船舱内有一个大火球喷涌而出，“威乐”号的船身发生了震动。事发时巨大的冲击波当场将船上的施工警戒缆绳炸飞，并远远地抛到造船厂的车间屋顶。1 名外籍水手当场被炸身亡，另有 3 名外籍水手在事故中受伤。

2. 事故原因分析

4 月 12 日该船进入船厂停泊检修，使用工业用燃气进行焊接切割作业。可能是由于胶管破损，造成工业用燃气泄漏，致使船舱内工业用燃气浓度达到爆炸极限，在施工过程中遇到明火，引发事故的发生。事故中工业用燃气是致因物；明火是致害物。

任务五　工具箱爆炸事故

1. 事故概况

1990 年 1 月 3 日，某船厂船体分厂装配二班在船台上建造的某出口冷藏船甲板上作业，作业结束后，当班作业人员将氧乙炔胶皮软管一头打结盘起来放进工具箱内，另一头仍然连接在氧乙炔汇流排上。1990 年 1 月 4 日上午 8:10 左右，装配二班开始进行焊接作业，黄某等三人正在进入冷藏船做双层底分段大接头黄沙衬垫焊作业时，突然铁制工具箱发生爆炸，将正在工具箱一侧 1 m 处工作的 3 名电焊工分别弹出 4.5 m，1.2 m，4.2 m，该工具箱门被向南弹出 16 m，整个箱顶及后板被向北弹出 18 m，造成黄某（男，29 岁）当场死亡，另两人一人重伤，一人轻伤的事故。

2. 事故原因分析

事故调查发现，装配工在工作完毕后将氧乙炔胶皮软管存放在密闭的工具箱内，同时又未切断乙炔气源，打结的氧乙炔胶皮软管并未完全切断气源，致使工具箱内及周围聚积了大量可燃性混合气体，可燃性气体是事故起因物质。

工具箱附近进行切割作业的火星，引燃工具箱内聚积的氧乙炔混合气体，发生爆燃，是引燃可燃性气体的起因。切割作业的火星是事故致害物。

任务六　管隧道舱爆燃事故

1. 事故概况

1997 年 10 月 14 日上午 8:00 船体车间决定，14 日下午抽调两个电焊班上船到管隧道舱进行加强筋安装作业。船体车间作业人员由铆工、打磨工、切割工和焊工组成，共 26 人。于 14 日 13:00 至 13:30 陆续进舱作业（预计在 21 点至 22 点完成此项工作任务）。在此以前，承包毗邻该管隧道舱的燃油驳运泵舱油漆工程的某施工单位李某，在 11:40 左右，在没有通知船厂涂装公司施工员及本单位的安技人员、防火员的情况下，安排徐某等人做喷油漆的准备工作，准备下午 17:00 以后喷油漆。徐某即安排员工李某等 3 人上船去喷油漆。

13:00 左右,李某带本班工人孙某、陈某、王某 3 人来到船下,在上船用的梯子右面取了 10 捅油料上船,进入电、气焊工正在作业的与管隧道舱相邻的燃油驳运泵舱,王某负责开油桶盖,孙某搅拌油,李某负责喷油漆,陈某负责拖喷油枪管。13:30 分左右开始喷油漆。王某开完油桶盖后就在过渡舱口边上睡觉。16:30 左右,王某刚醒不长时间,孙某在过渡舱里搅拌油漆,陈某也在过渡舱里,这时李某从人孔舱出来,站在小过渡舱水密门前二步远喊陈某:“没油漆了,你去看看有没有油漆”,陈某刚迈出过渡舱口,突然只听里面“轰”的一声从人孔里喷出来一个火球,火球扑到他身上发生爆炸。强大的冲击波通过过渡舱,冲击到正在管隧道舱进行加强筋安装作业的 26 位员工,造成 26 人暴震伤、大面积烧伤、重度呼吸道灼伤伤害,致 7 人死亡、6 人重伤,轻伤 16 人的重大事故。

2. 事故原因分析

事故发生时,在管隧道舱内有船体车间电焊与铆焊班的 26 名工人,正在船左舷吊车轨道下方位置从事焊接加强筋作业。与此同时,过渡舱中有 4 名工人,在进行为燃油驳运泵舱的补漆作业。管隧道舱内作业人员使用的设备工具有电焊枪、气焊枪等电气焊设备。管隧道舱照明为临时供电电缆,电压为 220 V,灯具为 200 W 的白炽灯,上罩 10 号铁丝制的防护网(船厂俗称“大网灯”)。而承包油漆工程的某施工单位在 7 号船艏燃油驳运泵舱喷漆作业中,没有采取任何通风措施,在涂漆作业中产生大量可燃性气体(苯、乙苯、二甲苯等),致使油漆挥发出的可燃气体(苯、二甲苯、乙苯等)积聚到爆炸极限浓度。可燃气体是事故的起因物质。

承包毗邻该管隧道舱的燃油驳运泵舱油漆工程的某施工单位违章使用 220 V 白炽灯照明。李某在拖拽喷枪或大网灯电缆时,造成大网灯破碎,高温钨丝引爆了已达到爆炸极限浓度的可燃性气体,是这起爆燃事故的起因。高温钨丝是事故的致害物。

承包毗邻该管隧道舱的燃油驳运泵舱油漆工程的某施工单位在未通知船厂涂装公司施工员(调度),未经请示和允许,没有采取任何安全防护措施的情况下,擅自在电气焊作业毗邻的密闭舱室安排喷漆作业,违反防火安全规定,不通风,又使用不防爆灯具,冒险蛮干,是这起事故发生的原因之一。

项目二 火灾事故

船舶造修工程量大、施工周期长、涉及环节多,工程管理十分复杂,任何一个环节稍有疏忽,都有可能发生火灾事故,酿成大祸,必定损失惨重。近年来,国外船厂接连发生了几起重大的火灾事故,发生火灾事故的船舶价格昂贵,每艘高达数亿美元。

船厂火灾事故频繁的原因,主要是由于船厂使用氧、乙炔气体进行明火作业频繁,易燃易爆物质较多,密闭、狭小舱室较多。另外,由于缺乏足够的安全教育和培训,许多作业人员安全生产意识不强,缺乏必要的安全知识。尤其是近几年越来越多的外协工进入船厂,使这一问题变得更加严重。有关专家最近对日、韩等国几家船厂进行一次调查,在被调查的船厂中,有一家存在多种安全管理方面的漏洞,有些船厂没有有效的防火责任计划,而其余船厂普遍存在工人在危险区域吸烟的现象。2002 年 10 月以来世界上发生的三起在建豪华游船火灾事故中,除三菱重工的一起由焊接引发外,另外两起都是因工人违规吸烟造成的。另外是对现场缺乏检查或指导,不懂操作技术知识及设备、工具附件的缺陷所致。

任务一　串油火灾事故

1. 事故概况

2003 年 9 月 18 日上午 8:40 左右，停靠在某公司码头的 41 00 标准箱集装箱船，已经试航归来，原计划 10 月 5 日交船，船上已经加了近百吨柴油。当时船体上层建筑底部的分油机室内，有 6 名员工正在作业，在清理管道内残油时，同时在作业的焊工的焊渣掉到油上，造成火灾。

发生火灾后，船上约 200 名工人全部疏散，虽无伤亡，但是牺牲了 1 名消防战士。近 30 辆消防车参加了抢救工作。经过近百名消防官兵的积极扑救，明火很快被扑灭。据悉火灾损失约千万。

2. 事故原因分析

船体上层建筑底部的分油机室，在清理管道内残油时，同时在分油机室作业的焊工的焊渣掉到油上，造成火灾。残油和焊渣分别是事故的致因物和致害物。

任务二　某艘油轮 1 死 4 伤的火灾事故

1. 事故概况

2004 年 7 月 14 日晚 20:09 左右，某船厂厂内，一艘油轮发生火灾。地方指挥中心迅速调集 400 余名公安民警、消防官兵，出动 30 余辆消防车奔赴现场，抢救伤员，灭火抢险。火势于当晚 20:32 得到控制，22:30 被彻底扑灭。该火灾造成 1 人死亡 4 人受伤。

2. 事故原因分析

经调查，起火船只是停靠于某船厂一侧江中的正在维修的一艘 5 万吨空油轮，起火点位于船舱 2 楼的生活区内，起火原因是施工人员违章使用电焊引起的。

任务三　三菱重工“钻石公主号”火灾事

1. 事故概况

日本三菱重工长崎造船厂为英国银行公主邮轮公司在建的豪华游轮“钻石公主”号豪华游船 11.3 万总吨、载客 2 674 名，全长 290 m、宽 37.5 m、高 62 m。该船于 2000 年 2 月 15 日正式签订建造合同，2002 年 7 月下水并着手进行码头舾装。按原定计划，该船将于 2003 年 7 月交付使用。发生火灾前正在码头进行内部舾装。

火灾发生在 2002 年 10 月 1 日当地时间下午 16:00 左右，起火原因是由于焊接操作疏忽引发大火。第五层甲板首先起火，由于船舱内尚未配备消防设备，舱室防火材料隔板尚未安装有大量的可燃包覆材料，火势迅速蔓延。正在船内施工的数百名工人听到火警后迅速撤出，无人员伤亡。长崎市消防部门共出动了 40 台消防车和 2 艘消防艇前往扑救，但由于船体构造非常复杂，且舱内充满浓烟，人员无法进入，消防工作难以有效展开，火灾一直持续了 36 个小时，直到 10 月 3 日早晨 5:45 左右才被完全扑灭。整艘船被烧得面目全非，70% 的船体烧损。据有关方面估计，这场火灾造成的直接经济损失高达 2.5 亿美元以上，是造船行业有史以来遭受经济损失最严重的一次事故。虽然船舶本身的损失由保险商赔付，但交船严重脱期仍然给长崎船厂造成了相当巨大的损失。

2. 事故原因分析

三菱重工“钻石公主”号游艇的重大火灾是因为焊工在焊接管子时粗心大意，烤热了天花板上的钢板，导致上一层舱室中的舱具起火而引发的。

日本三菱重工“钻石公主”号游船发生重大火灾之前，实际上已经出现过好几次小的火情。由于麻痹大意，这样严重的事故隐患竟然没有引起船厂管理部门的足够重视。船厂管理部门既没有加强相关的防火安全管理，也没有采取必要的防范措施，听之任之，最终酿成不可挽回的重大损失。

任务四 棉工作服燃烧死亡事故

1. 事故概况

2002 年 1 月 1 4 日，某船厂装配工段裴某、田某、刘某三人志在某型产品从事打压、试气、找漏工作。19:00 左右，三人进入该产品 2 舱中层甲板，19:30 左右电焊工刘某经人孔进入底层 2 号燃油舱后隔壁下部处仰卧曲体进行管件补漏施焊工作。裴、田两人在上层甲板监护，利用“探孔”（直径为 140 mm）探视施工情况，当刘某施焊约 5 ~ 6 min 时，裴某闻到有棉衣的燃烧气味，便喊叫“老刘，你的棉袄是否着了”，此时见刘某摘下电焊帽，扑打身上棉衣，又继续施焊，几分钟后，田某看到刘某的棉衣起火，便大声喊叫，“着火了，老刘，赶快上来”，当刘某爬到隔板人孔处时，身上的火焰全部燃烧起来了。此时，裴某跳入下舱，帮助扑火救人，但由于舱室狭小，火势太旺，未能成功。当刘某爬到人孔处后，裴、田两同志合力将刘某拉到二层甲板，只见刘某除鞋未烧损外，周身衣物全部烧焦。当即送往医院抢救，于 15 日凌晨 4:22 死亡。

2. 事故原因分析

由于操作者刘某护具着装不规范，在施焊过程中，焊接火花飞溅到身上，引燃棉工作服，扑救不及时，引起事故发生。棉工作服是事故的致因物。

刘某仰卧曲体进行管件补漏施焊作业时，电焊火花溅到工作服上，引燃工作服。电焊火花是事故的致害物。

任务五 深油舱火灾事故

1. 事故概况

某劳务公司承接某船厂 62 000 t 油轮深油舱的焊接工作。1990 年 3 月 19 日上午，劳务工陈某（男，26 岁）、陆某（男，21 岁）根据该公司组长陆某的安排，先到 62 000 t 机舱进行补焊工作，约 9:30 左右，机舱补焊结束后，他俩又将焊接电缆拉至深油舱的双层底内，由陈某补焊，陆某监护。在船东到机舱验收时，发现有漏焊，遂由吴某通知陈某、陆某返工。约 10:15，吴从主甲板走到深油舱的第一层扶梯处，看到舱下面有火光，马上报警。后经消防人员的奋力抢救，将火扑灭。

陈某和陆某当舱内发生火灾时，既不报警又不逃离现场，以致火势扩大，终因舱内着火后大量氧气在燃烧过程中被消耗，两人不幸身亡。

2. 事故原因分析

在小平台处及遇难者周围有绳索、安全网烧过后的残留物。经分析,可能是电焊电缆线打火引燃了锦纶安全网、棕绳,烧断了锦纶网绳。锦纶熔滴带火掉入舱内并黏结在下方两名焊工身上,引燃了工作服,一时不能扑灭,扩大成火灾。同时锦纶安全网燃烧产生了烟雾和有毒、有害气体,致使陈、陆两人因缺氧窒息倒在舱底。因此,锦纶网绳是这起事故的致因物。

在第一层小平台的脚手架顶端角铁处有一根铜芯外露,有短路痕迹,角铁上有电击痕迹,这两处痕迹吻合。通过调查分析,可能是陈、陆俩人使用的电焊电缆线绝缘层破损,与角铁脚手架接触碰电起火。电焊电缆线接触碰电起火是事故的致害物。

任务六　焊接火花引燃机油致特大火灾事故

1. 事故概况

1970 年 8 月 31 日上午,某船厂轮机车间钳工杨某发现,自己安装在某号轮上的燃料日用油箱急闭阀拉线装置的"葫芦马脚"装偏了,向车间领导提出要纠正偏位。车间领导考虑到该轮 9 月 1 日要试航,而该偏位不影响试航,故未同意。8 月 31 日下午,杨某在未经领导同意的情况下,擅自找到船体车间电焊工金某,要他帮助修正焊偏位的"葫芦马脚"。金某开始不同意,经杨再三要求,金某答应烧焊。接着,由杨某先用割炬割下"葫芦马脚"。切割时,溅落的零星火花引起小火,用灭火器熄灭。对此,杨未引起警觉,亦未采取安全措施,仍叫金某继续烧焊。

事有凑巧,当天下午 13:00 左右,海运局加油轮驳靠某号轮,准备向某号轮深油舱加油。因通向深油舱的管接头尚未安装好,担任某号生产总指挥的张某临时决定先向燃料日用油箱加油;分工负责加油工作的机舱主管工程师孔某亦表示同意。张即安排轮机车间铜工凌某等去开启日用油箱进油阀,负责加油。14:00 左右,加油轮开始向某号轮燃料日用油箱注油,张、孔、凌三人在日用油箱处观察油位表。孔某看了一会即离开,到底舱检查舱底泵。凌某看油位表,认为油加得慢向张某反映,张某即上甲板要油轮加快泵的速度,随后去船艏检查锚机。凌某因想了解油加得慢的原因,并因喉病想去医务室拿药,在张某走后不久,随即也上了甲板。由于孔、张、凌先后离开油箱处,致使日用油箱加满油后无人察觉,未能及时通知油轮停泵,加上油箱密封刀门盖螺丝未拧紧,油从日用油箱的刀门处大量溢出,造成机舱内油箱周围大面积积油,挥发出的油气弥漫在机舱内。此时,金某正在烧焊日用油箱上方顶部的"葫芦马脚",焊接落下的电焊火花和炽热的熔珠溅落下来,遇到溢出的轻柴油和油气,引起大火。经厂内职工和消防人员全力扑救,大火虽被扑灭,但终因火势太大,造成 16 人死亡,近百人受伤,酿成一起震惊国内外的特大火灾事故。

2. 事故原因分析

在加油前未对油箱进行认真检查,没有发现油箱刀门盖螺丝未拧紧,刀门盖没有被密封;加油开始后,在现场观察油表的三人,特别是具体负责油箱进油阀的凌某,先后离开,当油箱注满、油从刀门处大量溢出时,无人察觉,造成油箱外及周围大面积积油是事故的致因物。

钳工杨某未经领导同意,一意孤行,又没有办理动火申请,在现场无人看火的情况下,擅自动火。金某不坚持原则,答应杨的要求,违章动火,电焊火花和炽热的熔珠是造成这起特大火灾事故的致害物。

项目三 高处坠落事故

高处作业是造修船生产的行业特点，高处作业的客观环境十分复杂和险恶，动态变化的生产过程更增加了安全管理的难度。从事故统计数字来看，高处坠落伤亡事故占各类事故发生死亡率的首位，约占船厂工伤死亡事故总数的24.7%，造成的伤害也最严重。高处坠落事故伤害人员中，电焊、风割工和起重工因为高处作业较多，因此，危险性也较大。为此我们在安全生产管理中把预防高处坠落事故作为预控的重点。

高坠死亡事故原因集中在人的因素、设备的因素、环境条件的因素等几方面。一是人的因素造成的高坠伤亡事故比例最高，如在生产过程中由于站立位置不当、重心失去平衡、相互联系配合不协调，自我保护和相互保护意识不强等造成坠落。其次，生产作业环境安全设施不完善，如：孔洞无盖，舷边、斜道等外侧无有效防护栏杆、安全网，光线不足或工作地点及通道情况不良等；再次，设备、工具附件有缺陷，如登高用的梯台未固定，扶梯立柱霉变，断挡或缺挡（格）等。

行业管理部门在总结了以往高处坠落事故的教训后，制定了《船厂高处作业安全管理规程》（CB 3785—1997），明确规定了"四个必有""六个不准""十不登高"的安全防护措施。近年来，随着造船模式的转换，在生产工艺上采用了高处作业平地做，分段平台预舾装和采用高空作业车等一系列先进的施工方法，提高现场防护设施的安全性、可靠性，大大减少了高处作业的危险程度，使高处坠落事故的发生率有了较大幅度地下降。

任务一 脚踩纵骨打滑高处坠落事故

1. 事故概况

2002年6月14日19:00左右，在某船厂工地承包工程的某公司工程负责人钱某安排焊五工段电焊领班章某（男，30岁，电焊工），带唐某、孙某二人到该厂8号码头的某轮第四货舱右上边舱进行焊接作业。上船后，章某由该边舱前道门进入，在第四与第五框架之间的斜坡板上部焊接纵骨腹板，唐某和孙某由该舱后一道门口进入后，在第五与第六框架间的斜坡板上部焊接纵骨腹板。大约21:30左右，章某停下作业准备出舱，他顺第五个框架立板（高度为1 500 mm）上的梯凳攀上，并翻过上方的安全防护栏杆，再沿立板背面的梯凳而下，想钻过下方斜坡底板上开孔处的右侧围栏到斜坡板下部的安全地带，因精力不够集中，在下行过程中踩在纵骨上的脚打滑失足，顺开孔处跌至货舱底部（14 m左右），同事唐某发现后与孙某立即出舱求救，与赶到的其他人将章某用门机吊吊至码头，随后救护车将其送到医院，22:50左右经抢救无效死亡。

2. 事故原因分析

某轮在某船厂修散货船，在厂修理期间主要工程为钢结构换新。发生事故的第四货舱右上边舱由六个强框架及前横隔壁分割成六个非水密隔挡，整个舱容上下呈倒三角形，前、后各一道门可通到舱内。坠落的开孔部位是因换板需要所开，开孔部位处于前后方第五与第六框架之间，左右方向处于第四与第六根纵骨之间的斜坡底板上，尺寸为3 300 mm × 1 600，四周焊有安全栏杆，开孔处距货舱底的高度为14 m左右。边舱内前后方向半空处拉有一串 36 V 照明灯,其中在开孔上方悬有 2 个照明灯,舱内另有一通风管,作业者的电焊把线均由前一道门口拉入。边舱右舷侧距斜坡底板约 2.5 ~ 2.8 m 高有一安全通道,安全通道可以贯通到前后两个道门处上下梯子处。

安全通道不完善,现场安全防护不严密。尽管舱内有脚手架搭设的专用进出安全通道,但安全通道搭设不规范,通道通至边舱底板的途径上没有专用上下攀梯,在脚手架的验收及交接把关上有一定的管理漏洞,这就加大了章某选择险径的可能性。另外,开孔处的安全防护栏还没有彻底起到防止高坠事故的作用,缺少必要的二次防护措施,这些是引起这次事故的致因物。

危险冒进,个人违章行事。章某身为电焊领班,明知边舱内有开孔,而且工作前还嘱咐同事要注意安全,特别要注意舱内有开孔以防高坠,而自己却为了贪图便利而选择捷径,违章冒险翻越安全围栏,造成失足坠落,这是这次事故的致害原因。

安全教育宣传力度不够。某公司对外来生产单位人员的安全教育不到位,规章制度落实不严格,个别外协劳力的安全意识还很差,很不健全。章某只注意提醒他人注意安全,而身为电焊领班却忽视了对自己违章行为的约束,致使章某抱侥幸心理,违章翻越栏杆是造成事故的原因之一。

章某在所施工的隔挡内单独进行电焊作业,没有设立监护人,安全监护不到位,是安全管理方面的原因。

任务二　斜底板倾斜高处坠落事故

1. 事故概况

2002 年 3 月 4 日,希腊藉某轮在某船厂修理。3 月 9 日下午,某实业有限公司(简称实业队)傅某(男,37 岁),根据带班李某的安排,到该轮 3 舱右高边柜内,用气割拆除中间的斜底板(2 350 mm × 3 400 mm)。傅某没有按《修船施工过程控制》规定的“四周必须留根,每边不得少于 100 mm”,而是将斜底板四边中的三边完全割穿,且下口已裂开约 30 mm,未割穿的一边留 590 mm,并且未设置护栏和警示牌。

3 月 10 日 9:30,带班李某联系某工程部(简称工程部)起重工官某、傅某(男,31 岁)、苏某(男,30 岁)等人到该处吊运 5 根角钢(200 mm × 125 mm × 12 mm × 3.4 m。每根重约 100 kg。李某在甲板上指挥吊车,傅某与官某、苏某三人在舱内接角钢。约 9:50,傅、官、苏三人在搬移角钢过程中,同时踩在已割穿三边的斜底板上,斜底板突然向下倾斜 70°,三人顺着倾斜的底板滑落底舱(高度约 13 m)。官某、苏某当场死亡,傅某送医院后抢救无效死亡。

2. 事故原因分析

傅某未按照工艺要,切割时只在一边留有 590 mm 未切透,其余三边未留根。未留根的斜底板是事故的致因物。

将三边割穿,另一边留 590 mm,同时又不设置护栏和警示牌的斜底板,无疑给自己和别人设置了“陷阱”。当傅某、官某、苏某在舱内搬移角钢过程中,不慎踩在已割穿三个边的斜底板上,造成斜底板斜塌 70°,三人顺势坠落舱底,是事故的致害物。

实业队和工程部安全管理不落实,安全监管不到位。工程部带班李某安排无特种作业操作证的员工承担切割斜底板的任务,是这起事故的管理原因。

任务三　分段高处坠落事故

1. 事故概况

2001 年 5 月 21 日上午，某船务工程公司电焊工成某（男，32 岁），在承包的某船厂某轮 2141、2142 分段上工作。因两分段架空，距地面 6.7 m，分段之间相距 2.7 m，中间用两块木质跳板（0.35 m×4 m）连接，作为传递管子等物件的通道。当成某欲通过跳板，从一个分段走到另一分段时，虽有工友提醒成某有危险，但成某不听劝阻执意通过，不幸失足从跳板上坠落，头部着地受重伤，经抢救无效死亡。

2. 事故原因分析

架空 6.7 m，相距 2.7 m 的两个分段之间，仅用宽 0.35 m 的木质跳板连接，初衷是作为传递物品通道。但是没有想到人也可能从其上面通过，且未设置护栏和安全网，0.35 m 的木质跳板是这起事故的致因物。

成某贪图方便不听劝阻，执意从传递物件的跳板上夸越两只分段的空间，不幸坠落是事故的致害物。

任务四　手持物品下直梯高处坠落事故

1. 事故概况

2004 年 7 月 22 日下午，某船厂船体分厂二车间高效工区三组组长丰某，安排电焊工人费某（男，28 岁，电焊工）在某船第一压载舱左舷做 3318 分段、3218 分段外板焊前准备，13:00，费某与同组电焊工毕某将焊接材料从库房领出，运上船台甲板，两人进行分工，费某负责 3317 分段，毕某负责 3218 分段，进行焊前准备贴衬垫。大约 14:00 左右，费某准备至第二平台进行贴衬垫作业。费某一手拿两片衬垫，一手扶梯子，沿直梯从第一层平台至第二层平台，在下行过程中，从 14.04 m 高处不慎坠落至第五平台，（二至五平台梯子护盖均没有盖上）。某工程队电焊工王某准备下第四层平台取焊枪，当走至第三层时，向下看，发现费某躺在第五层平台上，于是王某大声喊人，与毕某等人将费某抬上救护车，送医院抢救，经抢救无效，于当日 22:00 死亡。

2. 事故原因分析

生产通道利用船体第一压载舱通道直梯，一至五层平台护栏盖未盖，垂直高度 19.90 m，缺乏安全防护设施，是重大安全隐患，没有及时消除，是事故的致因物。

费某准备去二平台进行贴衬垫作业，下直梯时，一手拿两片衬垫，一手扶梯子，行至一平台与二平台之间时，身体失去平衡，造成高处坠落，是事故发生的致害物。

作业现场的安全管理不到位，存在漏洞和死角，安全措施不落实，安全监督检查不到位，是安全管理原因。

任务五　横杆松动高处坠落事故

1. 事故概况

1998 年 11 月 7 日上午，某实业公司职工李某（男，41 岁）在某船厂 20 000 t 船 2# 大舱

406 分段上打磨焊疤时,因竹脚手架不到位而够不着,给打磨造成困难。于是李某借了一把竹梯,架在竹脚手架伸出的飞跳横杆上,未采取任何捆扎方法就站在竹梯上开始打磨,突然横杆松动,竹梯失去平稳滑倒,李某急忙抛掉手中打磨机去抓住横杆,身体脱离了竹梯悬挂在飞跳横杆上。随后又因横杆受力而断裂,李某坠入约 10 m 深的舱底,造成头部受伤,经抢救无效而死亡。

2. 事故原因分析

某实业公司工程队对生产作业现场安全监督检查不力,施工使用的脚手架不到位,员工作业使用竹扶梯。竹扶梯是事故的致因物。

李某缺乏自我保护意识,擅自利用脚手架架在非作业面上,自行搭设竹梯又未采取捆扎措施,导致事故发生。

项目四　物体打击事故

在造船、修船作业过程中,物体打击伤害事故率很高,物体打击死亡事故约占船厂工伤死亡事故总数的 16%。物体打击造成死亡最多的部位是头部,其次是胸部,造成重伤最多的是腿和脚部,其次是眼部。受伤害人员大多是装配、电焊、气割、电气、铜工、起重(装卸)工,这些工种的作业环境、作业方式,一般来说变化较多,且多是多人同时作业。

究其原因,一是船厂立体交叉作业多,环境比较复杂,不安全因素多;二是对现场缺乏检查或指导错误。表现在对安装施工过程中分段或工件安全状态检查不够,如焊接固定不牢,焊缝脱焊崩裂造成坠物伤人或工件倾倒造成伤害;还有如某厂在码头吊运废料时,因缺少现场检查,致使残留在废料箱内的圆钢掉落,造成物体打击伤害致死事故。三是劳动组织、操作工序设计或配置不合理,运作不协调。表现在施工过程工艺变动频繁,造成返工作业量加大,环境不良、通道不畅。

造修船舶施工现场情况变化多端,作业人员在生产过程中,特别是在起重吊运操作时,事先要检查现场、设备,观察退路,操作时不站在死角等危险处,要严格遵守安全操作规程,正确使用个人防护用品护具,要戴好安全帽,穿好工作服和工作鞋。要加强教育,健全制度,强化措施,从严管理,对搞好安全生产,努力降低该事故多发时间内的频率,确保员工的生命安全和生产的顺利进行。

任务一　脚手板坠落打击事故

1. 事故概况

2004 年 2 月 16 日上午 9:20 左右,某船厂容器工段装配班长路某安排起重工章某,把支撑平台吊上容器。章某指挥吊车与国某一起把钢丝绳挂上吊钩,吊到西边第一容器处。电焊工段长万某,为提高工作效率拟将四块钢跳板放上一同吊上去,就将四块钢跳板放上支撑平台,并安排电焊工秘某将跳板点焊在一起,而未要求将钢跳板与平台焊在一起。在电焊工秘某焊完后,章某给容器工位起重工祝某发出起吊信号,指挥吊车司机起吊,起吊后万某发现平台倾斜,便停止起吊,在扶正后离开。当支撑平台起吊到 13.4 m 高度时,支撑平台又发生倾斜,放在上面的钢跳板滑下,砸到下方郑某(男,40 岁,装配工)的头上,安全帽被砸碎,头部受到严重伤害,送医院抢救无效死亡。

2. 事故原因分析

电焊工段长万某在将四块钢跳板放上支撑平台准备一同起吊时，虽然已经意识到了有可能滑落，并安排电焊工秘某将钢跳板点焊在一起，但是疏忽了四块钢跳板有可能同时滑落的问题，因而未要求将钢跳板与平台焊在一起，也未采取其他防止钢跳板滑落的措施。支撑平台倾斜，钢跳板滑落，是事故的致害物。

起重操作规程“十不吊”中规定起重物下方有人不吊。可是在支撑平台起吊后，并未对周围人员提示远离现场，以致支撑平台倾斜、钢跳板滑落时，击中郑某头部。起重物从作业人员上部通过，是事故的致因物。

现场管理人员对安全检查不到位，现场交叉作业缺乏统一指挥，对安全帽佩戴问题等不安全行为不能彻底制止等，也是造成事故的原因之一。

任务二 保护管飞落打击事故

1. 事故概况

2001 年 2 月 8 日 9:20 左右，某建筑设备安装公司电焊工杨某，在某船厂 2# 船坞内修理的某轮甲板尾部，安装导缆滚轮保护管时，因工序颠倒，需返工将已安装的导缆滚轮保护管拆除。由于原先保护管两端只焊了两点，杨某在拆除时就用手硬掰管子，因用力过猛，在焊点崩脱时导致保护管（ϕ89 mm，长 2 900 mm）脱手滑落。重约 44 kg 的保护管从 13 m 的高处坠落，正巧击中在坞底安装舵轴系的某船厂修船分厂起重工金某（男，50 岁）头部，金所戴安全帽被击飞，造成重度颅脑外伤，经抢救无效死亡。

2. 事故原因分析

劳动组织不合理。杨某在拆除导缆滚轮保护管时，装配组长应按照作业内容及其工艺程序，合理组织施工。在未采取必要的安全防范措施，也没有监护人员的情况下，杨某自己一个人就用手硬掰管子，是造成这起死亡事故的致害物。

杨某因用力过猛，在焊点崩脱时导致保护管（ϕ89 mm，长 2 900 mm）脱手滑落，击中金某头部，是造成这起事故的致因物。

项目五 起重伤害事故

起重伤害是继高处坠落物体打击事故之后，发生频率较高的一项事故类别。起重伤害死亡事故约占船厂工伤死亡事故总数的 12.3%。死者受伤害部位头部最多，约占 44%。而受伤害人员大多是起重工自身，起重工伤害人数约占整个起重伤害事故的 37%。

根据分析，在起重伤害事故中，因违章或违纪而发生的事故约占 59%，是事故发生的主要原因。其他原因主要是：起重机械设备存在缺陷；起重吊索具、吊扣有缺陷；作业环境不良，操作者无躲避的余地；对现场缺乏检查。指挥错误、劳动力组织不合理等因素，反映出起重工安全意识淡薄，思想麻痹，自我保护防范能力不强，不正确使用起重吊索具，有章不循，盲目操作等，必然导致事故的发生。

为加强船舶造修起重作业的安全管理，行业管理部门结合修造船行业特点，制定了《船厂起重作业安全规程》（GB 3660—1997）等管理制度和标准，为提高职工安全意识及操作技能，防止事故发生提供了可靠的依据和标准。重要的是我们还要从起重伤害事故的案例中吸取教训，教育员工自觉执行安全管理制度和安全操作规程，严格遵守起重“十不吊”的规定，落实“三不伤害”措施，减少以致杜绝起重伤害事故的发生。

任务一　起重机械挤压伤害事故

1.事故概况

2006年3月8日上午8:35左右，某劳务公司铆焊厂在某船厂一船台分段场地在分段组立中转运船用框架时，用该场地一台16 t/3.2 t门式吊车进行吊运，当吊完第一钩活，由东向西行至34 m时，劳务公司一徒工白某（男，24岁，铆工）越过北侧吊车轨道，准备安装电焊手把线，由于电焊机（型号ZXE—3×400）接线端与吊车轨道中心间距700 mm、电焊机按线端距吊车齿轮箱为270 mm，正在接线中，行驶的吊车将白某碾压于齿轮箱箱底下，因箱体下端距地面高仅为135 mm，造成白某骨盆粉碎性骨折，脏器破裂内出血，经医院抢救无效死亡。

2.事故原因分析

这次发生事故的电焊机，为组合式多头交直流两用焊机，体积较大（1 100 mm×1 080 mm×1 540 mm），放置在16 t门式吊车北侧，位于16 t门式吊车与1#75 t门座式吊车中间。由于吊道两侧乱放各种工具箱曾发生过事故，对此公司安全部门要求对作业现场及吊车周边物品进行清理。考虑到起重机械是沿固定轨道运行的机械设备，它的活动空间受轨道制约，具有一定局限性。而作为现场的电焊机、二氧箱及工具箱等设备及物品受局限性影响，安全距离往往达不到安全要求，必须采取措施另行存放。劳务公司作业长原计划于3月8日上午按照公司要求清理吊道北侧的物品，但还未进行清理时就发生了事故。国家标准GB 6067《起重机械安全规程》第5.2.2.4条及GB 12265－3—1 997《机械安全避免人体各部位挤压的最小间距》第4条的规定，起重机外端部件与固定物件最小间距不得小于400 mm，综合各项因素不能低于国家标准间距不得小于800 mm。而事故现场电焊机按齿轮箱仅为270 mm，致使轨道与电焊机的安全距离不达标，是造成事故的致害物。

白某进公司时间短，对作业场所的危险性及复杂性缺乏足够的认识，在师傅因事未到作业现场的情况下，自行去接电焊机的电缆线前，没有对周边的环境进行安全确认，当吊车行走作业时，并没有意识到可能对自己造成危害。于是利用吊车行走的间隙，擅自走到电焊机前进行接线工作，当吊车行驶至白某身后时，由于间距较小，没有闪避的空间与时间，造成白某被行驶吊车碾压在齿轮箱下。按照规定，在师傅不在现场的情况下，徒工是不能独立完成类似电焊机接线和其他危险性较大的工作的。白某在师傅不在现场指导的情况下进行连接焊机电缆作业，是事故的致因物。

该门式吊车驾驶主室设在北侧钢性腿上，在驾驶室内无法观察北侧大车行走两侧近点障碍物（盲区）。事故发生时吊车司机主要精力用在操作驾驶上，以防止被吊物体坠落和造成撞击伤人，当白某在电焊机前接线时（模拟实验）吊车司机无法观察到，所以在事故发生后，仍在进行卸车作业。当别人通知他们发生事故时才停车。吊车司机视线不良，也是造成这起事故的一个原因。

任务二 门座吊车碾压伤害事故

1. 事故概况

1999 年 8 月 25 日,某公司造船事业部外业课二工段电焊工刘某(男,19 岁)和杨某,根据班长安排,到船台三号胎架区(三号路轨北边)地面焊接安装眼板(吊耳)。下午继续进行未完成的工作,刘某、杨某二人先后到附近的六头电焊机接上焊接电缆线。焊机检查员钟某在 14:10 左右,第二次到达焊机平台,发现 6 头焊机的闸刀跟第一次(13:40 时)一样,只有一号机上挂了"设备使用证",于是就将没有挂上"设备使用证"的闸刀拉开,并把焊接电缆线拆除。约 14: 20 左右,刘某发现焊机突然没电,于是就到离作业点 10 多米,离地面高两米的焊机放置平台查看情况。查看完后从该平台下来,两手抓住平台栏杆,一脚踩在旁边上下梯的三角板上,背对着上下梯,准备翻过栏杆时,失手坠落,侧躺在三号路轨处,头部置于 6# 门座吊车西北角第二、三组的两车轮之间,且靠近铁轨。此时,6# 吊车正在进行试车,行进中的门座吊车在倒退时,正好压过夹在两车轮之间刘振的头部,造成头脑破裂,刘某当即死亡。

2. 事故原因分析

作业环境不良,按照有关规定,起重设备运行时,应安排监护人员负责查看起重设备通道。门座吊车实验时无人监护,是事故发生的致害物。

刘某在发现焊机没电,到焊机平台进行查看,离开时注意力不集中,失手坠落在三号路轨处,被 6# 门座吊车车轮碾压头部,当即死亡,是事故发生的致因物。

项目六 触 电 事 故

触电死亡事故约占船厂工伤死亡事故总数的 23.5%。在受伤害人群中,特种作业人员受伤害最多,其中电焊作业人员约占 90%。

初步统计分析,手工电弧焊触电事故的原因具有以下一些特点:一是由于违反操作规程或劳动纪律造成触电事故占同类事故总数的 57%;二是由于设备、工具、附件缺陷造成触电占总数 21.4%。另外作业环境差,安全系数低。违反操作规程或劳动纪律主要表现在:焊工安全意识淡薄,在焊接作业中,忽视安全,自我保护意识差。劳动保护用品穿戴不全,或防护用品破损不及时更换。如有的焊工戴的手套露出手指或手掌,也有的焊工不戴专用手套,随便佩戴没有绝缘性能的布手套或线手套,在拿焊把或更换焊条时,容易发生触电事故。设备、工具、附件缺陷问题主要是:电焊机二次线太长,有的达十几米,甚至几十米,施工焊点离电源太远,视线不好;二次线或焊钳绝缘破坏。在炎热季节作业,通风降温达不到要求,特别是在狭小、密闭,复杂、带电作业场所,作业人员使用的劳动保护用品因湿、汗起不到防护作用,是造成触电事故的主要原因。

为做好防范措施,建议:对环境恶劣(如易燃易爆、潮湿等),要采取严格周密的保护措施;电缆线破损后要及时更换,杜绝漏电事故发生;焊工作业时必须穿戴劳动保护用品(如焊工绝缘手套、绝缘鞋等);加强对焊工的安全教育,提高安全意识,安全知识、安全技能;不断完善各项用电安全操作规程,加强对焊接设备、线路和工具的检修和保养,不带病工作。

任务一　照明灯线破损触电事故

1. 事故概况

2001 年 7 月 29 日，某船厂造船事业部电装车间，电焊工樊某（男，32 岁），按照工程进度要求到某轮左舷第二层甲板的 5#，6#空舱内进行电缆托架的接通工作。该舱采用的是 110 V 临时彩灯照明，彩灯线通过两个空舱间的减轻孔拉入空舱。由于该减轻孔也是物件和施工人员的通道，再加上彩灯线本身存在的线路结构缺陷，使得现场彩灯线绝缘极易破损。因工艺孔很小，施工人员只能勉强弯身通过，这就很难保证人员通过减轻孔时身体不碰到彩灯线。在平时工作中，施工人员经常钻类似的工艺孔，因而樊某在进入减轻孔前也末注意到孔口周围的 110 V 照明线有破损情况。就在他弯身钻过 5#，6#空舱间的减轻孔时，背部碰到 110 V 照明线的破损处，由于当时天气炎热，樊奕身穿的工作服也已经汗湿，导致电流通过汗湿的衣服导入人体，造成触电死亡事故。

2. 事故原因分析

生产服务部门对现场电气线路设施巡查，未能及时发现并修复破损的电源线路，是这起事故的致害物。

现场 110 V 临时照明线绝缘破损，而樊奕穿着汗湿的工作服钻过减轻孔时，背部触及电线绝缘破损处，是这起事故的致因物。

任务二　电焊电缆漏电触电事故

1. 事故概况

2004 年 6 月 26 日上午 8:00 左右，在某船厂 5#泊位承包停泊修理的某号轮钢结构工程的某船舶修造服务中心公司员工杜某、雷某、李某 3 人进入该轮一舱高边柜进行斜坡板的换新焊接作业。其中，杜某（男，21 岁）负责新换斜坡板与小肘板的结构焊接，其他 2 人与杜某同在一个强肋位内分别进行其他焊接作业。约 11:50 左右，雷某在移动焊接位置时，喊了一声杜某，见没有回答，就用手去推了他一下，发现还是没有回答，感觉到可能触电了，立即喊“有人触电了”。此时，在旁边肋位作业的其他工人将电焊电缆砸断，李某过来与雷某一起将杜某抬到旁边，并进行人工呼吸抢救，与此同时，同在船上作业的工人告知其单位负责人殷某，殷某立即打电话叫来救护车，将杜某送往医院抢救。约 12:20 左右，抢救无效死亡。

2. 事故原因分析

经过事故调查组的现场勘察取证、询问与事故有关人员及目击证人，并调阅了相关材料，认定杜某使用的电焊电缆绝缘层破损，在拖拉电焊电缆时造成触电。电焊电缆绝缘层破损是事故的致害物。

由于天气炎热，杜某在劳动保护用品穿戴不全，使用的焊工手套露出手指或手掌，也有可能在拿、拖拉电焊电缆或更换焊条时，发生触电事故。杜某使用的劳动保护用品不规范，是事故的致因物。

任务三 手抓焊钳嘴触电事故

1. 事故概况

2000 年 9 月 3 日下午上班后,某经济发展有限公司许某、张某、庄某等人冒雨走到 3.5 万吨 5 号船机舱作业点时,他们的衣服已被雨淋湿。许某、张某师徒俩在机舱主机座右旁的燃油泄放管法兰处进行校装作业,经过近 1 h 工作将法兰校装完毕。许某(男,19 岁)汗流浃背,再加上工作服在途中被雨淋湿过。当许某右手臂跨越一管子,伸手去拿放在旁边的电焊钳时,不小心抓在带电的焊钳嘴上。电流通过潮湿的衣服使许某与船上的金属件形成回路,造成许某触电,经送医院抢救无效,于当天下午 17:20 死亡。

2. 事故原因分析

安全意识不强,冒雨行走导致衣服及手套淋湿,大幅度降低了劳动防护用品的绝缘性能,加上汗流浃背人体电阻下降,是这起事故的致害物。

许某违反操作规程,用右手去抓电焊钳的带电部位,致使电流经其右手通过潮湿的衣服与船上的金属构件形成回路,是这起事故的致因物。

任务四 焊条触及身体触电事故

1. 事故概况

2004 年 8 月 10 日晚 20:00 左右。某工贸责任有限公司员工吴某、李某吃过晚饭之后,来到新造某轮 203 分段进行管孔补焊作业。20:20 左右,李某所补的焊口补焊完毕,便从分段下来,叫吴某把他所他用的工具递给他,到另一个分段做焊前准备工作。此时同在分段作业的清磨工任某问吴某:“今天对焊口能不能进行清磨”,吴某告诉他“等一等吧”,这时任某的妻子来给任某送晚饭,任某也从分段下来,在不远的地方坐在地上吃饭。大约 5 ~ 6 min 后,李某回到分段询问吴某作业情况,发现吴某(男,25 岁)倒卧在分段内不回答,便意识到吴某有可能触电了。李某马上拉掉电闸,喊坐在不远的任某快过来救人,又叫任某妻子回去叫人来。李任二人将失去知觉的吴某搭下分段进行人工呼吸,又叫救护车送往医院抢救。经抢救无效,吴某于当晚 21:45 分死亡。

2. 事故原因分析

事故发生后,据现场勘察和对当时在场人员的调查了解,反复核实,认为:第一,吴某身上(左、右手腕、右臂、腹部、前胸等)虽有不规则的表皮磨痕,但未发现致命伤所在,也无中毒现象。为此断定诸多表皮磨痕为抢救之中所致,排除了急性中毒和凶杀的可能性;第二,吴某作业现场除电焊线之外,还有低压照明线路,无其他电线线路引入,而且吴某所用的电焊把及电焊线完好无损,无破损漏电迹象,为此排除了因其他线路漏电导致触电的可能性;第三,吴某所用的电焊钳上有 100 mm 长的一根焊条。为此排除了吴某在换焊条时触电的可能性;第四,从吴某双脚及头部倒卧方向分析,排除了吴某正在作业时触电的可能性。综上所述,经分析和时间推断,吴某在李某、任某分别离开后,坐在分段内休息片刻准备再次作业时,右手拿起焊把(忽略了焊把的方向,此时焊把上的电焊条正朝向自己方向)躬身用左手拿面具之时,不慎将电焊条顶向自己的左前胸(吴某左前胸有明显呈“△”伤口,吴某在休息后准备再次作业前,取用点焊钳时,未能意识到可能触及带电的焊条,反映出其安全意识不强,思想麻痹大意,是事故的致害物。

任务五　电焊钳绝缘破损触电事故

1. 事故概况

2004 年 8 月 6 日上午,某发展总公司工程一部装焊队领班钱某,安排员工陈某(男,21 岁,电焊工)等人配合电工在某工程船上层建筑上作业,下午陈某在同一部位焊补管子孔。傍晚 18:00 左右,陈某等人在船上吃完盒饭后,与其一起干活的余某要陈某一起下班,陈某说要等一块住的李某、王某一起走,并告诉李某自己在首侧推舱内。晚上 21:00 左右,在尾轴承舱内干完活的李某去找陈某准备一块回宿舍,在首侧推舱发现陈某"趴"在舱内甲板上,李某把陈某翻过来看到陈某嘴发青,觉得不对,立即叫来其他人一起将陈某抬出舱外,并送医院,经抢救无效于当晚 21:50 死亡。

2. 事故原因分析

陈某所使用的电焊钳绝缘破损,未及时修复,缺乏保养是事故发生的致害物。

陈某在首侧推舱污水处理装置柜顶上作业后,天气炎热,人体易出汗,且当时身体状况不好,下撤时被电焊钳电击右胸部,造成触电,是事故发生的致因物。

某公司在安排员工加班和不加班时,缺乏统一规范的管理,对在狭小舱室作业的人员缺乏监护和检查,是事故发生的原因之一。

任务六　简易焊钳裸露触电事故

1. 事故概况

2004 年 6 月 14 日下午 13:00 左右,在某船厂承包船舶装配、分段焊接、涂装、管线敷设等生产的某设备厂负责人张某安排 8 名工人到小船台西侧的分段制造场地,进行 110 m 内河集装箱船 208 分段的焊接和找漏(补焊)作业。下午 16:30 左右,电焊工曲某(男,21 岁)从分段的外面进入分段内部找漏补焊(因为 110 m 内河集装箱船是双壳体,208 分段是船的舷侧分段,内外壳之间的间距仅 500 mm。分段平放在胎位上,人员进去作业只能是爬着进去)。当下午 16:53 左右,在曲某对面从事电焊作业的电焊工梁某喊他"收工了",见曲某趴在里面没有回应,感到事情不妙,大喊在分段外面作业的人拉电闸救人。同时爬到曲某身边,发现曲某面部朝下,脸的左侧压在电焊钳上,面部大面积烫伤,已经不省人事。随后大家便将曲某拉出分段,用汽车送到医院,经医院抢救无效,1 h 后死亡。

2. 事故原因分析

设备厂违反某船厂"禁止在狭小舱室使用交流焊机"的规定:所使用的交直流两用电焊机存在交直流的转换挡已损坏不进行修理带病运行,事发当时使用的是交流焊机挡;为从事电焊作业人员提供的简易焊钳不符合国家标准,存在裸露部分大,使用时容易造成触电等安全隐患(缺陷)。简易焊钳裸露部分大,使用时容易造成触电,是事故的致害物。

某设备厂对在狭小舱室从事电焊作业人员未进行有效的安全监护,也没有采取防止触电的措施等,致使电焊工曲某在狭窄空间作业时因活动不便,焊钳的裸露部分不慎触及其面部,无法摆脱,是造成此起触电致死事故发生的致因物。

某设备厂对电焊作业存在着危险性认识不足,没有为从事电焊作业人员提供符合国家标准的焊钳;对所使用的焊接设备的管理存在漏洞,使用的交直流两用电焊机存在交直流的转换挡已损坏的问题不进行修理,带病运行(实际使用的交流焊机挡),违反了船厂“禁止在狭小舱室使用交流焊机”的规定;缺乏对电焊设备及作业工具监督和检查,使不符合国家标准的简易焊钳和使用的交直流两用电焊机存在的安全隐患长期存在;同时缺少对作业现场的监督与检查,也是造成此起触电事故发生的间接原因之一。

任务七 作业现场照明不足触电事故

1. 事故概况

2001 年 6 月 1 2 日上午,某工程公司承包了某船厂某轮艉尖舱换板工程。6 月 12 日 22:00 左右,某工程公司员工曲某在舱里监护,姜某(男,21 岁,电焊工)点焊。此时外面已点焊完毕,当点焊右底角时,照明灯泡坏了,不亮了(照明灯泡是由两根纱线电线外皮去掉后剩下的两根有胶皮,一端插入电焊把线,一端串联两个 36 V 灯泡连线的另一端拧在打倒链的鼻子上),曲某顺直梯爬上,下船到工具箱取已领出的低压灯泡,当时姜仍在点焊,曲某取了 2 个灯泡回来,顺直梯下到艉尖舱,这时姜某坐在腰龙骨上,背朝换板位置,还比较正常地跟曲某说了句话,具体说的什么曲某没注意,当曲某换上一个灯泡,在第二个灯泡还没拧下来时,就听到姜某连续啊啊的叫,曲某问了他一句怎么了?他也没回答。这时曲某想,可能触电了,曲某借用舵机舱射入人孔的亮光找到直梯旁的电焊电缆线,把电焊电缆线拉开,姜某遂向直梯侧倾倒,曲某上前扶起,呼叫他的名字,姜某嘴里咕噜想说话,曲某把姜某靠在扶梯上,曲某上去后把电焊电缆线拉出,后去叫人,李某、辛某正在收氧乙炔胶管,三人把姜某抬出来后,放在船上餐厅,进行人工呼吸抢救措施,后送医院急救中心,抢救无效,于 2001 年 6 月 12 日 23:30 死亡。

2. 事故原因分析

某工程公司使用自制的简易焊钳,除把套绝缘外,焊钳其他部位全部裸露且不绝缘。并使用电焊机二次电压做低压照明电源,两个灯泡串联,一端线插入电焊把线,另一端与焊在艉尖舱顶部倒链鼻子上构成回路,由于工作电压为 16 ~ 35 V,空载电压一般为 50 V ~ 90 V 之间,因此干活时灯泡比不干活时暗,由于电压总在变化,影响 36 V 灯泡的使用寿命,造成灯泡损坏,在没有工作的情况下,空载电压在 50 ~ 90V 之间,手接触裸露不绝缘部分形成回路触电。自制的简易焊钳及用电焊机二次电压做低压照明电源是事故的致害物。

照明灯泡坏了,在作业现场采光不好的情况下,姜某坐在艉尖舱腰龙骨上休息。当时作业现场只有微弱的光线,姜某作业时右手误接触焊钳裸露不绝缘部分,电流从右手至左足跟部流过,构成电击伤是事故的致因物。

某工程公司安排未经过指定的单位培训、考核合格的人员去进行特种作业,是导致事故发生的原因之一。

任务八 导电铜体裸露触电事故

1. 事故概况

2000 年 8 月 18 日,负责承包某船厂 12# 船部分作业的某船舶技术劳务公司,指派劳务工张某(女,30 岁)和陆某去对不合格焊缝进行补焊。补焊作业的部位是一个高度为 600 mm,深度为 360 mm 的狭小隔舱。张某、陆某两人将他们小组违章用三芯线制作的焊接电缆搬到施工甲板,同时,配套电焊钳鸭嘴的绝缘胶木也已破损,导电铜体裸露在外。对这样存在明显隐患的电焊作业器具,两人没有引起重视。施工过程中,张某在狭小舱室中进行电焊作业,监护人陆某在主甲板处休息。直到组长龚某来现场检查补焊情况时,爬进该舱室时才发现张某趴在舱内钢板上,不省人事。龚某意识到其触电了,马上将电焊钳拿开,并将张某的头部翻转过来,发觉她已经停止了呼吸,颈部有明显的电击痕迹。

2. 事故原因分析

张某使用的电焊钳鸭嘴处绝缘胶板破损,导电铜体裸露在外,是事故的致害物。

现场监护不到位,致使急救不及时,并使用有严重缺陷的焊接工具进行作业,在狭小舱室作业过程中,裸露的导电铜体接触其颈部,是本起事故的致因物。

任务九　拖拉电焊电缆触电事故

1. 事故概况

2004 年 9 月 6 日下午 13:10 左右,在某船厂承包某轮压载管局部换新工程的某船舶修造厂员工朱某、祝某、党某、张某、陈某在吃完午饭后,来到某轮五大舱内继续进行右舷双层底压载管换新工作(此项工作上午已经完成定位,下午则进行焊接)。到五大舱后,朱某、祝某在大舱内进行应管,党某(男,23 岁)配合焊接。约 14:00 左右,朱某和陈某首先下到双层底进行已换新的压载管接口套管焊接作业(由朱某焊接,陈某监护)。约 15:20 左右,配合朱某等作业的党某焊接完后也下到双层底内进行该管另一端的接口焊接。约 15:30 左右,张某焊完后,上到大舱内,陈某帮助其将焊接电缆拿到大舱内后继续下到双层底内监护党某作业。约几分钟后,党某焊完后,阵某配合党某往外拉焊接电缆。这时,陈某听到“哎哟”一声,立即意识到党某可能触电了,立即叫人砸断焊接电缆(此焊接电缆未按照某船厂规定安装快速插头),同时叫人将党某抬到大舱内进行人工呼吸抢救,之后叫救护车将其送到医院抢救(约 16: 00 左右),经过约 1 h 的抢救,约 17:00 不治身亡。

2. 事故原因分析

党某所使用的电焊电缆在距离焊钳约 1. 07 m 处破损,有包扎的绝缘胶布,但已经脱落,导致铜线裸露,致使党某在拖拉电焊电缆时触及裸露处。电焊电缆破损铜线裸露是事故的致害物。

该作业舱内由于中午下雨积水,且未将积水进行处理就进行作业,造成作业人员的工作鞋潮湿,绝缘能力下降。党某在拖拉电焊电缆时,未认真检查电焊电缆有无破损,造成触电。拖拉电焊电缆是事故的致因物。

作业使用的电焊电缆未按照规定安装快速插头,致使发生触电事故后,不能及时切断电源,延误了抢救时间,也是事故发生的原因之一。

任务十　作业方式不正确触电事故

1. 事故概况

2006 年 8 月 26 日早晨下了大雨,直到下午上班前才停。下午上班时,在某船厂承揽相应工程的某船舶修造公司电焊班代班蒋某并没有因为雨天而停止施工,安排张某(男,43

岁,电焊工)、邵某等五人到部位在船的首部主甲板下一空舱内,作业区域属于狭小舱室(空间)空舱合拢缝找漏补焊作业。施工前电焊工邵某告诉张某拟作业的部位危险,张某听后走开,但过了一会儿又回到原处继续作业。这时张某衣服已经被汗水浸透,绝缘鞋里全部是汗水。14:30左右,正在进行仰脸焊接的张某由于作业方式不正确,经过处理的电焊条(电焊条被张某人为的弯曲,致使焊条药皮破坏)碰到张某的脸部,导致张某触电,送医院抢救无效死亡。

2. 事故原因分析

在属于狭小舱室(空间)施工作业区域进行合拢缝找漏补焊作业,作业体位受到极大限制。进行仰脸焊接时,经过弯曲处理的电焊条碰到张某的脸部,导致张某触电。作业环境不良,是事故的致害物。

按照安全要求"焊工在炎热多汗天气和雨后天气作业时,必须保证手套、工作鞋的绝缘,必要时应在脚下铺垫木板、胶皮等绝缘物;狭小舱室焊接作业时,有可能接触身体的钢板上铺垫绝缘物,如完好的塑料薄膜,并应有专人监护。"而张某由于身体出汗潮湿,人体电阻极低,而且没有严格按照有关要求,采取有效绝缘防护措施,造成触电,是事故的致因物。

船舶修造公司雨天让工人冒险作业。在施工前未对职工防护用品进行确认,对施工作业环境也没有进行安全确认,也是造成本次事故的原因之一。

附 录

附录一 可燃易燃物质的燃烧与爆炸特性

附表1 易燃和助燃气体

<table>
<tr><th>名称</th><th>特征</th><th>密度/(g/L)
或相对密度</th><th>自燃点
/℃</th><th>爆炸
极限
/%</th><th>临界
温度
/℃</th><th>临界
压力
/kPa</th><th>安全措施</th><th>灭火剂</th></tr>
<tr><td>氢</td><td>无色,无味,非常轻,与氯气混合遇光即爆炸</td><td>0.089 9
(0 ℃)</td><td>560</td><td>4.1~75</td><td>-240</td><td>1 297</td><td>禁止烟火
防止泄漏</td><td>惰性气体
强水流、雾状水</td></tr>
<tr><td>磷化氢</td><td>无色,有蒜臭味,微溶于水,能自燃,极毒</td><td>1.529
(0℃)</td><td>100</td><td>2.12~15.3</td><td></td><td></td><td rowspan="2">储于密闭容器,置于阴凉通风处、与氧、压缩空气隔离</td><td>雾状水、泡沫、二氧化碳</td></tr>
<tr><td>硫化氢</td><td>无色,有臭鸡蛋味,有毒,与铁生成硫化铁,能自燃</td><td>1.539
(0℃)</td><td>260</td><td>4~44</td><td>100.4</td><td>9008</td><td>雾状水、泡沫、二氧化碳</td></tr>
<tr><td>甲烷
(沼气)</td><td>无色,无味,与空气混合见火发生爆炸,与氯混合遇光能爆炸</td><td>0.415^{**}
(-164 ℃)</td><td>540</td><td>5.3~15</td><td>-82.5</td><td>4 641</td><td rowspan="4">禁止烟火、储于密闭容器,置于阴凉通风处,库房与氧化剂隔离,防止气体泄漏</td><td rowspan="4">雾状水、二氧化碳、泡沫</td></tr>
<tr><td>乙烷</td><td rowspan="2">无色,无臭</td><td>0.446^{**}
(0 ℃)</td><td>500~522</td><td>3.1~15</td><td>32.3</td><td>4 884</td></tr>
<tr><td>丙烷</td><td>$0.585\ 2^{**}$
(-44.5 ℃)</td><td>446</td><td>2.3~9.5</td><td>96.8</td><td>4 257</td></tr>
<tr><td>丁烷</td><td>无色</td><td>0.599^{*}
(0 ℃)</td><td>405</td><td>1.5~8.5</td><td>152.8</td><td>3 807</td></tr>
</table>

附表 1(续)

名称	特征	密度/(g/L)或相对密度	自燃点/℃	爆炸极限/%	临界温度/℃	临界压力/kPa	安全措施	灭火剂
乙烯	无色，有特殊甜味及臭味，与氯气混合受日光作用能爆炸	0.610*（0 ℃）	490	2.75 ~ 34	9.9	5 117	禁止烟火、储于密闭容器，置于阴凉通风处，库房与氧化剂隔离，防止气体泄漏	雾状水、泡沫、二氧化碳
丙烯	无色	0.581**（0 ℃）	455	2 ~ 11	92.3	4 560		
丁烯	无色，遇酸、碱、氧化物时能爆炸，与空气混合易爆炸	0.668*（0 ℃）	465	1.7 ~ 9	144.7	3 950	禁止烟火	
氯乙烯	无色，似氯仿香味，甜味，有麻醉性	0.919 5**（-15 ℃）	472	4 ~ 33	142	5 289	禁止泄漏溢出	
焦炉气	无色，主要成分为一氧化碳、氢气、甲烷等，有毒	<空气	640	5.6 ~ 30.4			禁止烟火	
乙炔（电石气）	无色，有臭味，加压加热起聚合加成反应，与氯气混合遇光即爆炸	1.173（0 ℃）	335	2.53 ~ 82	36	6 250		干粉二氧化碳
一氧化碳	无色，无臭，极毒	1.25（0 ℃）	610	12.5 ~ 79.5	-140	3 496		雾状水、二氧化碳、泡沫
氯甲烷	无色，有麻醉性	0.918*（20 ℃）	632	8.2 ~ 19.7	143	6 677	储于阴凉通风处	
氯乙烷	无色，精溶于水，燃烧时发绿色火焰，会形成光气，易液化	0.921 4**（0 ℃）	518.9	3.8 ~ 15.4	187.2	5 269		

附表1(续)

名称	特征	密度/(g/L)或相对密度	自燃点/℃	爆炸极限/%	临界温度/℃	临界压力/kPa	安全措施	灭火剂
环氧乙烷	无色,易燃,有毒,溶于水	0.871*(20 ℃)	429	3～80	195.8	7 194	储于阴凉、通风处	水、泡沫、二氧化碳
氨	无色,有味,有刺激性,溶于水	0.817**(-79 ℃)	650	15～28	132.4	11 399	储于阴凉、通风处,与氯、磺、溴、矿物酸类隔离	强水流雾状水
石油气	无色,有特臭,成分有丙烯,丁烷等气体		350～480	1.1～11.3				雾状水、泡沫、干粉、二氧化碳
天然气	无色,有味,主要成分是甲烷及其他碳氢化合物	<空气	570～600	5.0～16				
水煤气	无色,主要成分为一氧化碳、氢气,有毒	<空气	550～600	6.9～69.5				
发生炉煤气	无色,主要成分为一氧化碳、氢气、甲烷、二氧化碳等,有毒	<空气	700	20.7～73.7				
煤气	无色,有特臭,主要成分是一氧化碳、甲烷、氢气,有毒	<空气	648.9	4.5～40				雾状水、泡沫、二氧化碳
氧气	无色,无味,接触油脂类、油布,即氧化引起燃烧,氧化性强	1.14**(-183 ℃)			-118.9	5 080	钢瓶储于阴凉通风处,防振动、撞击、高温接触,防油脂接触钢瓶	水二氧化碳

附表 1(续)

名称	特征	密度/(g/L)或相对密度	自燃点/℃	爆炸极限/%	临界温度/℃	临界压力/kPa	安全措施	灭火剂
空气	21%氧,78%氮和1%其他气体组成	1.293(0℃)			-140.7	3 769	钢瓶储于阴凉通风处,与有机物、醚、松节油、氨等隔离,储存,防止泄漏,应防毒	雾状水
氯	黄绿色,有强烈刺激性臭味,腐蚀性强,在日光和灯光与其他可燃气体混合,可发生爆炸或燃烧	1.47^{**}(0℃)		11~94(在氢气)	144	7 711		
氟	易爆炸,在室温下,与氢化合也能爆炸,碘、硫、硼、磷、硅在氟中能自燃	1.14^{**}(-200 ℃)			-129	5 537	与上述物质隔离贮运	二氧化碳、干粉、砂土
甲胺	无色气体或液体,有氨味,溶于水、乙醇,易燃、有毒	0.662^{*}(20 ℃)	430	4.95~20.75	156.9	4 073	同甲烷	雾状水、干粉、泡沫、二氧化碳

注:* 相对空气密度;* * 相对于水的密度。

附表 2 某些粉尘的爆炸特性

粉尘名称	自燃点/℃	爆炸下限/(g/m^3)	最大爆炸压力/(kg/cm^2)	最小点火能量/MJ
铝粉	645	40	6.2	20
镁粉	600~650	10	5.6	40~120
锌粉	1000	800	3.5	650
铁粉	1 100	100	1.97	80
锰铁合金	450	130	3.15	—
硅铁合金	860	425	6.2	—
低碳钛铁合金	370	140	3.8	80
硫矿粉	340~406	13.9~50.1	2	—
煤尘	610	35~45	3.12	—

附表 2(续)

粉尘名称	自燃点/℃	爆炸下限/(g/m³)	最大爆炸压力/(kg/cm²)	最小点火能量/MJ
硫粉	575	2.3	3.97	—
木粉	430	12.6~25	7.7	20
软木粉	815	30~35	7	45
干奶粉	875	7.6	2	—
小麦面粉	380	9.7	6.65	50
玉米面粉	760~850	22.7~52	3	—
土豆粉		40.3	—	—
黄豆粉	1 000	35~50.4	7	50
甜菜糖粉	525	8.9~15	—	30

附表 3　易燃与可燃液体

名称	特征	密度	沸点/℃	闪点/℃	自燃点/℃	爆炸极限/%(或℃)	安全措施	灭火剂
石油醚(石油溶剂)	无色、有煤油臭、易挥发。其蒸气有麻醉性	0.6	40~70	-50	246	1.4~6.0	防止受热、日晒、禁绝烟火,密闭容器,储于阴凉通风处,专设库房	泡沫、二氧化碳、干粉、砂土
汽油(航空汽油容积等)	无色、有石油臭、易挥发	0.67~0.71	50~150	-68	255~530	0.76~6.0(-36-7)	同上	四氯化碳、石棉毯
二硫化碳	无色或淡黄色,纯有芳香味,不纯有恶臭	1.26	46	-45	112	1.25~50(-45~26)	同上 可储于水下	雾状水、泡沫、砂、二氧化碳
乙醚	无色透明、易挥发。有强烈麻醉性,稍溶于水。醚类能生成爆炸性过氧化物,与过氯酸或氯作用,发生爆炸	0.73	35	-45	180	3.85~36.5(-45~13)	防止受热、日晒、禁绝烟火,密闭容器,储于阴凉通风处,专设库房,与氧化剂隔离	二氧化碳泡沫、干粉

附表 3(续)

名称	特征	密度	沸点/℃	闪点/℃	自燃点/℃	爆炸极限/%(或℃)	安全措施	灭火剂
二乙胺	无色、易挥发、有屎臭。溶于水	0.71	502~59.9	-26	315	1.8~10.1	同上	二氧化碳、干粉
丙酮	无色透明。有芳香味,溶于水	0.79	56	-20	570	2.9~13.0(-20~6)	盛于密闭容器,储于阴凉通风专设库房。禁绝烟火	泡沫、二氧化碳、干粉、石棉毯
氢氰酸	无色、剧毒	0.69	26	-17.5	538	5.6~40.0(-17.5~3)	盛于密闭容器,储于阴凉通风处	二氧化碳、四氯化碳、干粉、砂
乙醛	无色、有水果香味、溶于水	0.78	20	-17	185	4.0~57	盛于密闭容器内,储于阴凉通风专设库房与氧化剂隔离,禁绝烟火	雾状水、泡沫、二氧化碳、干粉
苯	无色、有特臭、易挥发。有毒	0.88	78~80	-14	580	1.5~9.5(-14~12)	同上	泡沫、二氧化碳、四氧化碳、干粉
甲乙酮(丁酮)	无色、芳香、极易挥发。溶于水	0.8	79.6	-14	515	2.0~12	同上	泡沫、二氧化碳、干粉、砂
丙烯腈	无色、发烟、微有臭味,稍溶于水,性极毒	0.8	77.3~77.4	0~±2.5	480	3.0~17	同上	同上
甲苯	无色、有苯臭、有毒	0.88	110	1	552	1.2~7(1~31)	容器密封,储于阴凉通风专设库房,禁绝烟火,与氧化剂隔离储存	同上
二甲苯	无色透明,有特臭	0.866	136~144	25	553	3.0~7.5(24~50)	同上	干粉
乙苯	无色	0.867	136	15	559	0.9~3.9(18~45)	同上	泡沫、二氧化碳
氯苯	无色、有苦杏仁味	1.1	130	25	475	2.2~1.0(25~58)	同上	同上

附表3(续)

名称	特征	密度	沸点/℃	闪点/℃	自燃点/℃	爆炸极限/%(或℃)	安全措施	灭火剂
甲醇(木醇、木精)	无色透明、易挥发有酒味。有毒	0.72	64.7	7		6~36.5 (7~40)	同上	同上
乙醇(酒精)	无色透明、易挥发,有酒香,溶于水。与浓硝酸、氧化剂(铬酸酐)接触能自燃	0.78	78.4	11	510~568	3.5~18 (11~40)	容器密封,储于阴凉通风专设库房,禁绝烟火,与强酸氧化剂等隔离	雾状水、泡沫、二氧化碳、干粉、砂
二氯乙烷	无色油状、臭氯仿气味,微溶于水	1.225	83.5	21	378	6.0~16	同上	泡沫、二氧化碳、雾状水
乙酸乙酯	透明无色、易挥发,果子香,微溶于水	0.9	77.1	-3		2.2~11.4	同上	同上
煤油	淡黄色或微青色,透明	0.83	150~300	27~45	240~290	1.4~7.5 (27~86)	盛于密闭容器,储于阴凉通风专设库房。禁绝烟火,与氧化剂隔离	泡沫、二氧化碳、四氯化碳、砂
柴油		0.8~0.87	230~365	50~90	350~380	1.5~4.5	同上	雾状水、泡沫、二氧化碳、砂土、干粉
苯胺	无色油状。有毒	1.02	184	71			同上	同上
四氢化萘	无色或黄色	0.97	207	77			同上	同上
酚(石碳酸)	白色或无色钍状结晶,有臭味,溶于水	1.07	131	79	710		同上	同上
邻一甲酚	白色结晶,有酚臭	1.05	190	81	559~626		同上	同上
硝基苯	黄色油状、杏仁味有毒	1.2	211	87	445	1.8	同上	泡沫、雾状水

附表 3(续)

名称	特征	密度	沸点/℃	闪点/℃	自燃点/℃	爆炸极限/%(或℃)	安全措施	灭火剂
环氧丙烷	无色、有醚香，能溶于水	0.859	33.9	-37		2.1~21.5	盛于密闭容器,储于阴凉通风、专设库房,禁绝烟火。与氧化剂隔离	干粉、泡沫、雾状水

附录二　各种可燃气体或蒸气的最小点火能量

物质名称	最小点火能量/MJ	物质名称	最小点火能量/MJ
甲烷	0.28	乙炔	0.02
乙烷	0.24	氢	0.017
丙烷	0.25	氨	6.8
丁烷	0.25	苯	0.22
乙烯	0.21	乙醚	0.2

附录三　卫生名词解释

1. 急性中毒,慢性中毒和亚急性中毒

(1)急性中毒　比较大量的毒物,突然侵入人体后所引起的,常在不超过一次换班的时间内即能发现。这类中毒作为工伤事故处理。

(2)慢性中毒　较少量的毒物,逐渐地侵入人体而发生的中毒现象。它逐渐地发生,没有明确的开始。职业病即属于慢性中毒的范畴。

(3)亚急性中毒　发生比较快,但比急性中毒慢些,占中间地位。它们常常表现出急性中毒的症状,然而并不那么突然的发作,并且其作用时间也稍长一些。

2. 机体

有生命活动的物体称为机体,世界上一切生物都可称机体,人亦是机体。

3. 弥漫性红斑、水泡、渗出

斑是只有颜色变化的皮疹,为既不高起,也不凹陷的皮肤损害。如皮肤血管扩张可引起红斑,有色素沉着的为色素性。弥漫性红斑则是弥漫性皮肤血管扩张。

水泡为突出于皮肤表面,内含液体的皮肤损害,可以有小水泡和大水泡。

渗出是炎症的一种表现,它是由于血管壁渗透性发生障碍使血液的液体成分(血浆)和有形成分(细胞)通过血管壁进入发炎组织的过程称为渗出。

红斑、渗出、水泡是炎症发展过程的不同阶段。

4. 心肌小灶性出血

心脏肌肉内有范围很小的出血。

5. 细胞脂肪变

在各种病理条件下,肝细胞内的脂肪代谢发生障碍,在肝细胞内出现脂肪小滴为肝细胞脂肪变。

6. 血红蛋白

血液中含血浆和血细胞。血细胞又分红细胞,白细胞、血小板等。在红细胞中无细胞核,充满着红色的血素一血红蛋白。

7. 神经衰弱症候群

神经衰弱是一种神经机能性疾病。临床症状繁多,几乎涉及所有器官系统,互相掺杂,形成多种多样临床表现,则可称为神经衰弱症候群。

8. 窦性心律不齐

正常心脏的心律为窦性心律,当窦性心律有快慢显著不整齐者称窦性心律不齐。

9. 吞噬作用,吞噬细胞和巨噬细胞

吞噬作用是在炎症时,白细胞可由血管内渗出到组织中,外出的白细胞常常可以吞噬发炎病灶内的微生物和组织崩解产物,并将其消化,这就是白细胞的吞噬作用。有吞噬作用的细胞称为吞噬细胞。

巨噬细胞是血液中的一种单核细胞。它含有一个明亮的细胞核,具有吞噬能力,又称为巨噬细胞。

10. 肺泡

是肺胀的基本组织结构,肺泡内有毛细血管,通过肺泡进行气体交换。

11. 细胞崩溃产物的体液性蔓延

身体内含有大量的水分,构成了身体的液体部分。大部分水分存在于细胞内,称为细胞内液,其余的水分则存在于细胞外液体中,称细胞外液。细胞外液分两类:. 一类是血液的液体部分即血浆;另一类是组织间隙液、淋巴液等。血浆存在于血管内,组织间隙液分布在组织细胞之间。

外界水分和其他各种营养物质都是先进入血浆,然后弥漫到组织间隙液中而到达组织细胞内;组织细胞所生成的代谢产物则从组织间隙液转经血浆而排出体外。当细胞被破坏、崩解时,它的产物也即可沿细胞间隙液、血浆在组织中扩散.

12. 器质性改变

器官组织发生组织,形态上的变化。

附录四 《焊接与切割安全》

国家标准(GB 9448—1999)

第一分篇 通用规则

1 范围

本标准规定了在实施焊接、切割操作过程中避免人身伤害及财产损失所必须遵循的基本原则。

本标准为安全地实施焊接、切割操作提供了依据。

2 引用标准

下列标准所包含的条文,通过在本标准中引用而构成为本标准的条文。本标准出版时,所示版本均为有效。所有标准都会被修订,使用本标准的各方应探讨使用下列标准最新版本的可能性。

GBJ 87—1985 工业企业噪声控制设计规范

GB/T 2550—1992 焊接及切割用橡胶软管 氧气橡胶软管

GB/T 2551—1992 焊接及切割用橡胶软管 乙炔橡胶软管

GB/T 3609.1—1994 焊接眼、面防护具

GB/T 4064—1983 电气设备安全设计导则

GB/T 5107—1985 焊接和切割用软管接头

GB 7144—1985 气瓶颜色标记

GB/T 11651—1989 劳动防护用品选用规则

GB 15578—1995 电阻焊机的安全要求

GB 15579—1995 弧焊设备安全要求 第一部分:焊接电源

GB 15701—1995 焊接防护服

GB 16194—1996 车间空气中电焊烟尘卫生标准

JB/T 5101—1991 气割机用割炬

JB/T 6968—1993 便携式微型焊炬

JB/T 6969—1993 射吸式焊炬

JB/T 6970—1993 射吸式割炬

JB 7496—1994 焊接、切割及类似工艺用气瓶减压器安全规范

JB/T 7947—1995 等压式焊炬、割炬

3 总则

3.1 设备及操作

3.1.1 设备条件

所有运行使用中的焊接、切割设备必须处于正常的工作状态,存在安全隐患(如:安全

性或可靠性不足)时,必须停止使用并由维修人员修理。

3.1.2　操作

所有的焊接与切割设备必须按制造厂提供的操作说明书或规程使用,并且还必须符合本标准要求。

3.2　责任

管理者、监督者和操作者对焊接及切割的安全实施负有各自的责任。

3.2.1　管理者

管理者必须对实施焊接及切割操作的人员及监督人员进行必要的安全培训。培训内容包括:设备的安全操作、工艺的安全执行及应急措施等。

管理者有责任将焊接、切割可能引起的危害及后果以适当的方式(如:安全培训教育、口头或书面说明、警告标识等)通告给实施操作的人员。

管理者必须标明允许进行焊接、切割的区域,并建立必要的安全措施。

管理者必须明确在每个区域内单独的焊接及切割操作规则。并确保每个有关人员对所涉及的危害有清醒的认识并且了解相应的预防措施。

管理者必须保证只使用经过认可并检查合格的设备(诸如焊割机具、调节器、调压阀、焊机、焊钳及人员防护装置)。

3.2.2　现场管理及安全监督人员

焊接或切割现场应设置现场管理和安全监督人员。这些监督人员必须对设备的安全管理及工艺的安全执行负责。在实施监督职责的同时,他们还可担负其他职责,如:现场管理、技术指导、操作协作等。

监督者必须保证:

——各类防护用品得到合理使用;

——在现场适当地配置防火及灭火设备;

——指派火灾警戒人员;

——所要求的热作业规程得到遵循。

在不需要火灾警戒人员的场合,监督者必须要在热工作业完成后做最终检查并组织消灭可能存在的火灾隐患。

3.2.3　操作者

操作者必须具备对特种作业人员所要求的基本条件,并懂得将要实施操作时可能产生的危害以及适用于控制危害条件的程序。操作者必须安全地使用设备,使之不会对生命及财产构成危害。

操作者只有在规定的安全条件得到满足;并得到现场管理及监督者准许的前提下,才可实施焊接或切割操作。在获得准许的条件没有变化时,操作者可以连续地实施焊接或切割。

4　人员及工作区域的防护

4.1　工作区域的防护

4.1.1　设备

焊接设备、焊机、切割机具、钢瓶、电缆及其他器具必须放置稳妥并保持良好的秩序,使之不会对附近的作业或过往人员构成妨碍。

4.1.2 警告标志

焊接和切割区域必须予以明确标明,并且应有必要的警告标志。

4.1.3 防护屏板

为了防止作业人员或邻近区域的其他人员受到焊接及切割电弧的辐射及飞溅伤害,应用不可燃或耐火屏板(或屏罩)加以隔离保护。

4.1.4 焊接隔间

在准许操作的地方、焊接场所,必要时可用不可燃屏板或屏罩隔开形成焊接隔间。

4.2 人身防护

在依据 GB/T 11651 选择防护用品的同时,还应做如下考虑:

4.2.1 眼睛及面部防护

作业人员在观察电弧时,必须使用带有滤光镜的头罩或手持面罩,或佩戴安全镜、护目镜或其他合适的眼镜。辅助人员亦应配戴类似的眼保护装置。

面罩及护目镜必须符合 GB/T 3609.1 的要求。

对于大面积观察(诸如培训、展示、演示及一些自动焊操作),可以使用一个大面积的滤光窗、幕而不必使用单个的面罩、手提罩或护目镜。窗或幕材料必须对观察者提供安全的保护效果、使其免受弧光、碎渣飞溅的伤害。

镜片遮光号可参照表 1 选择。

表 1 护目镜遮光号的选择指南

焊接方法	焊条尺寸/mm	电弧电流/A	最低遮光号	推荐遮光号*)
手工电弧焊	<2.5	<60	7	—
	2.5~4	60~160	8	10
	4~6.4	160~250	10	12
	>6.4	250~550	11	14
气体保护电弧焊及药芯焊丝电弧焊	—	<60	7	—
		60~160	10	11
		160~250	10	12
		250~500	10	14
钨极气体保护电弧焊	—	<50	8	10
		50~100	8	12
		150~500	10	14
空气碳弧切割	—	<500	10	12
		500~1 000	11	14
等离子弧焊接	—	<20	6	6~8
		20~100	8	10
		100~400	10	12
		400~800	11	14

表1　护目镜遮光号的选择指南

焊接方法	焊条尺寸/mm	电弧电流/A	最低遮光号	推荐遮光号*)
等离子弧切割	* *)	<300 300~400 400~800	8 9 10	9 12 14
焊炬硬钎焊	—	—	—	3或4
爆炬软钎焊	—	—	—	2
碳弧焊	—	—	—	14
气焊	板厚/mm <3 3~13 >13		—	4或5 5或6 6或8
气割	板厚/mm <25 25~150 >150		—	3或4 4或5 5或6

*)根据经验,开始使用太暗的镜片难以看清焊接区,因而建议使用可看清焊接区域的适宜镜片,但遮光号不要低于下限值。在氧燃气焊接或切割时焊炬产生亮黄光的地方,希望使用滤光镜以吸收操作视野范围内的黄线或紫外线。

* *)这些数值适用于实际电弧清晰可见的地方,经验表明,当电弧被工件所遮蔽时,可以使用轻度的滤光镜。

4.2.2　身体保护

4.2.2.1　防护服

防护服应根据具体的焊接和切割操作特点选择。防护服必须符合GB 15701的要求,并可以提供足够的保护面积。

4.2.2.2　手套

所有焊工和切割工必须佩戴耐火的防护手套,相关标准参见附录C(提示的附录)。

4.2.2.3　围裙

当身体前部需要对火花和辐射做附加保护时,必须使用经久耐火的皮制或其他材质的围裙。

4.2.2.4　护腿

需要对腿做附加保护时,必须使用耐火的护腿或其他等效的用具。

4.2.2.5　披肩、斗篷及套袖

在进行仰焊、切割或其他操作过程中,必要时必须佩戴皮制或其他耐火材质的套袖或披肩罩,也可在头罩下佩带耐火质地的斗篷以防头部灼伤。

4.2.2.6　其他防护服

当噪声无法控制在GBJ 87规定的允许声级范围内时,必须采用保护装置(诸如耳套、耳塞或用其他适当的方式保护)。

4.3　呼吸保护设备

利用通风手段无法将作业区域内的空气污染降至允许限值或这类控制手段无法实施时,必须使用呼吸保护装置,如:长管面具、防毒面具等(相关标准参见附录C)。

5　通风

5.1　充分通风

为了保证作业人员在无害的呼吸氛围内工作,所有焊接、切割、钎焊及有关的操作必须要在足够的通风条件下(包括自然通风或机械通风)进行。

5.2　防止烟气流

必须采取措施避免作业人员直接呼吸到焊接操作所产生的烟气流。

5.3　通风的实施

为了确保车间空气中焊接烟尘的污染程度低于GB 16194的规定值,可根据需要采用各种通风手段(如:自然通风、机械通风等)。

6　消防措施

6.1　防火职责

必须明确焊接操作人员、监督人员及管理人员的防火职责,并建立切实可行的安全防火管理制度。

6.2　指定的操作区域

焊接及切割应在为减少火灾隐患而设计、建造(或特殊指定)的区域内进行。因特殊原因需要在非指定的区域内进行焊接或切割操作时,必须经检查、核准。

6.3　放有易燃物区域的热作业条件

焊接或切割作业只能在无火灾隐患的条件下实施。

6.3.1　转移工件

有条件时,首先要将工件移至指定的安全区进行焊接。

6.3.2　转移火源

工件不可移时,应将火灾隐患周围所有可移动物移至安全位置。

6.3.3　工件及火源无法转移

工件及火源无法转移时,要采取措施限制火源以免发生火灾,如:

a. 易燃地板要清扫干净,并以洒水、铺盖湿沙、金属薄板或类似物品的方法加以保护。

b. 地板上的所有开口或裂缝应覆盖或封好,或者采取其他措施以防地板下面的易燃物与可能由开口处落下的火花接触。对墙壁上的裂缝或开口、敞开或损坏的门、窗亦要采取类似的措施。

6.4　灭火

6.4.1　灭火器及喷水器

在进行焊接及切割操作的地方必须配置足够的灭火设备。其配置取决于现场易燃物品的性质和数量,可以是水池、沙箱、水龙带、消防栓或手提灭火器。在有喷水器的地方,在焊接或切割过程中,喷水器必须处于可使用状态。如果焊接地点距自动喷水头很近,可根据需要用不可燃的薄材或潮湿的棉布将喷头临时遮蔽。而且这种临时遮蔽要便于迅速拆除。

6.4.2 火灾警戒人员的设置

在下列焊接或切割的作业点及可能引发火灾的地点，应设置火灾警戒人员：

a. 靠近易燃物之处 建筑结构或材料中的易燃物距作业点 10 m 以内。

b. 开口 在墙壁或地板有开口的 10 m 半径范围内（包括墙壁或地板内的隐蔽空间）放有外露的易燃物。

c. 金属墙壁 靠近金属间壁、墙壁、天花板、屋顶等处另一侧易受传热或辐射而引燃的易燃物。

d. 船上作业 在油箱、甲板、顶架和舱壁进行船上作业时，焊接时透过的火花、热传导可能导致隔壁舱室起火。

6.4.3 火灾警戒职责

火灾警戒人员必须经必要的消防训练，并熟知消防紧急处理程序。

火灾警戒人员的职责是监视作业区域内的火灾情况；在焊接或切割完成后检查并消灭可能存在的残火。

火灾警戒人员可以同时承担其他职责，但不得对其火灾警戒任务有干扰。

6.5 装有易燃物容器的焊接或切割

当焊接或切割装有易燃物的容器时，必须采取特殊的安全措施并经严格检查批准方可作业，否则严禁开始工作。

7 封闭空间内的安全要求

在封闭空间内作业时要求采取特殊的措施。

注：封闭空间是指一种相对狭窄或受限制的空间，诸如箱体、锅炉、容器、舱室等等。“封闭”意味着由于结构、尺寸、形状而导致恶劣的通风条件。

7.1 封闭空间内的通风

除了正常的通风要求之外，封闭空间内的通风还要求防止可燃混合气的聚集及大气中富氧。

7.1.1 人员的进入

封闭空间内在未进行良好的通风之前禁止人员进入。如要进入，必须佩戴合适的供气呼吸设备并由戴有类似设备的他人监护。

必要时在进入之前，对封闭空间要进行毒气、可燃气、有害气、氧量等的测试，确认无害后方可进入。

7.1.2 邻近的人员

封闭空间内适宜的通风不仅必须确保焊工或切割工自身的安全，还要确保区域内所有人员的安全。

7.1.3 使用的空气

通风所使用的空气，其数量和质量必须保证封闭空间内的有害物质污染浓度低于规定值。

供给呼吸器或呼吸设备的压缩空气必须满足正常的呼吸要求。

呼吸器的压缩空气管必须是专用管线，不得与其他管路相连接。

除了空气之外，氧气、其他气体或混合气不得用于通风。

在对生命和健康有直接危害的区域内实施焊接、切割或相关工艺作业时，必须采用强制通风、供气呼吸设备或其他合适的方式。

7.2 使用设备的安置

7.2.1 气瓶及焊接电源

在封闭空间内实施焊接及切割时,气瓶及焊接电源必须放置在封闭空间的外面。

7.2.2 通风管

用于焊接、切割或相关工艺局部抽气通风的管道必须由不可燃材料制成。这些管道必须根据需要进行定期检查以保证其功能稳定,其内表面不得有可燃残留物。

7.3 相邻区域

在封闭空间邻近处实施焊接或切割而使得封闭空间内存在危险时,必须使人们知道封闭空间内的危险后果,在缺乏必要的保护措施条件下严禁进入这样的封闭空间。

7.4 紧急信号

当作业人员从人孔或其他开口处进入封闭空间时,必须具备向外部人员提供救援信号的手段。

7.5 封闭空间的监护人员

在封闭空间内作业时,如存在着严重危害生命安全的气体,封闭空间外面必须设置监护人员。

监护人员必须具有在紧急状态下迅速救出或保护里面作业人员的救护措施;具备实施救援行动的能力。他们必须随时监护里面作业人员的状态并与他们保持联络,备好救护设备。

8 公共展览及演示

在公共场所进行焊接、切割操作的展览、演示时,除了保障操作者的人身安全之外,还必须保证观众免受弧光、火花、电击、辐射等伤害。

9 警告标志

在焊接及切割作业所产生的烟尘、气体、弧光、火花、电击、热、辐射及噪声可能导致危害的地方,应通过使用适当的警告标志使人们对这些危害有清楚的了解。

第二分篇 专用规则

10 氧燃气焊接及切割安全

10.1 一般要求

10.1.1 与乙炔相接触的部件

所有与乙炔相接触的部件(包括:仪表、管路、附件等)不得由铜、银以及铜(或银)含量超过70%的合金制成。

10.1.2 氧气与可燃物的隔离

氧气瓶、气瓶阀、接头、减压器、软管及设备必须与油、润滑脂及其他可燃物或爆炸物相隔离。严禁用沾有油污的手、或带有油迹的手套去触碰氧气瓶或氧气设备。

10.1.3 密封性试验

检验气路连接处密封性时,严禁使用明火。

10.1.4　氧气的禁止使用

严禁用氧气代替压缩空气使用。氧气严禁用于气动工具、油预热炉、启,动内燃机、吹通管路、衣服及工件的除尘,为通风而加压或类似的应用。氧气喷流严禁喷至带油的表面、带油脂的衣服或进入燃油或其他贮罐内。

10.1.5　氧气设备

用于氧气的气瓶、设备、管线或仪器严禁用于其他气体。

10.1.6　气体混合的附件

未经许可,禁止装设可能使空气或氧气与可燃气体在燃烧前(不包括燃烧室或焊炬内)相混合的装置或附件。

10.2　焊炬及割炬

只有符合有关标准(如 JB/T 5101、JB/T 6968、JB/T 6969、JB/T 6970 和 JB/T 7947 等)的焊炬和割炬才允许使用。

使用焊炬、割炬时,必须遵守制造商关于焊、割炬点火、调节及熄火的程序规定。点火之前,操作者应检查焊、割炬的气路是否通畅、射吸能力、气密性等等。

点火时应使用摩擦打火机、固定的点火器或其他适宜的火种。焊割炬不得指向人员或可燃物。

10.3　软管及软管接头

用于焊接与切割输送气体的软管,如氧气软管和乙炔软管,其结构、尺寸、工作压力、机械性能、颜色必须符合 GB/T 2550、GB/T 2551 的要求。软管接头则必须满足 GB/T 5107 的要求。

禁止使用泄漏、烧坏、磨损、老化或有其他缺陷的软管。

10.4　减压器

只有经过检验合格的减压器才允许使用。减压器的使用必须严格遵守 JB 7496 的有关规定。

减压器只能用于设计规定的气体及压力。

减压器的连接螺纹及接头必须保证减压器安在气瓶阀或软管上之后连接良好、无任何泄漏。

减压器在气瓶上应安装合理、牢固。采用螺纹连接时,应拧足五个螺扣以上;采用专门的夹具压紧时,装卡应平整牢固。

从气瓶上拆卸减压器之前,必须将气瓶阀关闭并将减压器内的剩余气体释放干净。

同时使用两种气体进行焊接或切割时,不同气瓶减压器的出口端都应装上各自的单向阀,以防止气流相互倒灌。

当减压器需要修理时,维修工作必须由经劳动、计量部门考核认可的专业人员完成。

10.5　气瓶

所有用于焊接与切割的气瓶都必须按有关标准及规程[参见附录 A(提示的附录)]制造、管理、维护并使用。

使用中的气瓶必须进行定期检查,使用期满或送检未合格的气瓶禁止继续使用。

10.5.1　气瓶的充气

气瓶的充气必须按规定程序由专业部门承担,其他人不得向气瓶内充气。除气体供应者以外,其他人不得在一个气瓶内混合气体或从一个气瓶向另一个气瓶倒气。

10.5.2 气瓶的标志

为了便于识别气瓶内的气体成分,气瓶必须按 GB 7144 规定做明显标志。其标识必须清晰、不易去除。标识模糊不清的气瓶禁止使用。

10.5.3 气瓶的储存

气瓶必须储存在不会遭受物理损坏或使气瓶内储存物的温度超过 40 ℃的地方。

气瓶必须储放在远离电梯、楼梯或过道,不会被经过或倾倒的物体碰翻或损坏的指定地点。在储存时,气瓶必须稳固以免翻倒。

气瓶在储存时必须与可燃物、易燃液体隔离,并且远离容易引燃的材料(诸如木材、纸张、包装材料、油脂等)至少 6 m 以上,或用至少 1.6 m 高的不可燃隔板隔离。

10.5.4 气瓶在现场的安放、搬运及使用

气瓶在使用时必须稳固竖立或装在专用车(架)或固定装置上。

气瓶不得置于受阳光暴晒、热源辐射及可能受到电击的地方。气瓶必须距离实际焊接或切割作业点足够远(一般为 5 m 以上),以免接触火花、热渣或火焰,否则必须提供耐火屏障。

气瓶不得置于可能使其本身成为电路一部分的区域。避免与电动机车轨道、无轨电车电线等接触。气瓶必须远离散热器、管路系统、电路排线等,及可能供接地(如电焊机)的物体。禁止用电极敲击气瓶,在气瓶上引弧。

搬运气瓶时,应注意:

——关紧气瓶阀,而且不得提拉气瓶上的阀门保护帽;

——用吊车、起重机运送气瓶时,应使用吊架或合适的台架,不得使用吊钩、钢索或电磁吸盘。

——避免可能损伤瓶体、瓶阀或安全装置的剧烈碰撞。

气瓶不得作为滚动支架或支撑重物的托架。

气瓶应配置手轮或专用扳手启闭瓶阀。气瓶在使用后不得放空,必须留有不小于 98 ~ 196 kPa 表压的余气。

当气瓶冻住时,不得在阀门或阀门保护帽下面用撬杠撬动气瓶松动。应使用 40 ℃以下的温水解冻。

10.5.5 气瓶的开启

10.5.5.1 气瓶阀的清理

将减压器接到气瓶阀门之前,阀门出口处首先必须用无油污的清洁布擦拭干净,然后快速打开阀门并立即关闭以便清除阀门上的灰尘或可能进入减压器的脏物。

清理阀门时操作者应站在排出口的侧面,不得站在其前面。不得在其他焊接作业点、存在着火花、火焰(或可能引燃)的地点附近清理气瓶阀。

10.5.5.2 开启氧气瓶的特殊程序

减压器安在氧气瓶上之后,必须进行以下操作:

a. 首先调节螺杆并打开顺流管路,排放减压器的气体。

b. 其次,调节螺杆并缓慢打开气瓶阀,以便在打开阀门前使减压器气瓶压力表的指针始终慢慢地向上移动。打开气瓶阀时,应站在瓶阀气体排出方向的侧面而不要站在其前面。

c. 当压力表指针达到最高值后，阀门必须完全打开以防气体沿阀杆泄漏。

10.5.5.3　乙炔气瓶的开启

开启乙炔气瓶的瓶阀时应缓慢，严禁开至超过圈，一般只开至3/4圈以内以便在紧急情况下迅速关闭气瓶。

10.5.5.4　使用的工具

配有手轮的气瓶阀门不得用榔头或扳手开启。

未配有手轮的气瓶，使用过程中必须在阀柄上备有把手、手柄或专用扳手，以便在紧急情况下可以迅速关闭气路。在多个气瓶组装使用时，至少要备有一把这样的扳手以备急用。

10.5.6　其他

气瓶在使用时，其上端禁止放置物品，以免损坏安全装置或妨碍阀门的迅速关闭。使用结束后，气瓶阀必须关紧。

10.5.7　气瓶的故障处理

10.5.7.1　泄漏

如果发现燃气气瓶的瓶阀周围有泄漏，应关闭气瓶阀拧紧密封螺帽。

当气瓶泄漏无法阻止时，应将燃气瓶移至室外，远离所有起火源，并做相应的警告通知。缓缓打开气瓶阀，逐渐释放内存的气体。

有缺陷的气瓶或瓶阀应做适宜标识，并送专业部门修理，经检验合格后方可重新使用。

10.5.7.2　火灾

气瓶泄漏导致的起火可通过关闭瓶阀，采用水、湿布、灭火器等手段予以熄灭。

在气瓶起火无法通过上述手段熄灭的情况下，必须将该区域做疏散，并用大量水流浇湿气瓶，使其保持冷却。

10.6　汇流排的安装与操作

在气体用量集中的场合可以采用汇流排供气。汇流排的设计、安装必须符合有关标准规程的要求。汇流排系统必须合理地设置回火保险器、气阀、逆止阀、减压器、滤清器、事故排放管等。安装在汇流排系统的这些部件均应经过单件或组合件的检验认可，并证明符合汇流排系统的安全要求。

气瓶汇流排的安装必须在对其结构和使用熟悉的人员监督下进行。

乙炔气瓶和液化气气瓶必须在直立位置上汇流。与汇流排连接并供气的气瓶，其瓶内的压力应基本相等。

11　电弧焊接及切割安全

11.1　一般要求

11.1.1　弧焊设备

根据工作情况选择弧焊设备时，必须要考虑到焊接的各方面安全因素。进行电弧焊接与切割时所使用的设备必须符合相应的焊接设备标准规定，参见附录B（提示的附录），还必须满足GB 15579的安全要求。

11.1.2　操作者

被指定操作弧焊与切割设备的人员必须在这些设备的维护及操作方面经适宜的培训及考核，其工作能力应得到必要的认可。

11.1.3 操作程序

每台(套)弧焊设备的操作程序应完备。

11.2 弧焊设备的安装

弧焊设备的安装必须在符合 GB/T 4064 规定的基础上,满足下列要求。

11.2.1 设备的工作环境与其技术说明书规定相符,安放在通风、干燥、无碰撞或无剧烈震动、无高温、无易燃品存在的地方。

11.2.2 在特殊环境条件下(如:室外的雨雪中;温度、湿度、气压超出正常范围或具有腐蚀、爆炸危险的环境),必须对设备采取特殊的防护措施以保证其正常的工作性能。

11.2.3 当特殊工艺需要高于规定的空载电压值时,必须对设备提供相应的绝缘方法(如:采用空载自动断电保护装置)或其他措施。

11.2.4 弧焊设备外露的带电部分必须设置完好的保护,以防人员或金属物体(如:货车、起重机吊钩等)与之相接触。

11.3 接地

焊机必须以正确的方法接地(或接零)。接地(或接零)装置必须连接良好,永久性的接地(或接零)应做定期检查。

禁止使用氧气、乙炔等易燃易爆气体管道作为接地装置。

在有接地(或接零)装置的焊件上进行弧焊操作,或焊接与大地密切连接的焊件(如:管道、房屋的金属支架等)时,应特别注意避免焊机和工件的双重接地。

11.4 焊接回路

11.4.1 构成焊接回路的焊接电缆必须适合于焊接的实际操作条件。

11.4.2 构成焊接回路的电缆外皮必须完整、绝缘良好(绝缘电阻大于 1 MΩ)。用于高频、高压振荡器设备的电缆,必须具有相应的绝缘性能。

11.4.3 焊机的电缆应使用整根导线,尽量不带连接接头。需要接长导线时,接头处要连接牢固、绝缘良好。

11.4.4 构成焊接回路的电缆禁止搭在气瓶等易燃品上,禁止与油脂等易燃物质接触。在经过通道、马路时,必须采取保护措施(如:使用保护套)。

11.4.5 能导电的物体(如:管道、轨道、金属支架、暖气设备等)不得用做焊接回路的永久部分。但在建造、延长或维修时可以考虑作为临时使用,其前提是必须经检查确认所有接头处的电气连接良好,任何部位不会出现火花或过热。此外,必须采取特殊措施以防事故的发生。锁链、钢丝绳、起重机、卷扬机或升降机不得用来传输焊接电流。

11.5 操作

11.5.1 安全操作规程

指定操作或维修弧焊设备的作业人员必须了解、掌握并遵守有关设备安全操作规程及作业标准。此外,还必须熟知本标准的有关安全要求(诸如:人员防护、通风、防火等内容)。

11.5.2 连线的检查

完成焊机的接线之后,在开始操作设备之前必须检查一下每个安装的接头以确认其连接良好。其内容包括:

——线路连接正确合理,接地必须符合规定要求;

——磁性工件夹爪在其接触面上不得有附着的金属颗粒及飞溅物;

——盘卷的焊接电缆在使用之前应展开以免过热及绝缘损坏;

——需要交替使用不同长度电缆时应配备绝缘接头,以确保不需要时无用的长度可被断开。

11.5.3　泄漏

不得有影响焊工安全的任何冷却水、保护气或机油的泄漏。

11.5.4　工作中止

当焊接工作中止时(如:工间休息),必须关闭设备或焊机的输出端或者切断电源。

11.5.5 移动焊机

需要移动焊机时,必须首先切断其输入端的电源。

11.5.6　不使用的设备

金属焊条和碳极在不用时必须从焊钳上取下以消除人员或导电物体的触电危险。焊钳在不使用时必须置于与人员、导电体、易燃物体或压缩空气瓶接触不到的地方。半自动焊机的焊枪在不使用时亦必须妥善放置以免使枪体开关意外启动。

11.5.7　电击

在有电气危险的条件下进行电弧焊接或切割时,操作人员必须注意遵守下述原则:

11.5.7.1　带电金属部件

禁止焊条或焊钳上带电金属部件与身体相接触。

11.5.7.2　绝缘

焊工必须用干燥的绝缘材料保护自己免除与工件或地面可能产生的电接触。在座位或俯位工作时,必须采用绝缘方法防止与导电体的大面积接触。

11.5.7.3　手套

要求使用状态良好的、足够干燥的手套。

11.5.7.4　焊钳和焊枪

焊钳必须具备良好的绝缘性能和隔热性能,并且维修正常。

如果枪体漏水或渗水会严重威胁焊工安全时,禁止使用水冷式焊枪。

11.5.7.5　水浸

焊钳不得在水中浸透冷却。

11.5.7.6　更换电极

更换电极或喷嘴时,必须关闭焊机的输出端。

11.5.7.7　其他禁止的行为

焊工不得将焊接电缆缠绕在身上。

11.6　维护

所有的弧焊设备必须随时维护,保持在安全的工作状态。当设备存在缺陷或安全危害时必须中止使用,直到其安全性得到保证为止。修理必须由认可的人员进行。

11.6.1　焊接设备

焊接设备必须保持良好的机械及电气状态。整流器必须保持清洁。

11.6.1.1　检查

为了避免可能影响通风、绝缘的灰尘和纤维物积聚,对焊机应经常检查、清理。电气绕组的通风口也要做类似的检查和清理。发电机的燃料系统应进行检查,防止可能引起生锈的漏水和积水。旋转和活动部件应保持适当的维护和润滑。

11.6.1.2　露天设备

为了防止恶劣气候的影响,露天使用的焊接设备应予以保护。保护罩不得妨碍其散热通风。

11.6.1.3 修改

当需要对设备做修改时,应确保设备的修改或补充不会因设备电气或机械额定值的变化而降低其安全性能。

11.6.2 潮湿的焊接设备

已经受潮的焊接设备在使用前必须彻底干燥并经适当试验。设备不使用时应储存在清洁干燥的地方。

11.6.3 焊接电缆

焊接电缆必须经常进行检查。损坏的电缆必须及时更换或修复。更换或修复后的电缆必须具备合适的强度、绝缘性能、导电性能和密封性能。电缆的长度可根据实际需要连接,其连接方法必须具备合适的绝缘性能。

11.6.4 压缩气体

在弧焊作业中,用于保护的压缩气体应参照第10章的相应条款管理和使用。

12 电阻焊安全

12.1 一般要求

12.1.1 电阻焊设备

根据工作情况选择电阻焊设备时,必须考虑焊接各方面的安全因素。电阻焊所使用的设备必须符合相应的焊接设备标准(参见附录B)规定及GB 15578标准的安全要求。

12.1.2 操作者

被指定操作电阻焊设备的人员必须在相关设备的维护及操作方面经适宜的培训及考核,其工作能力应得到必要的认可。

12.1.3 操作程序

每台(套)电阻焊设备的操作程序应完备。

12.2 电阻焊设备的安装

电阻焊设备的安装必须在专业技术人员的监督指导下进行,并符合GB/T 4064标准规定。

12.3 保护装置

12.3.1 启动控制装置

所有电阻焊设备上的启动控制装置(诸如:按钮、脚踏开关、回缩弹簧及手提枪体上的双道开关等)必须妥善安置或保护,以免误启动。

12.3.2 固定式设备的保护措施

12.3.2.1 有关部件

所有与电阻焊设备有关的链、齿轮、操作连杆及皮带都必须按规定要求妥善保护。

12.3.2.2 单点及多点焊机

在单点或多点焊机操作过程中,当操作者的手需要经过操作区域而可能受到伤害时,必须有效地采用下述某种措施进行保护。这些措施包括(但不局限于):

a. 机械保护式挡板、挡块;

b. 双手控制方法;

c. 弹键;

d. 限位传感装置;

e. 任何当操作者的手处于操作点下面时防止压头动作的类似装置或机构。

12.3.3 便携式设备的保护措施

12.3.3.1 支撑系统

所有悬挂的便携焊枪设备(不包括焊枪组件)应配备支撑系统。这种支撑系统必须具备失效保护性能,即当个别支撑部件损坏时,仍可支撑全部载荷。

12.3.3.2 活动夹头

活动夹头的结构必须保证操作者在作业时,其手指不存在被剪切的危险,否则必须提供保护措施。如果无法取得合适的保护方式,可以使用双柄,即每只手柄上带有安在适当位置上的一或两个操作开关。这些手柄及操作开关与剪切点或冲压点保持足够的距离,以便消除手在控制过程中进入剪切点或冲压点的可能。

12.4 电气安全

12.4.1 电压

所有固定式或便携式电阻焊设备的外部焊接控制电路必须工作在规定的电压条件下。

12.4.2 电容

高压贮能电阻焊的电阻焊设备及其控制面板必须配置合适的绝缘及完整的外壳保护。外壳的所有拉门必须配有合适的联锁装置。这种联锁装置应保证:当拉门打开时可有效地断开电源并使所有电容短路。

除此之外,还可考虑安装某种手动开关或合适的限位装置作为确保所有电容完全放电的补充安全措施。

12.4.3 扣锁和联锁

12.4.3.1 拉门

电阻焊机的所有拉门;检修面板及靠近地面的控制面板必须保持锁定或联锁状态以防止无关人员接近设备的带电部分。

12.4.3.2 远距离设置的控制面板

置于高台或单独房间内的控制面板必须锁定、联锁住或者是用挡板保护并予以标明。当设备停止使用时,面板应关闭。

12.4.4 火花保护

必须提供合适的保护措施防止飞溅的火花产生危险,如:安装屏板、佩带防护眼镜。由于电阻焊操作不同,每种方法必须做单独考虑。

使用闪光焊设备时,必须提供由耐火材料制成的闪光屏蔽并应采取适当的防火措施。

12.4.5 急停按钮

在具备下述特点的电阻焊设备上,应考虑设置一个或多个安全急停按钮:

a. 需要 3 s 或 3 s 以上时间完成一个停止动作。

b. 撤除保护时,具有危险的机械动作。

急停按钮的安装和使用不得对人员产生附加的危害。

12.4.6 接地

电阻焊机的接地要求必须符合 GB 15578 标准的有关规定。

12.5 维修

电阻焊设备必须由专人做定期检查和维护。任何影响设备安全性的故障必须及时报告给安全监督人员。

13 电子束焊接安全

13.1 一般要求

13.1.1 电子束焊接设备

根据工作情况选择电子束焊接设备时，必须考虑焊接的各方面安全因素。

13.1.2 操作者

被指定操作电子束焊接设备的人员必须在相关设备的维护及操作方面经适宜的培训及考核，其工作能力应得到必要的认可。

13.1.3 操作程序

每台(套)电子束焊接设备的操作程序应完备。

13.2 潜在的危害

电子束焊接引发的下述危害必须予以防护。

13.2.1 电击

设备上必须放置合适的警告标志。

电子束设备上的所有门、使用面板必须适当固定以免突然或意外启动。所有高压导体必须完整地用固定好的接地导电障碍物包围。运行电子束枪及高压电源之前，必须使用接地探头。

13.2.2 烟气

对低真空及非真空工艺，必须提供正面通风抽气和过滤。高真空电子束焊接过程中，清理真空腔室里面时必须特别注意保持溶剂及清洗液的蒸汽浓度低于有害程度。

焊接任何不熟悉的材料或使用任何不熟悉的清洗液之前，必须确认是否存在危险。

13.2.3 X 射线

为了消除或减少 X 射线至无害程度，对电子束设备要进行适当保护。对辐射保护的任何改动必须由设备制造厂或专业技术人员完成。修改完成后必须由制造厂或专业技术人员做辐射检查。

13.2.4 眩光

用于观察窗上的涂铅玻璃必须提供足够的射线防护效果。为了减低眩光使之达到舒适的观察效果，必须选择合适的滤镜片。

13.2.5 真空

电子束焊接人员必须了解和掌握使用真空系统工作所要求的安全事项。

附录五 有关焊接与切割用气瓶标准

GB 5099—1994 钢质无缝气瓶

GB 5100—1994 钢质焊接气瓶

GB 5842—1996 液化石油气钢瓶

GB 7512—1998 液化石油气钢瓶阀

GB 8334—1987 液化石油气钢瓶定期检验与评定

GB 8335—1998 气瓶专用螺纹

GB 10877—1988　氧气瓶阀
GB/T 10878—1989　气瓶锥螺纹丝锥
GB 10879—1989　溶解乙炔气瓶阀
GB 11638—1989　溶解乙炔气瓶
GB 11640—1989　铝合金无缝气瓶
GB 12135—1989　气瓶定期检验站技术条件
GB 12136—1989　溶解乙炔气瓶用回火防止器
GB 13004—1991　钢质无缝气瓶定期检验与评定
GB 13075—1991　钢质焊接气瓶定期检验与评定
GB 13076—1991　溶解乙炔气瓶定期检验与评定
GB 13077—1991　铝合金无缝气瓶定期检验与评定

附录六　有关焊接设备标准

GB/T 8118—1995　电弧焊机　通用技术条件
GB 8366—1996　电阻焊机　通用技术条件
GB/T 10235—1988　弧焊变压器防触电装置
GB/T 13164—1991　埋弧焊机
JB 685—1992　直流弧焊发电机
JB/T 2751—1993　等离子弧切割机
JB/T 3158—1999　电阻点焊直电极
JB/T 3643—1992　小型弧焊变压器
JB/T 3946—1999　凸焊机电极平板槽子
JB/T 3947—1999　电阻点焊电极接头
JB/T 3948—1999　电阻点焊电极帽
JB/T 3957—1999　电极锥度　配合尺寸
JB/T 5249—1991　移动式点焊机
JB/T 5250—1991　缝焊机
JB/T 5251—1991　固定式对焊机
JB/T 5340—1991　多点焊机用阻焊变压器　特殊技术条件
JB 7107—1993　弧焊设备　电焊钳的安全要求
JB/T 7108—1993　碳弧气刨机
JB/T 7109—1993　等离子弧焊机
JB/T 7824—1995　逆变式弧焊整流器技术条件
JB/T 7834—1995　弧焊变压器
JB/T 7835—1995　弧焊整流器
JB/T 8085—1995　摩擦焊机
JB/T 8747—1999　钨极惰性气体保护弧焊机(TIG 焊机)技术条件
JB/T 8748—1998　MIG/MAG 弧焊机
JB/T 9528—1999　原动机　弧焊发电机组

JB/T 9529—1999　电阻焊机变压器　通用技术条件
JB/T 9530—1999　电阻焊设备的绝缘帽和绝缘衬套
JB/T 9531—1999　点焊　电极挡块和夹块
JB/T 9191—1999　等离子喷焊枪　技术条件
JB/T 9192—1999　等离子喷焊电源
JB/T 9532—1999　MIG/MAG 焊焊枪　技术条件
JB/T 9533—1999　焊机送丝机构　技术条件
JB/T 9534—1999　引弧装置　技术条件
JB/T 9959—1999　电阻点焊　内锥度 1:10 的电极接头
JB/T 9960—1999　电阻点焊　凸型电极帽
JB/T 10101—1999　固定式凸点焊机
JB/T 10110—1999　电阻焊机控制器　通用技术条件

附录七　有关安全、劳动保护标准

GB 2890—1995　过滤式防毒面具通用技术条件
GB 2894—1996　安全标志
GB 5083—1985　生产设备安全卫生设计总则
GB 6095—1985　安全带
GB 6220—1986　长管面具
GB/T 6223—1997　过滤式防微粒口罩
GB 8196—1987　机械设备防护罩安全要求
GB 8197—1987　防护屏安全要求
GB 12011—1989　绝缘皮鞋
GB 12265—1995　机械防护安全距离
GB 12623—1990　防护鞋通用技术条件
GB 12624—1990　劳动保护手套通用技术条件
GB 12801—1991　生产过程安全卫生要求总则
GB 13495—1992　消防安全标志
GB 15630—1995　消防安全标志设置要求
GB 16179—1996　安全标志使用导则
GB 16556—1996　自给式空气呼吸器

参 考 文 献

[1] 闫成新. 金属焊接与切割作业人员安全技术[M]. 北京:中国石化出版社,2010.
[2] 李炳荣. 船舶工业典型事故案例[M]. 哈尔滨:哈尔滨工程大学出版社,2007.
[3] 崔政斌,郭继承. 焊接安全防护技术[M]. 北京:化学工业出版社,2009.
[4] 杨泗霖. 焊接安全[M]. 北京:中国劳动社会保障出版社,2007.
[5] 胡代舜. 焊接与高处安全作业[M]. 北京:中国电力出版社,2001.
[6] 王长忠. 焊接安全知识[M]. 北京:中国劳动社会保障出版社,2008.